小学教育研究：设计、方法与应用

谢彦红　著

山东大学出版社
SHANDONG UNIVERSITY PRESS
·济南·

图书在版编目(CIP)数据

小学教育研究 ：设计、方法与应用/ 谢彦红著. —
济南:山东大学出版社，2023.12
ISBN 978-7-5607-7917-1

Ⅰ. ①小… Ⅱ. ①谢… Ⅲ. ①小学教育—教育研究
Ⅳ. ①G622.0

中国国家版本馆 CIP 数据核字(2023)第 173795 号

策划编辑 毕文霞
责任编辑 毕文霞
文案编辑 孟希亚
封面设计 禾 乙

小学教育研究:设计、方法与应用
XIAOXUE JIAOYU YANJIU: SHEJI、FANGFA YU YINGYONG

出版发行 山东大学出版社
社 址 山东省济南市山大南路 20 号
邮政编码 250100
发行热线 (0531)88363008
经 销 新华书店
印 刷 济南乾丰云印刷科技有限公司
规 格 720 毫米×1000 毫米 1/16
17.5 印张 294 千字
版 次 2023 年 12 月第 1 版
印 次 2023 年 12 月第 1 次印刷
定 价 72.00 元

前　言

随着基础教育的改革与发展，中小学教师的角色正在发生变化，教师要研究教材、研究教法、研究学生。在教学工作中开展研究，成为教师专业化发展的重要途径。

小学教育研究属于科学研究，也有一个设计、方法与应用问题。设计、方法的突破与创新带来的往往是重要研究成果的产生，应用能加快重要研究成果的生产与转化。在小学教育阶段，我们发现不少教师轻视研究设计，不重视方法论的学习，习惯停留在理论知识和技术学习上，仅仅重视感性经验的总结。究其原因，与缺乏科研意识和不熟悉解决问题的一套研究活动程序有关。

在长期的系统的认识教育现象及规律的创造性活动中，教育研究活动已初步形成了一套体系，但是我们不能把设计、方法和应用割裂开来，把其中一部分看作研究活动的全部。以发现和总结小学教育规律为目的的小学教育研究，应尤为强调该领域在研究活动方面的特殊之处，在实践中要做到以下两个方面。

一是在教育研究方法理论基础上建立小学教育研究方法体系。从教育研究方法的哲学基础、系统科学基础等理论基础出发，探讨小学教育领域认识规律的途径。

二是注重科学性，突出实践性。按照教育科学研究的逻辑思路，论述小学教育研究的基本知识、基本原理及其在解决具体小学教育问题中的应用，从而促进小学教育实践工作的改进。突出问题导向，实现理论先导、技术应用与知识重构等环节的多维融合。

整体来看，前人成果往往依托科学方法论基础建构自己的写作体系，可以让读者对一般研究过程有整体了解，形成对小学教育研究的整体认识。但是，既然是突出小学教育阶段的研究，那么它的特殊性如何体现出来，这是研究者不可回避的问题。

本成果的创新之处在于回归科学研究本身，对小学教育研究做出新回应，具体体现在以下几个方面。

一是体例与专业相结合。体例的设计不仅体现出研究方法论的科学性，而且与专业相互融合，反映出特定教育阶段的研究特点。

二是理论知识与操作知识相结合。研究知识由陈述性知识和程序性知识两部分组成，即使学习了不会运用也等于没学习，但是要做到活学活用，必须先掌握相应的基础理论知识。设计属于基础理论部分，资料收集方法和写作属于具体的操作部分。

三是研究方法与研究内容相结合。介绍具体的资料收集方法时，分别阐明了对应的研究问题。每部分使用了教育研究过程案例，希望学习者能在具体的教育问题情境中学习研究方法。

四是指导性与实践性相结合。在资料收集过程中，结合案例详细介绍资料收集的过程，重点在于具体操作层面的指导。研究方法运用的指导与学习者实际结合起来，同时提供案例分析，让学习者在研究过程中得到指导。

五是阅读与习得相结合。本书在设计上是按照小学教育研究从理论到实践的认知思路安排章节顺序的，每个章节相对独立，阅读时可以根据自己的需要，从任何一章开始。每一章都设计了相关研究实例，可以在学习时参考要求进行学习与练习，也可作为拓展阅读、讨论的资料。

本书在写作过程中借鉴、参考、引用了国内外许多专家学者的研究成果、观点和资料，有的已在文中注明，有的未做说明，对没有标明出处的地方请原作者和出版者给予原谅。这些研究成果、观点和资料对本书具有很大启发，在此向原作者的创造性研究表示由衷感谢，谢谢各位前辈们！同时，感谢出版社各位老师的全力支持，谢谢编辑老师们！

由于作者水平有限，书中难免存在疏漏和错误，希望广大读者和同行专家不吝赐教。

谢彦红
2023 年 10 月

目　录

第一章　理解小学教育研究 …… 1

一、小学教育研究的特殊性 …… 4
二、小学教育研究的阶段 …… 9
三、小学教育研究的特征与类型 …… 11
四、小学教育研究的主要发展趋势 …… 16
五、研究伦理对研究的影响 …… 17

第二章　洞悉小学教育研究过程 …… 20

一、研究问题提出的价值 …… 20
二、研究的选题过程 …… 22
三、文献检索与文献综述 …… 36
四、研究变量与研究假设 …… 45
五、选择研究参与者 …… 50

第三章　小学教育研究设计 …… 58

一、量化研究设计 …… 58
二、质性研究设计 …… 65
三、研究设计在小学教育研究中的运用 …… 75

第四章　观察研究与小学教育 …… 82

一、观察的内涵界定 …… 82
二、观察研究的实施 …… 85

三、观察研究的记录 …… 92
四、观察研究的应用 …… 99

第五章　调查研究与小学教育 …… 104

一、调查研究的内涵解读 …… 104
二、问卷调查的实施 …… 111
三、访谈调查的实施 …… 120
四、文献调查的实施 …… 125
五、调查研究的应用 …… 126

第六章　实验研究与小学教育 …… 133

一、实验及其逻辑 …… 133
二、教育实验的概念 …… 135
三、教育实验的四个阶段 …… 140
四、影响实验的效度 …… 143
五、实验研究的应用 …… 152

第七章　内容分析与小学教育 …… 154

一、内容分析的概念 …… 155
二、内容分析的实施 …… 158
三、内容分析的价值 …… 162
四、内容分析的应用 …… 163

第八章　行动研究与小学教育 …… 165

一、行动研究的历史 …… 166
二、行动研究的过程 …… 171
三、行动研究的信效度 …… 177
四、行动研究的成果展示 …… 177

第九章　个案研究与小学教育 …… 180

一、个案与个案研究 …… 180
二、个案研究的过程 …… 183
三、个案研究的应用 …… 191

第十章　叙事研究与小学教育 …… 196

一、基本概念 …… 197
二、叙事研究的实施 …… 200
三、叙事研究的应用 …… 206

第十一章　历史研究与小学教育 …… 209

一、历史研究概念 …… 209
二、历史研究的步骤 …… 212
三、历史研究的应用 …… 216

第十二章　整理与分析研究资料 …… 219

一、研究资料的整理 …… 219
二、定性资料的分析 …… 221
三、定量资料的分析 …… 229

第十三章　撰写与剖析研究成果 …… 239

一、研究成果的类型与结构 …… 239
二、研究成果的题目拟定 …… 245
三、摘要与引言的写法 …… 246
四、研究成果各部分的关系 …… 249
五、研究成果的评价 …… 251

第十四章　小学教育领域研究展望 …… 256

一、跨学科与小学教育研究的未来 …… 257
二、未来小学教育研究的其他关注领域 …… 261

参考文献 …… 266

第一章　理解小学教育研究

认识小学教育研究需要从根本开始，小学教育专业实践是开启研究的途径之一，认识方式制约研究的思路，通过研究能帮助小学教育应对更多的挑战。小学教师的教研活动是基础教育质量提升的“秘密武器”，助力基础教育高质量发展。

小学教育的专业实践为开展研究提供了丰富的“土壤”。小学教育是为6—12岁儿童提供教育。因为学习者年龄偏小、身心发展不成熟，需要许多专业人员在不同学习环境下为其提供小学教育服务。据教育部发布的2021年统计数据可知，截至2022年，660余万名专任教师服务于15万余所普通小学。小学生接受什么样的教育很大程度上由教师决定，教师们为学生的发展在努力，但教师们经常忙于工作而无暇参加提高训练。信息技术的发展给教师带来学习提升的机会，但是各种信息裹挟在一起，教师们不能批判性选择并落实到教学中，导致教学改革推进缓慢。判定何种教学实践能最大限度改善学习结果并不简单。实际上，如果为那些经常有问题的学生选择适当的教学方法没有难度，那么可能就不需要小学教育。

研究是判定教学实践成效的一种途径，自小学教育诞生以来，学者们一直在以这样或那样的形式进行研究，为政策和实践提供指导。研究的持续影响在当代改革中显而易见，如教育实践的效果。尽管基于科学研究做出决定有很多好处，但是许多教育者缺乏必要的知识和技能，不能批判性评估研究基础，影响了教学实践决策。为此，小学教育需要理解研究在其中的作用。

认识小学教育的方式有很多，关心小学教育的人们总是以各种方式去了解它，比如很多教育者倾向“按自己的感觉做事”，或者以互联网信息作为教与学的判断基础。小学教育者也不例外，他们常用的方式有个人经验、专家观点和科学。

个人经验常作为同类情境问题解决的基础，如一位教师认识到错题管理提高了学生答题正确率，可能决定了其在随后所教班级或者学科教学过程中使用错题管理，这种做法是基于经验。还有，教师本人对某一问题的处理没有直接经验，但通过请教其他教师或者通过网络求助，获得了解决问题的间接经验。一位小学校长从任课教师角度感受到了开展新课程的困难，例如，如何活跃课堂气氛、如何处理新教材、如何让学生掌握课程内容等，需要提高自身的课程意识，转变课程观念。于是他带着责任感和使命感学习，将学习变成自觉行为。[①] 任课教师参与探讨教学理念、教学方式、教学情境等，用实际行动不断改进工作，产出了诸多具有推广价值的教学观念、教学模式、教学方法等，进而可能与大学建立了密切的合作研究关系。

个人经验对教师来说有利有弊。好处就是个人经验容易获得，个体要做的就是记住自己的或他人的经验。这些经验往往通过教师自己或同事成功使用，或者被他人认可，以达至被教师认可。实际上，经验也会出错，用这些经验教不同类型的学生可能会得不到想要的教学效果。尤其在教学过程中，教师在一种具体情境中使用的干预，不一定在其他情境下同样对学生有效。经验具有很强的主观性，会导致个体对情况判断不准确。主讲技能课的教师如果非常肯定先学理论后练技能的话，那么他就会认同实践背后的哲学，为增加理论知识投入更多精力。这样的效果好吗？可能设想的教学效果比实际效果好。同样，人们无法感知意料之外的事情，当教师在干预时以讲授为主，他可能就忽视了教材的积极作用。所有个体也一样，基于自身经验形成的信念很容易误导自己的行为。因此，基于个人经验做出的决定，可能会导致教师使用无效的教学策略，形成偏颇的教学信仰，做出不符合教育规律的行为。

专家观点使小学教育研究向纵深发展。国家一直倡议小学和大学合作，小学教师相信专家指导教学实践。使用专家观点或依据权威，作为认识教育教学的一种方式得到强化。教育领域的专家众多，图书、期刊、网络都在传播他们对各类主题的建议。教育培训中，专家也在讲授他们的看法。专家提供的信息通常是可信的，在教育中，他们会促进教学实践的顺利进

① 参见钟启泉、崔永漷主编：《新课程的理念与创新》，高等教育出版社2003年版，第244页。

行。比如叶澜教授多年来致力于推行新基础教育改革，提出了许多具有重要价值的教育观点，包括以人为本、生态教育、教师智慧、四个还给、两个意义、教师定位、课堂操作、服务目标等。[①] 朱永新教授关于“新教育”的五大核心理念、九大定律，为小学教师深入研究教育教学现象提供了理论支持和方向。[②]

随着互联网的普及使用，出现了名目繁多的教育培训，专家的头衔、理论不一定与他的能力相符合，需要分辨可信赖的专家。尽管小学教育阶段的培训得到了一定控制，但教育培训的历史充满了所谓专家的推动痕迹。实际上，任何一种教学实践如果没有被系统评估，单凭专家的一己之言，不能判定它是有效的。

科学是不同学科知识的共同基础。梅尔顿(R. K. Merton)认为，信息的共同占有、公正客观、有组织的怀疑是成功科学行为的基础。[③] 信息共同占有表明严格检验研究中用的方法，保证研究实施的合理性、可操作性，按照公正客观的标准，带着怀疑的态度评估研究结果。怀疑的态度是科学界使用的生产新知识的方法。单一研究生产的新知识即便被谨慎检验过，也不能作为解决同类问题的唯一办法。

科学方法作为认识小学教育的方法并不是万能的，需认识到在教育中存在一定的限制。科学是一个缓慢而渐进的过程，不能为教师提供即时的解决方案，而且知识是积累的过程，人们对相同的文献有不同的解释。科学从不保证干预将会在存续时间里对每位学习者都起作用。

科学也为小学教育提供了最客观和最有意义的方法。没有科学，小学教育工作者只能通过个体经验或专家观点来进行实践和决策。有了科学，教师也能运用科学提供的程序化过程去探究教育教学问题，修正、完善自己的经验。如《教师资格考试标准(试行)》明确指出，教师要“了解教育研究的基本理论和方法，能对教育实践问题进行研究”。教育研究能力已经成为教师必备的专业素养。不少教师对开展教育研究活动并不清楚，那么，为什么做研究呢？怎么做研究呢？做出的研究成果具有什么成效呢？教育研究活动正是要解决这一系列问题。以“教师专业发展”为例，可以表述为“教师在

① 参见叶澜：《“新基础教育”论》，教育科学出版社 2006 年版，第 205—379 页。

② 参见朱永新：《新教育》，漓江出版社 2014 年版，第 102—283 页。

③ 参见[美]菲利普·D.拉姆瑞尔：《特殊教育研究：设计、方法和应用》，贺荟中译，上海人民出版社 2020 年版，第 5 页。

专业方面发生的正向变化”，也可以表述为“教师入职五年后成为本校的骨干教师”，还可以表述为“教学能力与专业发展的关系探究，分析哪些能力提升对专业发展起到促进作用”。可见，对一个教育主题能用不同的方法理解和表达，从而获取不同的意义建构。

一、小学教育研究的特殊性

小学教育研究是针对小学教育领域产生的问题开展研究，它不同于其他教育领域的研究，但也具有一般研究具备的共性。小学教育属于社会科学，进行社会科学研究有趣又令人畏难的方面是人们的行为异常复杂，以至于不能合理地完全解释任何个体或群体的行为。

小学教育研究与其他学科一样，至少有三个目的：建立专业的文献库、理论构建和确认有效实践。小学教育专业文献分布在杂志、图书、报纸、网络中。文献库的建立很有必要，能为小学教育领域的人员提供专业服务。如高质量研究课题的积累，会让实践者和研究者更清楚地把握教育现象背后的规律。

理论构建是小学教育研究的关键，但也是常被忽视的问题。尤其是本土化理论构建，教师对理论生产充满信心，将其应用到课堂上。没有科学的教育理论，教师很难信服其指导意义，更不愿意在实践中运用。教育实践决策主要依赖于个体经验，教学过程可能会拖慢进而影响理论构建的意向和进程。

小学教育研究还能帮助教师有效地指导学生学习。在日常教育活动中，即使一项教育实践被多次报道，如果研究设计不能重复进行，或者对学生学习影响很小，可能也不会被教师信任。因此，教育者开始建立测评小学教育发展的标准，用来循证实践。

科学研究在小学教育领域面临挑战，包括研究者的数量、文献基础、利益相关者的参与等。研究者注重借助科学方法生产知识，教师、家长、教育工作者等倾向重视自己的实践经验和类似情况下的他人经验。研究者与非研究者的合作非常重要，寻求确定一个实践对谁和什么结果有效是通过开展和传播研究实现的。

(一)小学教育研究的概念

教师开展教育研究,不仅有助于加快学校教育改革的进程,提高学校教育教学水平,而且也能发展和完善教育教学理论,提高教师专业素质。

什么是研究?研究怎样才能有助于教育实践?这是我们首先要回答的问题。从实践层面上看,研究泛指人们提出问题并力求用相对系统、规范的方法找出答案、解决问题的具体过程。① 研究在教育实践中应用广泛,既能生产新的教育知识,又能解决实践问题。

教育现象复杂多样,在教育背景下进行研究时有三个关键要素:一是探究,可以理解为"发现"或"调查",目的在于形成新的知识和理解。比如,对乡村小规模学校现状调查,为基础教育学校管理提供新的知识。二是系统性,需要注意的是,探究有一定顺序,包含一套原理和方法,从而也反映出研究具有科学性。三是共享结果,探究得出来的知识是多样化的,需要被更多人知道。研究结果公开后成为一种公共知识,才能为本领域以及相关领域"添砖加瓦"。②

某小学语文教师针对阅读教学分别选用了两本教材,即教材1和教材2。两本教材各有优点,学生也愿意学习。但是,哪本更适合小学生学习呢?为解决这一问题,语文教师从四年级随机选取了两个班,并把两个班分成两组,第一组学生用教材1,第二组学生用教材2。一个月后,对两组进行同样的测试,测试成绩作为选用依据,然后把挑选出来的教材在教学中广泛使用。

上述事例为我们展示了一个教育研究过程的三个阶段:发现问题、收集资料和解决问题。可见,研究以实践活动的形式存在于我们的生活之中。对教育实践者而言,把研究的一般性定义放入教育实践的背景中,那么就可以详细地定义为:教育实践者研究是由从事教育的人在自己工作的环境下开展的系统的探究,从而将研究成果与其他教育实践者共享。

照此理解,教育研究是一种以科学方法论和教育理论为指导,研究者运用科学的方法,遵循系统的步骤进行的探究事物规律的活动。这一活动的结果指向教育问题的解决和丰富教育各类知识。教育研究是科学研究,由

---

① 参见陈向明主编:《教育研究方法》,教育科学出版社2018年版,第3页。

② 参见华国栋主编:《教育研究方法》,南京大学出版社2013年版,第4—10页。

客观事实、科学理论和方法技术三个基本要素组成。与其他科学研究相比，教育研究以教育现象为研究对象，以发现和发展教育知识为导向，以解决教育实践中的问题，推进教育发展为目的。①

小学教育研究是教育研究的一种具体形式，是指研究者运用教育科学方法，遵循教育科学研究原则，探索小学教育发展规律的认识活动。这一认识活动，区别于教育实践，区别于对教育活动的感性认识，区别于虚假的教育科研活动。

（二）小学教育研究的基本原则

研究者在从事教育研究时需遵循一些要求，以此来规范自己的研究行动。教育研究的基本原则有与其他社会科学一致的地方，也有自己的独特性。

1.伦理性原则是研究的基本原则

伦理性原则是研究者进行教育研究时遵循的道德规范和道义原则，是从事教育研究的基本原则。与自然科学研究不同，教育研究面向的主要研究对象是活生生的个体，这就要求研究必须不能侵犯个体权益。教育研究的目的是通过不断改进教育实践，促进个体的健康成长，如果研究损害到个体的身心健康，必然违背了教育研究的出发点，这样的研究绝对不允许发生。例如，研究“教师批评对学生作业完成效果的影响”，需要创设不良情境。为了达到研究目的而创设不良情境，势必对研究对象造成不同程度的身心伤害，这类研究应以基于自然状态的观察作为主要研究方法，观察正常教学状态下教师对学生没有完成作业的批评教育。再如，“多媒体教学与小学生数学学习方式的实验研究”，应以自愿应征的方式选取研究对象。这样可以将计算机使用带来的危害降到最低。

2.客观性原则是研究的首要原则

客观性原则是指从研究对象的本来状态出发，力求客观地认识研究对象及其客观事实。教育研究具有经验性特征，导致我们坚守客观性原则有一定的难度。尽管如此，我们也要尽量避免个人的主观偏见，从研究开始到过程再到结论都要保持客观性。在研究实施过程中，运用科学的方法，将事实资料和观念资料分开，保证资料收集的客观性。对事实资料进行分析时，

---

① 参见华国栋主编：《教育研究方法》，南京大学出版社2013年版，第1页。

要采取实事求是的态度，不能主观臆断，要基于事实本身找出原因，做出正确的判断。结论的得出也必须建立在大量事实材料基础上，不能凭借经验或自己的喜好，更不能为了哗众取宠，得出与材料毫无关联的观点。例如，研究关于“小学生阅读现状”的问题，某研究者采用问卷调查的方法收集资料，问卷的信度和效度没有验证，甚至为了研究目的而修改调查数据。再如，某研究者采用访谈法收集资料，有意挑选阅读教学开展好的学校、班级，甚至阅读能力强的学生作为研究对象，造成学生喜欢阅读、阅读现状符合教育要求的假象。这些都在研究过程中违背了客观性原则。

3.理论联系实际原则是研究的实践原则

理论联系实际原则是指教育研究应将理论与实践相结合，立足实践，研究实践。教育是一种实践活动，在不同发展阶段具有不同特点，研究需要面对教育发展的不确定性，解决教育实践中出现的各种问题。现实中，研究者往往容易忽略理论与实践的联系，陷入“为研究而研究”的泥坑，造成理论的“无根”或实践的“无源”。对于小学教师来说，从教育实践中提炼出来的课题更具有研究的可行性。课题确定下来以后，要以观察、问卷、访谈等方式从教学一线获取大量真实材料，作为研究的基本依据。因而，无论是个人，还是他人的独特的教育实践，都是教育研究得以开展的现实生活基础。教师的教育实践是在理论的指导下进行的，教育实践的成果，不论是教学课例、教学反思还是课件、教案，都是在理论基础上形成的。

4.创新性原则是研究的核心原则

创新是事物发展的重要指标。活动创新主要通过活动的过程、结果反映出来。小学教育研究是一种探索教育规律的认识活动，那么，创新性就主要通过认识活动体现出来。活动的目的是求善、求真，需要借助脚踏实地地“做”才能达到活动目的。而“做”是活动的过程，包括提出问题、收集整理资料、撰写研究成果等环节。在这些环节的任一部分都可以创新。坚持创新性原则非常重要，但是创新不是一件容易的事情。对于小学教学来说，同课异构背景下对比分析课例也是一种研究创新。

（三）小学教育研究的意义

教育研究的价值体现在多个方面。教师通过教育研究这一途径，能够促进自身发展，并做出各种合理性、自主性职业判断以及适合自身“专业人员”身份的决策。因此，对未来的教师或教育者来说，掌握研究方法具有以下意义。

一是推动教育改革。现代教育要适应社会发展的需要，为社会培养新世纪需要的人才。为此，教育需要不断变革，在变革中求发展。教育改革不是盲目的，是以教育发展趋势为先导，通过研究促进教育改革深入发展。新世纪小学教育改革的主要目标是为全面提高学生素质打好基础，培养学生的创新精神。那么，未来的小学教师要加强教育研究，转变传统教育观念，形成符合时代要求的教育观念。

当前，社会处在转型发展时期，要求人才培养观念与培养模式进行不断创新，迫切要求对教育进行相应地改革。教育改革是促进教育发展的有意识、有计划的尝试，是面向未来的创造性活动。教育改革需要理论指导，需要对现存问题进行诊断并解决。那么，教育改革的理论和依据就是要通过教育研究进行探究，从而对教育改革做出正确的决策。

二是提高教师素质。为了更好地完成教育教学工作，未来的教师和教育者需要进行教育教学研究。教育教学研究为教学实践活动提供理论依据，是教育教学创新的有效途径，通过教育教学研究发现新的教学模式与方法，从而提高自身的教学能力。开展教育研究是教育者工作的必需品，是教师教学能力提升的必经之路，教师需要通过开展教育研究提高自身素养。

科学家威廉·贝弗里奇（William Beveridge）对研究方法的重要性进行了论述：对于一个科学家来说，姑且假定他迟早会懂得怎样最好地开展研究，如果完全靠自己摸索，等他学会这种方法时，他最富有创造力的年华或许已逝去。如果实践中通过研究方法指导可以缩短研究摸索阶段，那么这样不仅可以节省训练时间，而且做出的成果也会多出很多。① 掌握研究方法对科学家如此，对小学教师的职前学习、对教师的专业成长亦如此。

三是丰富教育理论。尽管中小学教育实践性强，研究偏向解决教育实践中遇到的问题，但是其研究意义不仅在于解决实践问题，更在于揭示中小学教育的内在本质，从中提炼出一般性的原理性知识，进一步完善中小学教育理论知识。小学教育现象具有复杂性，教育问题不断涌现，小学教育研究必须不断深入，让新知识对已有知识体系不断发挥补充作用。

教师参加教育研究，是充当教育研究与教育实践的中介。一方面，通过教育研究活动，对教育科学规律进行探究，或者把理论与教育实践相结合，

---

① 参见曾晓洁主编：《小学教育研究方法》，高等教育出版社 2015 年版，第 3 页。

指导教育实践工作。教师有敏锐的学术眼光和较强的研究能力,能发现教育实践在发展过程中凸显出来的新动向,从中归纳出新理论,或者借鉴新理论、新视角和新方法去重新审视教育发展过程中存在的问题,更新原有认识,生成新解释。另一方面,在研究过程中,通过反复实践,积累丰富经验,提出新的理论。教师在教育实践中遇到困境后,如果能进行深入的思考和研究,就会产生相关想法或方案,经过反复验证和总结,便能从中抽象出理论。许多教师的成长,教育家在教育理论方面的建树,都是这样开始的。

二、 小学教育研究的阶段

小学教育在产生与发展中伴随着研究活动。在原始社会初期阶段,并没有专门的小学教育。到了原始社会末期,出现学校后才有了小学教育。小学教育的生活化和学校化促进了小学教育的发展。研究发现,生活化的教育是儿童最初的教育形式。早期小学教育的目的是塑造和谐身心,教育内容以系统编排的典籍为主,教育方法强调背诵,教育权利形成严格的等级制度。[①] 小学教育的发展在社会发展推动下进行,教育权利、运行机制、受教育条件、教育内容等发生了变化。这些无不都是研究的结果与推进。特别是当代社会对人才多样性的需求,小学教育必须重新确定新的目标,开展小学教育研究刻不容缓。一些新的教学理念层出不穷,像核心素养、大单元教学、学科实践等,如何让它们与教学、学习融合?这类问题都亟待深入研究。

不同类型的教育研究的具体过程虽有区别,但也存在共性。教育研究过程具有系统性,任何一项研究基本上都包括以下五个步骤。

一是确定研究问题。研究开始于问题,结束于问题解决。对于小学教师来说,在学校里会遇到各种各样的工作问题,如教学、学习、班级管理等。要研究这些问题,首先要确定研究什么性质的问题,对问题的范围进行清晰界定。选择具有意义的课题,不仅可以从自己感兴趣的问题中选题,也可以从教育教学实践中遇到的困惑选题,还可以从日常观察、课题指南、学科交叉领域等方面选题。

二是进行研究设计。小学教育研究设计是对研究活动的设想,具体内容包括研究对象、研究方法、研究变量和实施方案等方面的规划。研究方法

① 参见张永明、曾碧主编:《小学教育学基础》,北京大学出版社2013年版,第24—30页。

的选择取决于研究目的。在教育研究中，不存在最优方法，哪种方法对研究目的有效就选哪种。例如，研究教学中如何运用“最近发展区理论”帮助学生学习，这个研究问题涉及多个方面，需要用到不同的方法。“最近发展区理论”是苏联教育家维果茨基提出的儿童教育发展观。假如要考察百年来该理论的演变，就要用历史研究法；如果要考察当前教学中运用“最近发展区理论”后存在哪些问题，就要用调查法。确定了基本研究方法后，还要考虑研究过程中所采用的一些具体技术与策略，如抽样方法、资料收集方法和资料分析方法等。教育研究为了揭示教育现象与过程的发展规律，需要进行科学取样，保证抽样的代表性。同时，依据研究目的，详细列出研究中所涉及的所有变量，并加以认真选择。最后，在各项工作的基础上写出研究实施方案。

三是收集研究资料。研究资料既包括现有的文献资料，还包括一手调研获得的资料。在收集资料时要注意资料的真实性和资料的价值。收集资料的方法有观察法、问卷法、访谈法、实验法等。

研究者在收集资料时，首先要做好准备工作，如工具的准备，包括观察表、记录表、问卷、访谈提纲、录音笔等，征得研究对象和协作单位同意；其次，应当遵守研究道德，充分尊重研究对象的权利，保守秘密，不得随意发布他们的资料，不得让他们在研究中受到身心伤害。运用观察法和访谈法收集资料时，要注意提前培训观察员和访谈员。

四是分析整理资料。对收集到的资料，进行整理和分析，然后根据研究的要求对资料进行处理，包括对文字资料进行归纳总结，对数据资料进行统计分析。文字资料常用的分析方法包括类属分析、情景分析和话语分析，数据资料常用的分析方法包括描述统计和推断统计。无论对哪种类型的资料进行分析，都应当先归类，了解资料的内容和性质，然后列出表格，根据材料选择适当的分析方法，最后做出简明的结果表，从而对结果进一步解释和讨论。

五是得出研究结论。在对资料分析的基础上，根据研究目的，得出相关的结论。研究结论是建立在研究资料基础之上的，论证要言之有理，要明确、可靠。这一过程将研究结果用文字表达出来，概括研究的过程，反映研究的进展，供他人学习和借鉴。

小学教育研究过程，是研究方法的应用过程，也是一个逻辑上升过程。经历这样一个过程，就产生了教育科学理论。对于初次接触研究工作的工作者来讲，对研究过程的熟悉与掌握，可以避免走弯路，正如威廉·贝弗里奇所讲的那样："早懂得怎样开展研究工作，不仅可以节省训练的时间，还可以产出更多的成果。"①

三、小学教育研究的特征与类型

小学教育是儿童接受学校教育的起点，是整个教育事业的基础。从小学教育发展历程中不难概括出，小学教育具有全民性、义务性、全面性、发展性和时代性等特点，肩负着为祖国未来造就新人的重任。② 小学教育研究面向的对象是复杂的，也决定了要用复杂思维去开展研究活动。

（一）特征多样反映出研究的复杂

小学教育研究是一种认识活动，目的在于解释教育现象的本质，揭示教育过程的客观规律。教育研究由于研究对象的复杂性，研究特征也具有多样性。概括来讲，它具有以下三个基本特点。

1.系统性

小学教育研究是一个有目的、有顺序的活动过程。无论何种类型的教育研究，首先要明确研究问题的性质，在查阅文献资料的基础上选定研究问题，并进行研究设计，其次有计划有目的地运用适合的研究方法收集资料、整理资料，并进行科学分析，最后得出研究结论。照此理解，教育研究是一个系统的过程。所有的教育研究并不是按部就班地开展研究活动，研究过程会因研究类型而定，研究步骤是有一定弹性的。

2.创新性

小学教育研究的生命在于创新，创新是教育科学发展的前提。创新性要求研究者提高研究意识，了解本领域的已有成果，把握研究动态，从新角度、新内容、新方式、新材料去研究教育问题。同时，研究者在科研工作中磨炼个人意志、学习科研方法的同时，应注意提高工作能力，为完成更多科研工作做好准备。

---

① ［澳］威廉·I.B.贝弗里奇：《科学研究的艺术》，陈捷译，科学出版社 1979 年版，序言第 1 页。

② 参见黄济、劳凯声、檀传宝主编：《小学教育学》，人民教育出版社 2014 年版，第 27—28 页。

3.综合性

小学教育研究的对象是小学领域存在的各种教育现象，这些教育现象与社会中各因素相互影响，共处在复杂系统中。加上教育现象总是和人联系到一起，因而就变得复杂起来。研究教育现象，需要运用多种方法进行综合性研究。从多种视角看待小学教育问题，可以形成研究结果的“立体性”。

小学教育研究具有一般科学研究的特点，包括以下三个方面。

一是强调方法的科学性。研究方法本身是清晰的，其使用过程的操作是可以通过研究目的进行检验，最后的研究结果通过教育实践活动进行验证。方法科学，收集的资料可用度就高，否则，资料本身缺乏信度就会影响研究结果的信度。

二是强调方法的创造性。研究最重要的特点是对原有理论体系、认知方式及研究方法有所发展，反映出方法本身的进步。创造性还表现在研究者运用理论知识去创造性地解决实践问题，从而完善有关理论。

三是强调理论与实践相结合。小学教育研究活动是在科学方法论指导下进行的，所生产的知识指导或服务教育实践。实践反过来为研究提供丰富的资源。理论与实践相结合的程度，反映出研究活动开展的状态。

小学教育研究的特点将在后面章节中论述，小学教育研究方法是小学教育科学的一部分，对小学教育科学的一般规律和特殊规律的认识以及思维方式的转变，都可以转化为对小学教育领域的研究方法。

（二）研究分类

对小学教育研究进行较为合理的分类，是保证研究质量的重要方法。不同的分类标准形成了不同的分类系统。下面仅对采用三种分类标准确立的研究类型进行分别介绍。

1.基础研究与应用研究

在小学教育领域，依据研究目的与问题性质，把教育研究划分基础研究和应用研究两类。基础研究的主要目的是扩展教育理论知识，如教育的本质问题、小学学制问题等，这些问题没有停止探讨，是为了解决教育理论中基本的问题。小学教育的基础研究旨在解释教育现象，建立具有普遍性的理论，为现有学科知识体系增添新的知识。举例来说，关于小学教育领域涉及的教育本质、教育规律、教学规律、德育规律、课程基本理论等的研究，目的在于如何构建新时代的小学教育科学理论体系，使其具有中国特色。

应用研究是解决教育实践中的实际问题，如小学教材教法问题，帮助学生掌握学科基础知识，追求教育研究的价值。行动研究是应用研究的一种形式，它不是具体的研究方法，一般包括“计划—观察—反思”三个环节。绝大多数的教育研究是应用研究，例如基础教育新课程标准研究、中小学生心理健康教育现状研究、中小学生生命教育研究等。

两种研究类型的划分有时是相对的，它们也在一定程度上相互补充。基础研究往往提供解决某一教育问题的理论，应用研究往往提供事实材料去支持这一理论，企图从基础研究角度探究其根本原理，需要基础研究弥补现有知识的缺陷。两者有机结合开展综合研究是目前最为流行的一种研究类型。

2.定量研究和定性研究

按照研究分析方法可以将教育研究分为定量研究和定性研究。定量研究的目的主要是确定因素之间的关系、影响和原因，研究者通过调查、实验等活动收集相关数据，不介入研究对象的活动，在研究中用数据描述教育现象。在研究范式上，定量研究基于实证主义理论，强调对关系的数量化探讨。从研究手段看，需要提前确立研究假设，分析研究变量，用抽样方式选择样本，使用标准化的工具收集数据，最后用研究结果验证假设。最典型的定量研究是问卷调查和实验研究。

与定量研究不同，定性研究是为了理解社会现象，研究者需亲自进入研究现场，参与研究对象的各项活动，通过互动方式收集资料，方法比较灵活，在研究中用文字叙述和描述现象。在研究范式上，定性研究基于人文主义理论，强调在特定的自然情景中理解研究现象。从研究手段来看，定性研究广泛运用参与观察、深度访谈等研究技术收集资料，以归纳的方式，主要用文字来描述、解释、建构被研究者眼中的世界及其意义。最典型的定性研究是经验总结。

在教育研究中，两者往往是相互联系的，一般情况下，教育研究往往是定量研究与定性研究兼顾，不同的是每种类型所占的比重或侧重点有所不同。比较后，有关定量研究与定性研究的区别见表1-1。[①]

---

① 参见陶保平编著：《学前教育科研方法》，华东师范大学出版社2010年版，第11页。

表 1-1 定量研究与定性研究的区别

	定量研究	定性研究
描述方法	数字	文字
研究目的	确定关系、影响、原因	理解教育现象
研究对象	有关因素在数量上的变化	不同事物、现象的意义及特征
研究情境	在操纵和控制下	自然
研究方法	统计分析方法	整体研究、描述分析
研究本质	演绎	归纳
研究设计	结构化和规范化	灵活
研究结果	更接近科学,具有较高的确定性	较主观,受材料真实性影响
研究成果	建议最后的行动路线	获取一个初步的理解

3.描述研究和实验研究

根据收集资料方法的不同可以把小学教育研究分为描述研究和实验研究。[①] 描述研究是对事物的总体或特征或全貌的正确描述,目的在于解决"是什么""怎么样"的问题,收集资料的方法主要有问卷法、访谈法、观察法等。例如,小学生思想道德状况调查,就要回答小学生思想道德水平怎么样,可能受哪些因素影响等,这就是一种描述性研究。

实验研究是通过对变量进行操纵或控制,检验某种手段或方法的有效性,也就是通过干预进一步弄清楚事物和现象是什么原因作用的结果,解决的是"为什么"。例如,我们要检验一种新教材的有效性,就可以用实验研究。首先选取两个平行班,一个班级使用原来的教材,另一个班级使用新教材,经过一段时间的学习之后,对两个班级进行相同的测试,最后比较测试的结果,从而判断新教材的使用效果。

两类研究的区别在于,前者的任务是从杂乱的现象中描述主要的规律和特征,后者的任务是探寻现象背后的原因,揭示现象发生或变化的内在规律。两者一样具有系统性和周密性,只不过后者更为严谨和具有针对性。

4.实践研究、思辨研究和实证研究

根据教育学研究方式不同进行分类,德国学者沃尔夫冈·布列钦卡(Wolfgang Brezinka)将"教育学"分为三种:一是哲学的教育理论;二是科学

① 参见顾永安主编:《教育研究方法》,南京大学出版社 2015 年版,第 4—6 页。

的教育理论；三是实践的教育理论。[①] 按照布列钦卡的分析教育问题思路，将教育研究分为思辨研究、实证研究和实践研究。[②]

实践研究主要是实践者本人所进行的研究活动。小学教师进行的教育改革、教育反思和教育对策探讨都属于实践研究。实践研究的主要目的在于改进实践本身，这类研究在小学较为常见。实践研究可以作为小学教师提升教学素养和改进实践的途径，帮助小学教师找出解决教育问题的措施。

思辨研究又称为“理论研究”。完整的思辨研究过程包括“是什么”“为什么”“怎么办”三部分。像三段论，但需用演绎、归纳和类比等方法对资料进行整理分析，这不是一件容易的事情。“是什么”是对小学教育本质的探讨，何谓小学教育，小学教育与管理的比较等都可以回到“是什么”上进行讨论。“为什么”是对小学教育价值的探讨，如论小学教师的地位和作用，论教育惩戒的教育价值等都可以成为有立场的研究。有立场的研究可以是评价，也可以是批判。对小学教育某一方面研究的述评是评价研究，对教师主导作用的辩护是批判研究。“怎么办”是对小学教育问题解决的方案设计。这种方案设计是对前提性的反思和批判，目的在于为理论研究和制度实践提出改进的建议，可能导致某种重建或转型。与实践研究中的对策研究不同，这部分看似对策，实则不然，不是仅仅提出自己的个人设想，还有系统的论证。

实证研究的理解较为丰富，是用事实进行论证，强调研究设计和研究报告的规范。从研究工具来看分为实验研究和调查研究，从研究数据的类型来看分为质性研究和量化研究。实证研究包括的研究类型较多，实践研究、思辨研究都可以转化成实证研究的一部分。

除了上述分类，在小学教育科学研究中，个案研究、叙事研究、案例研究、比较研究等也是经常用到的。特别要提出的是，小学教育研究包括日常教研与教育科研，不能把日常教研排除在教育研究的范畴之外。

事实上，无论怎样分类，符合现代学术规范的主要是思辨研究和实证研究两大类。研究者根据对方法的把握情况自行选择。思辨研究需要研究者的辩才和灵气，实证研究掌握技巧后操作起来较为容易，最好将两者合而为

① 参见[德]沃尔夫冈·布列钦卡：《教育知识的哲学》，杨明全、宋时春译，华东师范大学出版社2006年版，第27—28页。

② 参见刘良华：《教育研究方法》(第三版)，华东师范大学出版社2021年版，第1页。

一，开展有理论视角的实证研究。[①]

四、小学教育研究的主要发展趋势

小学教育研究的发展是与人们对小学教育的关注度、社会发展以及学科研究进展密切关联的。小学教育与各国国民教育体系的进一步发展和完善同步进行，普及基础教育应放在头等位置。伴随终身教育的兴起与发展，小学教育关注儿童作为能动体的发展，倡导学校、家庭、社会的融合，形成生态化的学习支持系统。从全民教育、终身教育、素质教育等概念的形成与传播，无不反映出小学教育适应时代发展必须做出回应。[②] 针对小学教育研究的当前现状，可以预测未来小学教育研究可能呈现的趋势。

（一）理论研究和实践研究紧密结合

理论研究和实践研究是科学研究中不可分割的两个方面。小学教育理论研究是实践研究的基础，实践研究的结果可以作为理论研究的支撑。伴随时代的发展，理论需要修正、完善，实践也发生很大的改变。理论指导实践，实践反哺理论，两者之间的结合与互补可以最大限度地提升研究的功效。如信息技术的发展对小学教育实践的影响，集中体现在数字化教育推进方面。那么，数字化教育是什么？怎么实施？首先搞清楚这个关键概念，然后在实践中验证。理论与实践并举，可以加快推进数字化教育的进程。

（二）研究方法的选用更加多元

知识生产的速度加快，学科不断分化，这种态势也将影响小学教育的未来发展。除了联系紧密的社会学、心理学、人类学等社会科学外，小学教育研究也受到信息科学等自然科学的影响。特别是学科交叉产生的交叉学科，新的研究范式、研究方法都会给小学教育研究带来启示。其中，运用跨学科研究法对学科课程整合研究应用较为广泛。

---

① 参见刘良华：《教育研究方法》（第三版），华东师范大学出版社 2021 年版，第 12—19 页。

② 参见阮成武主编：《小学教育概论》，华东师范大学出版社 2011 年版，第 30 页。

（三）研究成果对小学教育产生更为深远影响

小学教育研究的根本目的之一是确认教育实践。实现这个目的，就是让研究成果在教育实践中发挥功效。功效发挥的渠道包括国家政策、法规的制定和修正、教育机构的建立、人才质量的提升等。正因为这样，教育研究在一定程度上被视为具有社会改造力量的实践活动。

（四）现代科学技术在小学教育领域进一步应用

现代科学技术的成果层出不穷，有些成果在小学教育领域中得到应用。如信息技术的成果应用偏多，比如ChatGPT、网络信息分析等。还有一些先进的定量分析手段，包括SPSS、AMOS等各类统计分析软件。这些对传统科学研究体系有不小的冲击。

小学教育研究与广泛意义上的教育研究一样，都有发展的历史。相应地，服务于研究目的的研究方法也有一个发展的历史过程，按照裴娣娜教授的理解，研究方法分为建立在朴素唯物论基础上的直觉观察时期，以分析为主的方法论时期，形成独立学科时期，现代方法论的变革时期。[①] 科学的发展和方法论的深刻变革，给现代教育科学研究提供了新发展思路。

五、研究伦理对研究的影响

研究伦理是研究者进行科学研究活动需要遵照的研究准则。小学教育研究对象主要是有生命的个体，研究者在研究过程中的言谈举止都会对研究对象产生潜在的影响。

一般来说，研究伦理包括自愿、知情、匿名和保密四个方面的内容。[②] 第一，研究对象有不参与研究，或者中途退出的权利，研究者不得强迫其参加。如开展问卷调查允许研究对象不做问卷，开展实验研究允许被试者中途退出。第二，要让研究对象知道研究的目的、风险、过程和益处等，这些内容要以研究对象能理解的方式在研究开始前告知他们，他们同意后方可参与研究。知情权能帮助研究对象了解参与研究的利弊、得失，主观上不能接受研

① 参见裴娣娜：《教育研究方法导论》，安徽教育出版社2018年版，第20—32页。

② 参见陈向明主编：《教育研究方法》，教育科学出版社2018年版，第19—20页。

究条件的可以不参加。一般在发放问卷或进行访谈前先发放同意书，告知研究对象参与研究可能产生的结果。第三，研究者不得在研究对象不知情的情况下公开其信息，不能在研究报告中透漏研究对象的私人信息。如调查用到的问卷，不应该出现被调查者的姓名。访谈资料收集也不能出现被访者的私人信息。第四，对研究对象的个人信息及研究数据，未经本人允许不得散布或转让，应进行保密管理。如“双盲实验”、访谈资料等应该在尊重研究对象人格的前提下做好相应的解释。

小学教育研究的学生群体与大学生群体不同，他们缺乏自我保护意识，且容易被别人的思维误导。自愿、知情、匿名、保密四原则的遵照十分重要。有些研究问题受传统观念和小学生的认知能力等影响，小学生自愿参与和了解项目非常重要。比如在一项小学生性健康教育研究中，用问卷和访谈收集资料时，小学生需要清楚自己想不想参与项目，是否理解其中的概念，这个项目的目的是什么，有什么风险和好处等，然后决定是否自愿参与。对提供相关资料的研究对象应保密，在项目报告中需采用匿名处理，研究结束后不得随便散布相关信息，必要时应销毁。像性健康教育这样相对较为敏感的研究问题，保护小学生的隐私极有必要，处理不当，会伤害到小学生的身心。正因为小学生群体的特殊性，与他们交流时还需注意必要的沟通技巧。

研究伦理在研究活动正式开始前就存在并发挥作用了。研究者除了清楚上述四方面内容外，还应注意研究活动细节中的伦理。像实地研究过程中与受访者接触机会较多，为了收集更多资料，必要的礼节是很重要的。这也是对别人的付出表达感激之情。反之，尽管你作为研究者遵照了自愿、知情、匿名、保密四原则，但是缺乏必要的感谢等礼节，可能会对进一步合作造成不良影响。

本章小结

本章提供了一个对科学及其在小学教育中身份的简述。除了小学教育领域内的科学活动外，还讨论了个人经验和专家作为认识事物的方式，以及小学教育研究的阶段、类型、特征、发展趋势、研究伦理。这些内容都是初识小学教育研究的读者需要了解的，尽管在某些方面，如认识过程、一般过程、研究伦理和其他教育阶段的研究具有共性，但在细节方面还是存在区别的。小学教育研究服务于小学教育事业发展，而小学教育的教育对象具有特殊性，他们在各个方面应获得充分发展。小学教育是整个教育体系的基础教育阶段，其教育质量是中等乃至高等教育的重要基础。这些特点对研究活动有一定的影响，也反映出这一阶段研究具有基础性、阶段性和全面性。任何一位关心小学教育未来发展趋势的读者，都将会成为研究活动的积极推动者和重要受用者。

小学教育研究与所有科学研究一样，目的都是解决一定的教育科学问题，发现或发展一定的教育原理和理论。掌握教育研究的特征和类型，有助于提高研究的科学水平。进行研究的方式很多，也有层次区分。研究者事先需要搞清楚方法论、一般研究方法和具体研究方法三个层次的关系。无论分类依据什么，都要把方法变得容易明了，从而帮助研究者更好地开展研究工作。

第二章　洞悉小学教育研究过程

小学教育研究的准备工作是非常重要的。从确立研究问题开始，需要清楚研究问题的来源、研究变量与假设、抽样原理、实施过程、研究计划制订等基本内容。无论是哪类研究，都要事先做好准备工作，完成从确立研究问题到收集和分析数据的研究过程。

小学教育研究根植于概念框架或理论，也就是说，每一个科学研究来自对一个想法的推测，或者是研究开始之前的进一步深化。无论是哪一种类型的研究，从想法的确定到具体实施之间都存在一些关键步骤。

一、研究问题提出的价值

发现并提出有意义的问题是小学教育研究的开端。任何研究活动都是伴随问题的深入研究而展开。教育内部存在错综复杂的矛盾，需要研究的问题很多，并非每一个问题都值得研究。裴娣娜教授建议，坚持可行性原则，首先选择有全局意义、反映教育规律、发挥教育效益的问题进行研究。[①] 研究问题不同于日常生活问题，它作为科学问题，重点在于回答事实和原因的问题。选择一个好的研究问题，对于科学研究而言具有非常重要的价值和意义。选题工作进展状况直接关系到教育科研的成败。那么，面对复杂的小学教育现象，从哪里可以找到研究问题？一个好的课题具备什么样的特征？选题应遵循哪些原则呢？我们应怎样进行选题？

高质量的、构建完好的研究问题是研究项目取得成功的重要因素。一

① 参见裴娣娜：《教育研究方法导论》，安徽教育出版社 2018 年版，第 72—73 页。

项研究活动的开展,关键是确定一个恰当的问题。因此,必须认真对待选题工作。选题正确,才有可能发现事物之间的真正联系。对于小学教育研究,选题是否正确且可行,关系到认识小学教育现象的深度。

(一)问题是研究的起点

科学研究是对未知现象的探究与解答。教育科学研究是对教育未来发展的探究与解答。教育未来发展是教育问题不断解决的过程,通过问题解决认识教育内部规律以及教育与外部因素之间的关系。因此,提出一个有科学意义的问题是进行教育科学研究的关键,它决定着研究是否成功。关于科学研究的起点一直存在两种观点的争论,一种认为是"观察",另一种认为是"问题"。科学研究始于观察,这是从认识论角度提出的,如果不善于观察就不能聚焦某一现象,进而进行研究。科学研究始于问题,这是从过程论视角提出的,没有问题就没有研究,尽管观察到一些重要的教育现象,但是不能把实际问题转化为研究问题,也就不能进行真正意义上的科学研究。因此,只有明确问题是研究的起点,才能把研究看成创造性活动。

(二)正确选题是研究者从事研究的基本功

研究课题的确定,意味着研究者对问题本身从理论到实践进行了透彻的分析。因此,研究课题的选定反映出研究者敏锐的洞察力、对未来趋势的判断力和学科知识的建构能力。不少一线小学教育工作者在教育教学实践中积累了丰富的资料,由于不善于提炼问题,只能是经验总结。也有研究者盲目追踪热点,涉及多个领域,但都缺乏深入的研究,也没有打下坚实的理论基础。正确选题对研究者的考察是全面的,一线教师要重视提出问题的训练,站在理论的高度审查经验总结,从而提出可行的选题。

正确选题是选出可以进行研究的问题,不是研究范围的划分。研究范围是研究问题涉及的范围和领域,无法开展真正的研究。比如,新课标提到的跨学科学习,如果表述为"语文跨学科学习研究",这是研究范围,或者称为研究主题;如果表述为"'跨学科学习'的内涵、实施探索与价值追求——以小学语文第二学段'跨学科学习'活动为例",这就是研究问题。《义务教育语文课程标准(2022 年版)》明确提出设计"跨学科学习"任务群,"跨学科学习"教学或将成为小学语文课堂教学的常态。那么,"跨学科学习"的内涵、教学实施与价值追求就是值得探讨的问题。每个学段对跨学科教学的要求不一致，专门就一个阶段进行探讨是必要的。对比发现，第二学段开展跨学科教学对学生的综合能力培养较为关键，所以应研究这一学段的跨学科学习。这样不断聚焦，问题越来越明显，从现象出发，形成正确的选题。再比如，课程标准中“课程内容”修订研究，首先考虑到的是学科、学段，是语文、数学还是其他学科？是高中还是中小学？教育与世界接轨，放眼世界的话，是国内国外还是中外比较？这些限定都是正确的选题要考虑到的。徐鹏撰写的文章《义务教育语文课程标准“课程内容”修订建议——基于国际比较的样例分析》，是在比较韩、美、法、澳、英、德、葡、新西兰、阿根廷、荷兰10国的义务教育语文课程标准基础上，概括了它们的语文课程标准“课程内容”具有的特点，总结这一研究对象发展的国际趋势，最后为我国义务教育语文课程标准修订工作提出有价值的参考：一是打通学习领域，增强课程内容的整合性；二是阐释学科核心概念，关注学生的高级认知。显然，这一研究问题是正确的选题，具有理论价值和实践价值。[①]

二、研究的选题过程

选题是开展小学教育研究的第一阶段。那么，从哪里寻找问题，遵循什么要求，题目是怎么产生的，等等，都是需要深入探讨的问题。

（一）选题来源呈现多样化

研究问题的确立可以来自不同方面。小学教育的重要性，决定于小学教育在整个教育中的基础地位和儿童发展中的启蒙作用[②]，小学教育发展受到诸多因素影响，研究这一领域必然考虑这些影响因素的作用。社会发展、教育发展、学科发展、个人兴趣、知识经验、从事的工作以及同伴，这些都可以为小学教育研究问题提供灵感。

1.社会发展需要

社会发展要求教育进行相应的发展。进入21世纪后，政治、经济、文化、科学技术都发生了变化，这些因素对教育提出了新要求。尤其是我国战略发展目标的调整，要求教育培养出新时代社会需要的建设者和接班人。

① 参见徐鹏：《义务教育语文课程标准“课程内容”修订建议——基于国际比较的样例分析》，《中学语文教学》2019年第9期。

② 参见黄济、劳凯声、檀传宝主编：《小学教育学》，人民教育出版社2014年版，第23页。

为此，我国教育层次结构、类别结构、区域结构等结构发生了相应的改变，各阶段教育质量规格也进行了相应的调整。教育研究要立足于社会的重大变革，多层次、多方面、多角度地研究它与社会发展的重大理论问题和实际问题。每年国家设立的重大课题指南就能反映出社会发展对基础教育改革的需求。例如，“不同教育阶段思政课一体化建设”“铸牢中华民族共同体意识”“中华优秀传统文化在不同教育阶段中艺术教育开展的传承与发展”“小学阶段教育经费投入产出效益研究”“基础教育推进学习化社会建设的路径研究”“义务教育教材建设研究”“新时代学校劳动教育的政策体系研究”“义务教育阶段课程标准修订研究”“教育教学评价研究”等。社会发展不仅考虑我国发展的未来变化，还要放眼全世界，如教育国际化发展、世界主要国家教育援助政策等，中外比较是从全球发展背景下审视同一事物的不同表现，探究这些表现背后的意义。

2.各类教育教学实践

小学教育向质量型发展转型，依照“从教学抓起”的教育发展观，确保高质量教育教学活动的开展与落实。小学教育是基础教育的组成部分，有自己的特殊性，也有教育本身具有的共性。活动主体对自身的研究，远远比外来研究者得到的资料更丰富，对问题的认识更深刻。加上批判意识、诠释意识的强调，行动研究、叙事研究的兴起，研究目的倾向于改进工作，研究手段多样化，一线教师研究教育教学实践问题成为必然。教育教学实践是教育研究选题的最直接来源。从教育教学实践中选题，围绕实际工作中的问题展开研究，能有效激发教师参与研究的动机和兴趣，提高研究的针对性和实效性。此外，教师结合自己的教学工作开展研究，也有利于促进教学质量的提升。具体来讲，可以从这样几个方面选题：一是教育教学实践中的困惑。教师在长期的教育教学实践中会遇到各种各样的困惑，而这些恰好成为教师进行研究的问题。教育教学实践中的困惑需要及时破解，容易引起教师的兴趣，兴趣可以激发教师持久的研究热情和动力，通过对问题进行系统的梳理和分析，从而找到解决问题的科学对策。二是对教育教学工作的反思。教学反思是教师专业发展的重要途径，诸多教师成长的经验表明，对自身教育教学实践经验的总结和反思，可以成为教育研究的选题。以教育教学实践反思为选题来源，不仅让教师对经验进行了升华，而且提高了教师对教育教学规律的深入认识。例如，数学教师田风发现学习评价方式影响学生的问题解决能力培养，由此提出了“小学数学学习评价方式的调查研究”课题。

三是教师之间的交流。教师们围绕教育教学实践中的话题进行交流，在交流过程中可能会进一步深化对某个问题的认识，有了新的发现，进而选择该问题进行系统研究。如语文教研组教师集体备课时，发现校本研究活动对提高语文教师专业发展水平起着非常重要的作用，于是提出了“校本教研对教师专业发展的个案研究”课题。“核心素养”概念的提出，引发研究者关注不同教育阶段受教育者的核心素养。义务教育阶段教学工作以核心素养为主旨开展，那么不同学科的核心素养有何不同？如何帮助学生掌握对应的核心素养？延伸到职前教育，师范生的核心素养如何培养？针对不同的研究对象，可以提出一系列的研究问题，然后表述为“××（学科）核心素养培养”“基于××（学科）核心素养的课程教学”。

3.各种教育理论

现有的教育理论，是前人对教育教学实践经验的概括与总结。当研究者具备了一定的水平，就可以从一些教育理论中推演出种种预测，这些预测就成为研究问题的来源。在此基础上选题，主要有三种形式：一是从现有教育理论空白中选题。对一定范围内的教育文献进行梳理，发现现有研究的空白，然后填补空白。例如，教学生到什么程度为止，学生是怎样掌握知识的？这类选题对研究者的研究能力要求非常高。二是从现有教育理论的“空隙”处选题。对现有教育理论从深度、广度上做进一步拓展，或者从新的视角对教育理论做进一步完善，也是选题的重要来源。例如，教育本质的探究。三是对现有教育理论的质疑。理论是在质疑和批判过程中得到发展的。不同社会发展时期，教育理论会因时代或其他条件的局限而出现偏差或错误。作为研究者应该具备质疑精神，能够发现这些偏差或错误，用新时代理念去纠正并完善教育理论。比如，对自然教育理论的理解，夸美纽斯、卢梭、第斯多惠等教育家都有不同的理解。除了留意不同作者的争议，还要关注同一作者“自相矛盾”的说法。比如，柏拉图在《理想国》中强调政治精英的教育，而在《法律篇》中则强调平民教育，看似存在矛盾和冲突，实际上却是一致的。还有常用的教学模式，使用条件发生变化后，侧重点也会不同。

4.各级各类课题规划

教育科学规划课题列出的研究范围是由高水平教育专家经过严密讨论后公布的，这些选题不仅反映当前教育实践中亟待解决的现实问题，而且反映当前教育研究的前沿，具有很强的指导性和权威性。研究者可以从中选择适合自己研究的问题。当前教育科学课题的管理部门比较多，主要来自：一是各级教育科学规划办公室发布的课题指南；二是各级教育行政部门组织发布的课题指南；三是来自社会各级各类学术团体及机构组织发布的与教育科学有关的各类课题。这类课题一般围绕教育与社会的关系，教育自身建设等方面列出研究问题，研究者可以直接据此进行申报。特别是"重大课题"一项，是发布机构重点解决的问题，往往采取招标的形式进行研究。2022年全国教育科学规划重大招标项目设立了10个题目，是对新时代背景下教育公平、高质量教师教育体系建设、基础教育生态系统重构、中国特色社会主义教育学话语体系等战略问题的探讨。2023年全国教育科学规划重大招标项目着力加强中国特色教育学体系建设，积极建构中国教育学自主知识体系，共设立了12个题目，集中体现了时代发展的特征，如"中国式现代化""新一代人工智能""数字教育形态"等。

5.日常观察

善于观察是发现问题的一个途径。对于广大的研究者来说，观察能够捕捉即时信息，积累资料和经验，并在此基础上深入思考。研究者通过整理资料和反思自己的经验，再通过阅读关注领域内的研究文献并加以补充，就极有可能确定一个建立在该项研究或该系列研究基础上的研究问题。小学教师与学生长期一起完成学习任务，对小学生的学习习惯、学习态度比较了解，加上教育理论的学习，在此基础上可以围绕"小学生学习"提出一系列问题，如小学生学习特点研究、小学生作业完成程度研究等。

6.学科自身发展需要

小学教育作为一个二级学科，处在不断完善发展中。作为学科，理应按照学科建制，构建自己的一套话语体系，建立专门组织和成立专门研究团队。在学科的不同发展阶段，发展任务的要求不同。新时代的小学教育除了继续加强基础问题研究外，还应考虑时代发展的需要。如新一代人工智能对学科建设的影响，需要突破传统学科建设的方式，实现专业学科建设一体化，成立一支由多学科研究者组成的师资队伍，建立学科发展平台和学位点。那么，如何做到专业学科一体化，研究专业建设是突破点，包括学科基础、专业特性与定位、培养模式、课程体系建设和境外经验等，这也是小学教育学科发展的需要。有学者将学科建设与教师队伍专业化相关联，发现课程开放的重要途径。[①] 还有学者把“养育看成初等教育学学科的起点”，搞清楚初等教育学学科的特殊性。[②]

谢维和教授认为，小学是一门科学，这种科学性表现在课程与教学方面，更重要的是教育促进小学生的身心变化与发展规律。[③] 整体来看，无论从宏观和微观上提出问题，还是从教育实践中寻找课题与从理论中寻找课题，都是同等重要的。实践问题的解决必定能丰富并充实教育理论；从理论中找课题，产生的新理论也会间接影响教育教学实践。小学教育领域中值得探讨的问题数量不少，但要发现或确定一个合适的研究问题也不是一件容易的事情。从课题的来源考虑，还可以从个人经验，教育学、心理学理论，有关文献资料等方面入手。

（二）选题时应遵循的原则

选题是教育科学研究的第一步，必须遵循一定的原则。

1.创新性原则

创新是教育研究的本质特征。创新可以有效地避免无效研究，坚持这一原则很有必要。各级各类课题的审批条件之一就是课题是否具有创新性。那么，对于选题来说，创新性是指哪些方面呢？选题的创新一般体现在反映时代新要求、研究内容新颖和新的问题视角等，这些都属于创新的范畴。这种创新也有程度的高低之分。换句话说，研究学科领域的某个空白之处要比用不同方法研究同一对象的创新程度要高。课题在立项、结项、评奖等工作中，创新性是整体评价的重要条件。对开展的在线课程教学效果的测量研究，如果从在线课程高辍学率或者从讨论环节低参与率方面进行研究就是一种创新。反之，仅仅描述学生在线学习的表现就很难发现新的东西。对于全员阅读问题，一般的研究习惯性探讨阅读习惯、阅读兴趣、阅读内容，这些内容很难创新，反之，阅读素养不失为一个好的视角。

2.价值性原则

选择的研究主题必须具备研究价值和意义。研究价值包括理论价值和

---

① 参见殷忠民、刘立德、阮成武：《初等教育学学科建设与小学教师教育专业化》，《课程·教材·教法》2003 年第 3 期。

② 参见谢培松、刘志敏：《养育：初等教育学的逻辑起点》，《湖南师范大学教育科学学报》2017 年第 2 期。

③ 参见谢维和：《小学是一门科学》，《人民教育》2020 年第 12 期。

实践价值。一方面，教育研究应有利于教育理论的创新与发展。这就要求研究者选题要么是对教育科学理论的创新与突破，要么是对原有教育科学理论的修正、补充或进一步完善。另一方面，教育研究是为教育教学实践服务的。选题的实践价值是研究工作必须考虑的。即便是基础性的理论研究，其最终目的还是要服务于教育教学实践。对于一项课题来说，理论价值和实践价值应是同时具备的。有时候，一线教师进行研究的重点是解决教学中某个问题，这方面的研究更强调实践价值，理论价值缺少或偏弱。而一些学者进行的哲学研究，实践价值是缺少的。“双减”政策推行后，对基础教育生态系统机制有一定冲击。那么，选择这一问题进行机制重构，不仅具有理论价值，而且也具有实践价值。

3.可行性原则

研究基础、研究条件和研究能力是研究者要完成一项具体的课题需要的基本条件。研究基础缺乏或者薄弱，在课题申报时可能会受到质疑，评审专家会觉得研究者理论知识不牢固，不能胜任该项课题的研究工作。研究条件包括主客观条件，任一条件不具备，都无法正常开展研究。可行性原则要求研究者不仅要考虑研究具备的客观条件，还要考虑自身或课题组的主观条件，要把握研究的时机。综合以上各方面因素，从而科学选题并解决问题。师范生研究小学教育问题，因为自身的教育实习经历，可以对课程教学进行研究，如果换成研究本专业建设的研究，就很难进行下去，因为积累的专业知识偏少，对高等教育发展规律了解较为浅显，根本无法胜任该课题的研究工作。

4.发展性原则

选题的发展性原则要求研究者选择和确定的研究课题不仅要具有基础性，而且对未来的发展要具有较高的外部价值。这一原则可以通过课题的推广价值、解决一系列问题以及作为产生新问题的基础等方面体现出来。课题研究遵循发展性原则，是研究者对研究问题的深度把握，并进一步推动研究的深入。在信息技术快速发展的今天，研究信息技术(具体到不同指标)在小学教育领域的应用，尤其是新兴事物出现后对小学教育研究的影响，就遵循了发展性原则。科技发展只是一个方面的因素，选择的题目对某一理论有一定推进作用，如中国特色社会主义教育学话语体系研究，在我国经济不断壮大的背景下，经济基础对教育的促进作用反映在学科话语体系构建上，这也遵循了发展性原则。

选题原则是研究者确定问题的基本要求，彼此之间相互交叉，不能将以上原则机械割裂开来，只顾及某一个原则。选题要从整体上认识事物，应选择那些有新意、有价值、有前途且有能力完成的问题。

（三）研究问题的类型与研究目的密切相关

研究问题的类型对研究过程中搜集资料、整理加工有不同要求。研究问题的类型判断与研究设计密切相关。从问题的性质、探求程度来看，可以把研究问题分为三类。[①]

1.描述性问题

描述性问题是对小学教育现象进行描述，借此了解其现状，探讨“是什么”的问题。通常涉及一个变量，用一个变量呈现研究内容。这类问题分布范围较广，可以作为初步了解研究对象的基本情况，一般用具体数量、水平、程度等词语进行表达。

例如，三年级小学生的阅读量是多少？农村编外教师的教学水平如何？乡村小规模学校建设如何？小学生的作业量多少？近五年小学生入学率是多少？实际毕业率是多少？教育集团办学质量如何？

2.相关性问题

相关性问题是通过了解事物之间的相互关系、密切程度，探讨“怎么样”的问题。通常涉及两个变量。借助两个变量的关系，说明它们的关联性程度，也就是两者之间的相关性。一般情况下，一个变量是原因，另一个变量是可能的结果。

例如，学生的思维能力与学习成绩有关吗？小学生阅读量与写作水平相关吗？教师的学习能力与专业发展相关吗？其中，一个变量是另一个变量的原因，另一个变量是原因变量发生变化导致可能产生对应的结果，但两者之间不是必然联系。

3.因果性问题

因果性问题是通过了解事物之间的因果关系或规律性，探讨“为什么”的问题。通常涉及两个变量。其中一个变量是另一个变量发生改变的必要条件，研究探讨的是因果关系。

例如：批评会降低学生的听课效率吗？思维能力训练可以提高学生的

① 参见郑金洲、陶保平、孔企平：《学校教育研究方法》，教育科学出版社2011年版，第52—53页。

学习成绩吗？学习能力水平高可以提高学习成绩吗？学习方法可以提高学习成绩吗？通过验证两个或多个变量的因果关系，揭示事物内部存在的规律性。

通过问题类型梳理可以看出，选定的研究问题最好涉及两个变量，这样研究才会明确、深入，可能会从变量之间的联系中发现一些新的知识。因为两个变量在相互作用时还会受到其他因素的影响，如学习能力作用于学习成绩，还会受到教学方法、教材、班级规模等中间因素的影响。以上三个问题回应了研究的三个目的，即描述、解释和探索。

（四）好的选题应具备的特征

研究问题是研究行动的方向，整个研究活动都是围绕研究问题而进行的。那么，在小学教育研究中，存在各种形形色色的问题，但并非所有的问题都可以作为研究问题。研究问题的选择有一定的标准和条件，研究者需遵循选题原则开展选题工作，真正选择一个有价值又能实施的问题。因此，判断一个问题是不是好的选题，有以下四条评价标准。

1.选题必须具有研究价值

问题的价值是确立研究问题的根本。选定的题目不仅对本学科研究领域具有较好的内部价值，而且对其他领域也有较高的外部价值。选题的价值有多大，往往通过这样两个指标进行测量：一是选题是否满足教育事业发展的需要，通过研究该题目，解决教育事业发展中的问题，进一步推动教育发展。二是选题是否检验、修正、创新和发展教育理论。研究解决问题的同时，还应提供新知识、新思想。小学教育研究的选题，可以强调应用价值，可以强调学术价值，还可以两者兼而有之，但无论哪一种，前提都必须是选择有意义的教育问题去研究。对小学教师来说，应选择那些可以解决工作中的困惑的课题。这样的选题一方面能帮助自己反思工作，另一方面有利于推动基础教育事业发展。如“大单元设计”，不仅是课程标准规定的，还是现代教学、学生核心素养发展的需要，兼具理论价值和实践价值。

2.选题必须明确、大小适中

选择的问题界限要清晰，范围要大小适中。如果课题范围太大、太笼统，研究就会无从下手。比如素质教育研究，这是一个包括很多内容的问题，任何一个教育阶段都涉及此问题，教师是无法把握的。如果把问题聚焦，改成小学语文教学中实施素质教育的策略探讨，这样就限定在小学语文教学方面探讨素质教育的落实问题，范围缩小，问题明确。类似这样的问题很多，如学业质量评价、学科核心素养、跨学科学习、学习任务群等可以作为理论视角，自身也是研究者关注的对象。只有明确其内涵与外延，才能进一步深入探讨。

3.选题必须具有可行性

研究问题可以进行研究，说明研究问题在主观和客观两方面都符合条件。主观条件包括个体或课题团队的知识、能力、经验等水平，此外，研究者的专长和对研究问题的理解程度、思维方式等也非常重要。客观条件主要包括必要的文献资料、实验设备、研究技术、研究时间、理论准备、研究经费、团队搭配等，还有科学上的可能性。① 研究条件不具备或者薄弱，在选题时都需要避开。需要注意的是，一些从事研究时间较短的研究者一定要仔细考虑“这个问题为何无人研究”这一问题。一般来说，会有两种可能：一是因为缺乏资料或是客观条件不具备，没有办法做；二是前人没有关注到这样的问题，有价值。第二种情况较少发生。如某位小学教师对学生心理健康非常关心，想探究“青少年心理问题早期筛查评估指标体系与评估标准”，主客观上就不具有可行性。反之，探究“小学生心理健康现状”就可以。

4.选题必须新颖

选题新颖是指选题有新意，研究有所创新。要做到选题新颖，应考虑以下三个方面：一是能反映教育发展与改革的方向和趋势；二是从研究内容上有所拓展；三是运用新的理论和方法去研究。要做到选题新颖，就要把课题的选择放在我们所处的时代下去认识，认真梳理相关学科领域的经验总结和理论知识，若只是在前人研究成果的基础上提出问题，那么课题就无法突破，也不具有研究的意义。如“新一代人工智能挑战的教育管理改革”，这一问题较为新颖，反映了信息时代教育发展的方向。回头去看，信息技术带给人类的积极影响和消极影响，本着发挥事物的最大效用，需梳理已有的那些关于信息技术影响教育管理的研究成果，寻找问题的突破口。又如“青少年心理问题早期预警和分类分级干预”，青少年心理问题尽管不是新问题，但是把研究重点放在早期预警和分类分级干预上就是新视角，内容上也是对已有研究的拓展。再如“中国式教育现代化的指标体系”，这一问题的创新在于用新的理论去研究，而且是立足中国特有的现代化发展。

① 参见江芳、王国英主编：《教育研究方法》，华东师范大学出版社2011年版，第52—53页。

(五)选题过程灵活运用策略

小学教育研究选题活动看似简单,实际上却是一个艰难的过程。在选题策略的指导下,从模糊的选题方向到题目的最终确定,体现出对研究的问题的认识和梳理。研究乡村小学教师专业发展问题,对不熟悉乡村教育的研究者需要事先对乡村教师现状进行调研,根据调研情况确定问题。在此基础上,考虑自身条件,然后进行合理的抽样,编制调研工具,收集资料并研究。题目的确定需要的时间较长,不仅与研究者本身的知识储备、敏锐的观察力、文字表达能力等因素相关,还与选题的技巧有关。

1.选题策略

(1)充分调研策略

选题是一个不断明晰研究问题的过程。研究问题总是内含在研究主题中,研究者通过对研究主题认真分析,并列出一系列问题进行比对,从中发现有价值的信息,进而提出研究问题。进入课题研究之前,应有计划、有目标地进行课题调研。第一,根据课题目标查阅与之相关的文献,充分了解该领域的研究水平和发展现状,从文献分析中发现问题,提出自己的设想;第二,结合已有的研究基础,拟出研究设计方案,并与相关研究人员进行讨论,不断修正观点,形成课题研究方案。总之,广泛查阅前人的研究成果,可以从中获得许多有益的启示。比如,研究“农村小学生课外阅读”这一课题,研究者首先围绕“课外阅读”查阅有关资料,了解这一课题的研究视角、研究方法和研究结果;其次结合自身的研究条件进行研究设计,研究计划初稿形成后,可以请专家审核,综合多方建议,制订研究方案,包括研究方法、研究目标等;最后形成题目的详细论证结果。

(2)量力而行策略

选择的研究问题要保证能顺利开展,在难易程度上适中,过大或过小,都不能真正解决问题。假如课题研究起来难度偏大,可能需要中途换题,不仅拖慢了研究进度,也不能使自己的研究能力得到充分发挥。即便是通过调研发现某个问题可以进行研究,比如“少数民族地区儿童教育问题”,如果研究者没有少数民族地区生活的经验,或者民族教育理论薄弱,这样的课题也是无法开展研究的。再如各级部门发布的重大课题,都需要研究者具备扎实深厚的理论功底和极高的研究能力,否则根本无法完成这类课题的研究任务。作为小学教师,采用量力而行策略可以选择一些关于课例对比的题目进行研究，如"'分数的意义'练习课教学设计""以认识面积为例"等。

(3)发展性策略

结合观察到的教育现象和自身经验，通过查阅文献，对已有的研究进一步深化。一是深化。比如，通读介绍"双减"实施后的文章，发现对"双减"实施后的特点并未进行深入研究，研究者就可以从时间管理、教学调整、学生学习、教师态度、学习评价等方面总结"双减"的特点撰稿。二是补白。比如，通读关于义务教育阶段核心素养的文章，发现发表核心素养具体论述的文章偏少，就可以选择研究核心素养内容的问题研究，思考××学科核心素养包括哪些内容，这些素养如何培养，发展逻辑是什么，学科之间核心素养有何关系，等等。三是对比。梳理对某一主题的矛盾观点，并选择适合自己研究的问题。比如，关于"双减"前后作业布置呈现出矛盾性，研究者整理出不同观点、客观事实，结合自己的知识经验思考并做出评述，最终提出自己的研究问题，撰文就比较容易发表。

2.选题过程

一个好的选题是对研究假设进行不断验证的过程，由初读文献开始，想法越来越清晰，关于下一步如何解决问题的思路就形成了。选题实际上既是一个预研究、预论证的过程，也是一个使问题逐步聚焦的过程。一般的选题都要经历以下四个步骤。

(1)确定研究方向，初步确定选题

确定研究问题是一个比较艰难的过程，很多研究者甚至连研究方向都无法确定。当研究者没有一个相对固定的研究方向，对选题的创新性和价值就难以做出准确的判断。当研究方向确定后，研究者最好在自己经常关注的领域内进行课题的选择，可以结合自己的研究兴趣、专长、条件等因素，综合考虑研究选题的研究价值和研究目标等因素初步确定选题。研究者可以在自己比较熟悉的研究领域，根据自己的兴趣和认识，初步选定一个或几个主题作为进一步论证的选题。信息化社会对个体素养提出了新的要求，"数字素养"进入人们的视野。最近三年的线上教学对教师应具备的数字素养提出了挑战，研究者可以将数字素养作为研究方向。那么，研究谁的数字素养？应在综合考虑自身研究条件后确定。研究基础教育的研究者可以关注"数字化背景下中小学教师数字素养培育研究"这一课题。

(2)广泛查阅文献，验证选题价值

研究者通过查阅文献，真实全面地了解一个研究领域或研究主题的基本研究现状。比如，选题是否是对已有研究的进一步完善与补充，创新程度究竟如何？要准确回答这些问题，就必须要依赖教育文献资料的全面搜集和有效分析。在搜集和分析的基础上，对选题的研究目标和价值等进行全面论证。查阅文献时，注意遵循查阅要求。作者带领学生开展了“小学生性教育”课题研究，这一课题的确立过程是这样的：学生通过央视新闻了解到女孩被性侵的前因后果，了解到是什么原因造成的这种现象，事件最后是怎么解决的。随后在知网上查找资料，查找关于性教育的研究成果。其中有同学提出农村小学生可能性教育缺乏，于是就对农村小学进行了调研，发现与预料一致。就这样，最后确定了“农村小学生性教育研究”这一课题。

(3)审查研究条件，检验是否可行

研究条件是保障研究工作顺利进行的客观基础。研究条件包括主观条件和客观条件。当选题初步确定后，就必须根据研究的价值和目标，对照自身所具备的主观和客观条件进行全面分析。为保证研究的顺利进行，主观条件和客观条件缺一不可。对研究新手来说，应最先考虑自身感兴趣的课题。小学一线教师选题应多考虑自己的实践活动，从解决工作问题出发，更容易发挥创造性。此外，还需要考虑时机问题。即便是主客观条件都具备，也必须在条件成熟后提出。提出过早，会因为条件不成熟而无法进行研究。比如十年前有人尝试从脑科学方面研究学习的规律，但是条件还不够成熟，现在研究这个问题，有能力的研究者就可以按照研究目的进行设计。其实，这个问题可以通过文献检索来解决，对搜集到的文献进行趋势分析，找准阶段性关键词语，从而分析关注点的变化规律。

(4)精心提炼文字，确定研究选题

题目是一个课题的灵魂，表述和提炼非常重要。对题目的文字提炼也是非常重要的一项工作。好的题目能简明、准确、形象地体现研究的对象、内容、目标等主要研究信息。题目表述需注意以下三点：一要用词准确，二要简洁规范，三要语义清晰。如“乡村小规模学校教师发展现状的调查研究”这一课题，就包含了研究对象、研究内容和研究方法。题目能讲明研究内容，字数越少越好。上述题目尽管包括应具备的要点，但是并不出彩，在用词上还需要雕琢。对比来看，表述为“赋权与赋能：乡村振兴背景下农村小规模学校教师队伍建设之路”，读起来感觉就比上述题目要好。如果表述为“赋权与赋能：乡村振兴背景下农村小规模学校教师队伍建设的实践进路”，就更为出彩。

3.课题论证

课题论证是自课题有了初步设想后，对设想连续进行分析评价的过程。[①] 这一过程能够不断优化课题设计方案，从而确定可以进行研究的课题。

课题论证作为一种确定研究设想的过程，其目的在于分析评价课题是否具有研究价值，研究设计是否科学合理，研究成果是否可能、恰当、具有社会影响等，重要性不言而喻。从论证内容上看，第一步是立项论证，通过对课题的科学性、创新性等理论价值与实践价值进行分析评价，评价结果符合评审要求将准许立项。第二步是开题论证，准备正式开始研究之前，对课题的研究目的、立项依据、国内外研究趋势、研究方法、条件保障基础和研究成果表述等进行分析评价，能够详细回应上述指标则可以批准开题。一般情况下，重大课题的开题论证工作要公开，要详细汇报论证的各项工作进展情况。

整体来看，课题论证内容包括六个方面。一是课题的研究目的、意义、目标和内容：为什么选择这个课题，能解决什么，研究的意义何在，研究哪些方面的内容，研究的价值是什么？二是与本课题有关的国内外研究现状及发展趋势：目前国内外关于这个课题方面的研究成果整体状况如何，出现哪些重要观点，本课题与哪些研究有何相关，相比已有研究有何创新？三是本课题研究的途径、方法、手段：研究过程中研究对象如何选择，收集资料和分析资料具体会采用哪种主要研究方法，实施哪些研究手段，研究工具如何编制，资料如何分析？四是完成课题研究任务的条件保障：本课题研究具备哪些客观条件，研究成员是否有足够的知识、能力，这些条件能否保障课题研究的顺利进行？五是课题研究实施的计划：具体的研究过程与步骤是怎么样的，如何汇报阶段性成果？六是过程分析与结果预测：研究过程可能面临哪些问题，有哪些具体解决策略，研究结果可能出现哪些情况，是否会带来不良社会影响，可以采取的补救措施有哪些？

4.课题表述

课题表述是向读者传递研究什么的信息，表述的形式、用语、长短都非常重要，概括来讲，课题表述需具备以下三个特点。

一是准确。课题名称的含义表述要准确，用词能明确表达出研究的主

---

① 参见华国栋：《教育科研的选题和论证》，《教育科学研究》1995年第5期。

要内容和主要问题,范围大小适中。如果课题范围太笼统或者过于具体,就会使课题失去研究的价值。比如,“新时期小学语文教学改革的研究”,这是一个教学制度层面的问题,对于一线教师来说,这个课题内容宽泛,涉及教育实践多个方面,不适合他们研究。再比如,“小学语文课例研究”这个题目,“语文课例”是一个范围相当广泛的领域,那么是研究语文课例的价值,还是课例对语文教师教学的作用,到底研究哪一方面,并不容易判断。好的课题陈述应该是能让人看到课题名称就清楚研究问题的性质。小学语文教材建设是一个持续改进的过程,如果研究者进行部编教材编写的研究,那么表述为“‘部编本’语文教材的编写理念、特色与使用建议”是非常准确的。

二是简洁。简洁是课题名称表述的另一个要求。在含义准确的前提下,课题表述最好能用最简短、精练的词句表达出完整的意思。课题名称的字数一般不超过25个字,符合语法规则,结构紧凑,把研究对象、研究内容、研究方法概括出来。课题名称越简洁,越能展示出研究者的研究能力。比如,“某地区提高农村小学留守儿童课后服务实效性研究”,这个课题名称涵盖了标题表述的内容,但是不够简洁,可以修改为“农村留守儿童课后服务有效性提升研究”。

三是规范。不同学科的课题名称表述应反映出学科的特点。课题表述用的词语要符合专业表达要求,不能造词,不能语义不清。在表达形式上,最好用陈述句,避免用疑问句或反问句,也不能用口号式、口语式表述。比如,“科学教学口头设疑的作用”,这是一个语义不清的句子,可以改为“小学科学教学提问模式的研究”。规范地表达课题要研究的主题,有利于学术交流与沟通。课题表述不规范的原因主要是对核心概念界定不准确、专业知识欠缺等,表述规范是对研究者综合能力的考察。

课题表述中常常会出现以下问题:一是研究的问题不明确。课题表述中的概念不能出现双重含义,比如,“小学道德与法治教育内容的研究”,这一课题到底研究哪块内容,表述不够清晰。研究问题不明确的主要原因是研究者对问题的界定不准确,不清楚研究问题是什么。二是研究的对象不明确。研究对象表述不清楚,也会让读者产生误解。比如,“中小学生心理健康教育研究”,到底是研究中学生还是小学生,会让读者摸不着头脑。“心理健康教育”的内容、方法针对不同年龄阶段的学生是不同的,因此中小学生应分别探讨。研究者必须注意,习惯性表达不等同于符合研究规范。我们经常在课题题目中看到“中小学”这样的表述,实际上是不严谨的,因为小学生与初中生在身心发展方面有各自的特点，虽然个别问题区分不是很明显，但最好不要混为一谈。

三、 文献检索与文献综述

小学教育研究的深入开展离不开文献的查阅与利用。已有文献不仅可以帮助研究者了解本领域已经做了哪些研究，还有哪些问题需要解决，而且在研究结论论证时提供有力的理论与事实依据，把握可能出现的差错以及预想不到的困难。

（一）文献检索的基本原理

文献是小学教育研究的基础，它是人类知识用文字、图形、符号、声频和视频等手段记录在一定的物质载体上的结合体。[①] 教育文献是记录有关教育科学的具有一定历史价值和资料价值的文献。对于一项课题而言，它所使用教育文献与其他学科文献的质量对其水平有重要影响。

文献检索在小学教育研究中起着重要作用。一是有助于选择和确定研究课题。通过广泛查询文献，研究者能够了解该课题已有的研究成果数量、关注点以及用到的资料收集、分析方法，存在哪些问题等，以此发现和提出问题并确定自己研究的问题。任何研究者在课题确定前，通过文献检索熟悉特定研究领域的信息，对该领域可能要研究的问题进行评判。二是避免进行重复性劳动。在信息社会，信息量与日俱增，搜集和整理文献在研究中具有非常重要的作用。研究者在有了问题意向后，围绕研究主题深入查阅相关文献，明了问题的历史与现状，就不会重复劳动，从而有利于提高研究的效益。作为研究者应树立信息意识，通过多种途径获取信息，及早避免重复已有的学术劳动。三是为本研究提供论据。已有文献能给后来的研究提供很多有价值的东西，如理论、方法、技术等。研究者通过检索文献并进一步整理其中有价值的东西，有助于发现新的东西。为及时了解课题研究的理论、手段和方法以及研究动向，必须查阅相关文献，从而找到课题研究的线索，使研究建立在可靠的材料基础之上。四是学习别人的研究设计，从模

---

① 参见陈向明主编:《教育研究方法》，教育科学出版社 2018 年版，第 37 页。

仿或参考中培养自己的创意。通过阅读文献，了解别人使用的研究方法与论证过程，学习论证方法，并在此基础上进行创新。模仿是初学者学习写作的主要途径。文献给我们提供了独特的研究设计，初学者可以借鉴并学习研究设计，同时将研究问题与研究设计融合，并形成本研究的设计方案。通过模仿，初学者一方面可以进行规范的学术训练，另一方面可以发展已有的研究成果。

文献检索的功能与研究问题确定、研究设计、观点论证等工作的进展密切相关。研究小学教师数字素养问题，从数字素养概念、内容、评价等方面梳理文献，厘清数字素养的发展脉络，进一步确定研究内容、研究视角。那么，数字素养的文献主要分布在哪里？如何检索文献？

1.文献来源

检索开始之前，我们需要清楚文献的分布。小学教育研究收集的文献多以教育类文献为主，这类文献主要集中在图书馆、档案馆、研究机构和学校等，并且主要以电子文献形式存在。

图书杂志。图书杂志是正式出版的文字资料，是文献的主要来源，包括教科书、手册、专著、词典、资料工具书、年鉴、期刊、报纸、档案类材料、综述性文章等。比如：想了解近五年内基础教育发展的投入经费，可以查阅《教育统计年鉴》。研究新中国成立以来的小学教育发展状况，可以查阅档案类材料。教育文献分布极其广泛，贮存形式也是多样的。

电子资源。随着信息技术的发展，网上获取信息便捷、迅速，从网上查阅资料是研究者必须掌握的能力。电子资源包括网上浏览、电子邮件、电子公告板等。比如：想查询课题研究的有关期刊，可以登录中国知网（https://www.cnki.net）了解详情；想了解世界课例研究协会举办的活动，就可以登录世界课例研究协会网站（https://www.walsnet.org）了解详情；想了解有关教师专业发展问题的人大复印资料，可以登录中国人民大学书报资料中心（http://zlzx.ruc.edu.cn）了解详情；想了解基础教育发展的信息，可以登录中国基础教育网（http://www.cbe21.com）了解详情。研究者根据研究需要，充分利用图书馆的电子文献，如中国知网、维普、万方、读秀、超星学术、人大复印报刊资料全文数据库等中文网站刊发的文献，以及 Web of Science、SpringerLink 外文期刊、PQDT 全球学位论文数据库、Taylor & Francis eBooks 等外文网站的文献。

2.文献检索方法

文献检索的要求可以用“准、全、高、快”四个字概括。[①] “准”是指文献检索要保证较高的准确率，查到的资料与需要相吻合；“全”指能将需要的文献全部检索出来；“高”指检索到的文献具有较高水平；“快”指检索文献要迅速、快捷。研究者遵照这一要求进行文献检索，保证文献的质量，对研究起到助推作用。研究者需要在“准、全、高”基础上做到“快”，就要会利用各种类型的检索性工具书。检索性工具书按照特定方法编排，内容概括，提供文献检索的线索。工具书种类很多，常用的包括书目、索引、文摘、手册、辞书、百科全书等。尤其是计算机检索系统，为检索文献提供了信息化途径。

文献检索的方法多种多样，这里主要介绍顺查法、逆查法、引文查找法和综合查找法四种常用方法，每种方法都有自己的特点和适用范围。[②]

顺查法。这种方法以课题研究的发生时间为检索起点，按事件发生的先后顺序，时间由远及近，文献形成由旧到新的顺序检索。这种方法检索到的文献范围较广，能初步了解某领域文献关注的全部内容。例如，要研究一所学校的校史，先从该校建校的文献查起，一直查到当前相关文献为止。这种方法的优点是能全面系统搜查与课题相关的文献，不容易漏掉。按照时间梳理文献，方便概括出文献的阶段性特征。

逆查法。这种方法是根据课题的需要，从课题的现状开始，按照发表时间由近及远的顺序检索文献。这种方法多用于新文献的搜集和新课题的研究，检索结果反映了最近一段时间内某领域研究动向。例如，要研究小学语文教材的编排，先从当前统编教材查阅，一直查到关于这个问题的最早研究文献。这种方法便于研究者了解研究问题的新动向，是常用的文献检索方法。知网查阅文献默认这种显示，能对最近研究成果一目了然。

引文查找法，又称为“文献追踪法”。这种检索方法是从发表的文献中列出的引用文献、附录的参考文献着手，不断扩展原始文献，从而获取需要的文献。这种方法能不断扩大文献范围，搜集比较集中，是一种文献的回溯。不过有时候会受到主观性影响。这种方法的优点是让研究者短时内关注这个问题的重要文献，同时缩小搜索范围，但是容易漏检。例如，从国际素养角度研究“论小学数学核心素养的构建”这一问题，发现这篇文献参考

---

① 参见裴娣娜：《教育研究方法导论》，安徽教育出版社 2018 年版，第 102—103 页。

② 参见裴娣娜：《教育研究方法导论》，安徽教育出版社 2018 年版，第 98—99 页。

了《为21世纪重建教育——欧盟核心素养框架的确立》一文，这样再继续找到这篇引文，就拓宽了文献检索范围。有时候，这种检索方法能帮助我们检索到一些重要文献，为写作提供思路，这是单独使用顺查法和逆查法无法做到的。

综合查找法。这种检索方法是指将上述方法综合运用以达到全面检索的目的。这种方法效率较高，有利于检索复杂课题，也是最为常用的检索方法，尤其对直接检索发现资料偏少的课题，用这一方法不仅能扩大检索范围，还可能发现新的研究视角。

文献检索较为复杂，不仅要求方法得当，分析到位，挑选出自己需要的文献，而且要遵循要求检索，准确全面，充分发挥检索的作用。

3.文献检索过程

那么，到底如何进行检索？接下来以“教师数字素养”为例进行说明。

一是明确检索主题。文献检索是帮助研究者了解课题相关的研究成果，因此检索文献之前，首先要分析研究课题的可能目标等基本情况，明确课题研究的方向，从而确定所需文献的主题范围、分布区域、时间跨度、载体类型等，进而选定检索途径。检索主题词不是只有一个，可以根据文献数量和质量的高低调整主题词。主题词可以是同义词、近义词或者反义词。研究者为了遵循检索要求，可以尝试用多种表达方式进行检索。上述举例，主题词可以是“数字素养”“教师”，可以同时涵盖两个词语，也可以单独检索“数字素养”或“信息素养”。

二是实施搜索。搜索中要根据课题要求选择合适的检索工具。常用的检索工具包括书目、文摘、索引等。确定了检索工具后，可以利用手工检索或计算机检索的方式查找文献。为方便检索，直接在知网输入“数字素养”一词，时间截至2023年5月底，共检索出文献1985篇，其中包括会议介绍、书摘等。

三是阅读与分析整理。阅读时将检索到的大量文献按照一定标准分类，如按时间、内容或主题等进行分类。同时，用做摘要或笔记的方法整理文献，在此基础上对某个问题的研究状况进行归纳、综合。文献加工是这一阶段重要的任务，先要剔除陈旧、重复、虚假的资料，然后按照研究需要进行归类，检查文献是否准确、全面。最后，将符合研究需要的文献进行初步整理。通过阅读分析后发现，在学科分布上，教育理论与教育管理类占16.07%，计算机软件及应用占13.76%，图书情报与数字图书馆占11.9%，信息经济与邮政经济占11.32%;在研究层次分布上,应用研究172篇,开发研究108篇,开发研究+政策研究71篇;在文献来源分布上,占比最高的是《青年记者》,其后分别是《中国信息技术教育》《世界教育信息》《中国电化教育》《图书馆论坛》《中小学数字化教学》《中小学信息技术教育》等。

4.文献整理

研究者常常感到困惑的是,搜集到大量的文献后,就可以进行研究了吗? 显然是不可以的。我们还需要对文献进行加工整理,同时加入自己的思考,才能获得写作启发。文献整理包括文献阅读和文献记录。

文献整理的第一步是浏览。初次检索,往往会检索出大量文献,这就需要研究者快速浏览,了解文献发展的趋势。浏览的方法有以下三种:一是浏览关键词。将检索出来的文献与课题关键词比较,如果对应起来,就继续阅读,否则可以选择放弃这类文献。当然,如果与课题关键词有包容关系,可以打开浏览一下摘要部分。二是浏览摘要或引言。文献的摘要部分一般阐述了研究对象、研究方法、研究结果、研究结论等,浏览后可以了解已有成果的研究框架、研究方法和研究结果等。引言介绍了问题的提出背景、文献综述、理论框架、研究假设等。三是浏览正文。正文的行文架构往往给初学者提供一个参考模板,读的方式可以采用略读或精读。用自己熟悉的记录方式,边读,边记,边思考。对那些核心期刊上发表的写作结构便于操作的文献,可以学习并模仿写作思路。研究教师的数字素养问题,先是查看标题上有“数字素养”的文献,能完整表达就说明内容相关,然后再打开文献,阅读摘要部分,个别文献还需要阅读引言,整理出研究问题、研究对象、研究假设等重要信息。对被引率高的文献继续阅读正文部分,把握写作思路和语言表达。

第二步是筛选。通过浏览,对检索到的文献已经有了一个初步的了解。因为不是所有的文献都符合要求,这就需要我们筛选文献。首先剔除一些会议记录、动态综述等非学术文献,然后根据研究需要进行筛选。筛选的标准很多,可以从文献的相似性、新颖性、经典性、权威性等方面考虑。其中,权威性文献代表了此方面研究的较高水平,可以重点学习。在知网搜索页面选择“期刊”,在检索条件选主题并输入“数字素养”,来源选择“全部期刊”,勾选“中英文扩展”,时间截至2023年6月,共检索出5423条数据,然后来源选择“核心期刊、CSSCI、CSCD”,取消“中英文扩展”,共检索出682条数据。再点击“被引”,这时就看到那些文献引用率较高,我们可以对这些高被引率文献进行重点学习。

文献记录的方式包括列提纲、做标记和抄录三种。用列提纲的形式整理检索到的文献,这样看起来比较清楚。同时根据不同标准进行归类,主题鲜明,并能观察出文献的研究去向。阅读文献时应进行必要的标记,尤其是在旁边空白处写上自己的阅读体会、评价或者疑问等。也可以用不同颜色的彩笔勾画不同的句子。阅读文献的过程中,把与课题相关的文献信息及内容抄写下来。抄录可以直接采用复制、粘贴方式,把文字放在专门的一个文档中,用主题词命名,方便自己查阅和学习。研究者应习惯围绕自己的研究方向建立相关的文献库。

文献检索需要做一些琐碎工作,从文献来源寻找开始,用合适的检索方法,按照检索要求进行检索,最后对检索出来的文献进行分析、整理。通过这样梳理文献,研究者就能对相关领域有较为全面的认识。文献检索不是一次的事情,当研究过程中需要补充新文献时,就要继续进行检索,检索后也要继续进行重复筛选、整理分析等工作。

(二)文献综述写作在文献与评述中寻求平衡

文献检索有着不同的目的,当你看到一则关于校园欺凌的报道,可以问自己:校园欺凌有哪些表现?学校和家长应该怎么做?我们通过网络检索和询问专家可能能初步了解这些问题。但是,要彻底弄清楚校园欺凌,我们就需要关注学术文献。研究者需要对检索的文献进行进一步梳理,在此基础上,形成对某个研究专题的文献分析结果。这一文献研究结论是经过筛选、比较、分析、整理和提炼而成的产品,又称为“文献综述”。撰写文献综述有两个目的:一是为自己的课题研究提供清晰的背景知识,是研究准备阶段必不可少的。二是为他人及时提供某问题研究的信息和动向,往往以单篇论文发表在相关期刊上。

1.文献综述撰写的一般步骤

文献综述写作具有系统性,要求研究者具备一定的研究能力,然后运用一个系统程序,最终完成一份好的文献研究产品。①

一是确定文献检索的问题。在信息大爆炸的时代,为了避免信息过载,

---

① 参见[美]梅瑞迪斯·高尔、乔伊斯·高尔、沃尔特·博格:《教育研究方法》,徐文彬、侯定凯、范皑皑等译,北京大学出版社2016年版,第62—67页。

研究者在确定课题之前需要集中力量进行文献检索。引导文献检索的问题建构会因研究问题情况的不同而不同。一种可能是阅读由最初的文献检索所确定的出版物时会提出希望解答的新问题。文献检索的结果是发现问题的线索,按照检索要求收集文献,文献的价值比较高。另一种可能是寻找证实或否定你所感兴趣的某一知识主张的研究证据。已有文献可以作为佐证的依据,研究者在此基础上分析这些证据,发现新问题或者使自己的课题更有说服力。

二是咨询专家。研究者在急需信息和建议的时候可以求助于专家。有了专家们的专业知识作为最初的理论框架,研究者可以更有信心和效率地进行文献检索。专家可以是本领域的,也可以是学科之外的,他们拥有丰富的知识经验,对问题有独特的视角。有了他们的建议,研究者可以缩短文献搜集的时间。

三是检索并阅读文献。教育文献数量庞大,即使你把搜索的文献限制在5—10年,检索出的文献数量也可能非常多。文献索引是有关一个特定主题或若干主题的文献的列表,一般是按照作者或标题的字母顺序进行排序的。搜索引擎是以用户自定义的标准在数据库搜索文献。网络平台都提供搜索引擎,在命令框内输入感兴趣的主题点击,对应的结果就呈现出来了。第一,认真阅读检索文献。一次文献是由实际从事研究工作的人所撰写的文献,文献探讨的是他们开展的研究工作。阅读一次文献最好从近期的文献开始,有助于帮助我们理解人们对所研究的问题已经了解了多少。二次文献是作者对其他人所提出的研究、理论、教育的实践与方案等所做出的评述。通过查阅这方面的文献,可以对所做的研究有一个总的认识。二次文献具有报告性、汇编性和简明性,阅读二次文献会让研究者对某一领域的研究现状有一个广泛的了解。第二,分类整理。在阅读文献中查询的与研究主题或问题相关的出版物时,做好分类将有助于帮助我们确定阅读的先后次序,确定好分类也将有助于我们将检索结果组成有意义的组群。

四是撰写综述。资料收集到一定程度后,就可以开始撰写文献综述。一般情况下,重要的研究与研究趋势都会在文章的导言部分找到,这些话题通常还会在讨论部分再次提及。综述的呈现方式与研究成果类型有关。

2.文献综述的结构

文献综述的类型有目录型、文摘型和分析型三种,但基本格式都是一致的。一般来说分为题目、引言、主体、总结和参考文献五部分。

题目。当文献综述自成一体时，需要有一个题目或标题。题目用一句话点明主旨，表明研究的主要内容，概括性强。如“关于小学生作业研究的文献综述”，题目能要清楚地反映出研究主题。综述题目的表述越来越反映某一类文献的研究趋势，如“近 20 年我国乡村教师流动研究的脉络、热点及趋势”“国际教师专业自主研究的图景与趋势——基于 WOS(1985－2020 年)的可视化分析”等，这些文献是综述性文章，题目比直接表述为“某某的综述”更吸引读者。因此，综述的题目表述非常灵活。

引言。又称为“前言”。这部分主要说明做文献综述的研究问题或假设，以及选择研究它们的理由，围绕综述主题介绍有关概念、定义以及综述的范围，说明有关问题的历史、发展状况等，让读者对综述全文有一个大体了解。

主体。主体是综述的“躯干”，没有固定格式，一般介绍有关研究的历史、目前现状、主要观点、措施、突出成果和发展趋势等。主体部分的写作可以围绕检索问题来组织检索结果，也可以按照确定的类别来组织检索结果，还可以按照重要观点的先后顺序组织检索结果。同时，应做好研究问题、假设或类别的呈现顺序。这部分的写作尤为重视观点之间的逻辑性，以便让读者看清楚文献的历史脉络。

总结。总结是综述的总体归纳，主要阐述对主体部分的论证结果，肯定已有研究取得的成绩，提出研究存在的问题以及今后研究的方向和展望。这部分层次分明，帮助读者对研究问题有一个总的认识。

参考文献。参考文献在综述的最后部分，表示对被引作者的尊重。在编排上，应符合一定写作格式。在质量上，应保证参考文献的水平。一般认为，单独成文的文献综述要求参考文献的数量不少于 30 篇。文献综述作为研究报告或学术论文一部分的话，文献数量视整体情况决定。

3.文献综述写作分析

无论在研究报告中还是在学术论文中，文献综述的主体主要出现在引言部分。以“课堂教学交往的观察研究”为例，研究者发现国外学者对课堂的教学组织关注较多，被广大学者接受的观点来自贝拉克、安德逊和拜德尔的研究，即四种“基本语言行动”——组织、诱导、应答和反应，三种“课堂交往形式”——单向显性交往互动、双向显性交往互动、多向显性交往互动。同时，将国内学者对课堂交往的研究分为三类：一是从教育学、社会学视角进行理论探讨；二是从实践视角归纳总结课堂交往的有效策略；三是深入课堂观察课堂交往特征。而南京师范大学吴康宁通过观察研究新授课，发现课堂交往形式除上述三种外还存在一种单向隐形交往互动形式。[①] 研究者将上述四种交往形式结合起来作为自己的研究框架。

案例综述内容简洁明了，开篇一句话“课堂交往是学生发展的一种重要手段”，点名了综述研究的问题——课堂交往。接下来从国外经典解释入手，总结课堂教学交往研究的结果，如学生被动、交往方式与学生成绩有关、性别影响交往机会等。而国内课堂交往有理论探讨，也有实践归纳。尤其是在国外研究基础上又补充了新知识。文献梳理为研究搭建了新的理论框架，在此基础上探索课堂交往频度的影响因素，使研究结果又向前推进了一步。

4.文献综述撰写需注意的问题

一是搜集文献尽可能全面。文献检索是一项复杂的认识活动。从查阅范围上，研究者应广泛查阅与研究课题关系密切的有关研究成果，同时浏览课题范围之外的有关研究成果，尽可能做到更大范围地查阅。从文献国别区分上，不但要广泛查阅中文资料，还要查阅外文资料，清楚国内外研究的差别。从文献内容上，不仅要搜集与自己观点一致的材料，也不能放弃那些与自己观念矛盾的资料。从文献分布上，不能只检索电子文献，纸质版文献也要阅读。

二是注意文献的代表性、可靠性和科学性。文献的代表性能反映出文献的发展趋势。研究者搜集到的文献应该具有代表性，这样的文献能反映出研究问题的进展状况和关键论点。对检索到的文献，要认真阅读，仔细推敲观点和论据，并做好详细记录。特别是进行历史研究时，搜集到的历史史料必须保证是真实的，应使用科学的方法对史料真假进行辨别。

三是观点评论要客观。文献综述的目的是寻找研究的切入点和突破点，因此，对已有文献的评价一定要客观，忠实于原文。分清楚哪些是作者的观点，哪些是引用文献，不能为了自己的研究目的而曲解或漏掉某些研究成果。最为重要的是找出支撑自己研究问题的观点，从而为自己的研究提供有力的证据。

四是不轻易否定前人研究。学术研究以知识创新为首选，但并不意味着研究者完全不理会他人已有的研究成果而追求标新立异。类似“开了先河”“填补了空白”“有极其重要的意义”之类的说法应完全避免。[②] 往往不是

---

① 参见高凌飚、赵宁宁、梁春方：《课堂教学交往的观察研究》，《教育科学研究》2003 年第 6 期。

② 参见刘良华：《教育研究方法》(第三版)，华东师范大学出版社 2021 年版，第 63—65 页。

没有研究，而是你没有搜集到相关的研究。

文献综述撰写尽管是建立在文献检索与整理的基础上，但是依然要用科学的态度去对待。很多时候，研究者习惯把检索到的文献采用罗列的方式呈现出来，这样的写法已不适合现代科学研究。综述的重点在于分析，按照一定逻辑把分析的结果呈现出来。分析环节应注意客观、实事求是，肯定前人的做法，同时指出有待改进的地方。有待改进的地方可能恰好是需要进一步研究的问题，认真分析文献是极有必要的。

四、研究变量与研究假设

科学研究揭示的是事物组成部分之间的关系。各组成部分在数量上可以变化，研究小学生学习成绩，有学习能力、学习兴趣、学习方法等不同的特征，这些特征就是变量。一项研究课题往往涉及多个变量。那么，研究变量是什么，在一项研究中如何进行判断？

（一）研究变量是研究对象的特征

1.常量和变量

一项研究中所有个体都具有的相同特征或条件称为“常量”。研究小学生阅读习惯养成问题，这里的文化程度就是常量。“变量”是群体中个体在性质、数量上可以变化、测量的条件、现象或事物的特征。两个概念在一个课题中往往是相对的，比如性别在不区分男女时可以看成变量，而在已经确定的性别中就成了常量。还有年级、文化程度等作为常量或变量在研究中都是相对而言的。

变量分为可以被直接观测的和不可直接观测的。可以直接观测的有性别、成绩、身高、体重、年级等。在小学教育研究中，许多关键的感兴趣变量是不可直接观测的，如个体心理变化，那么就要通过间接的测量从中推断出来。如在“农村小学生课后服务的调查研究”中，小学生所在年级、性别、家庭经济收入、课后服务类型、服务内容、服务评价、服务质量等是变量，农村小学是常量。

2.自变量和因变量

在小学教育研究中，变量依据其相互关系分为自变量和因变量。这些变量是研究中最重要的，也是应用最广泛的。分清变量的这一类型，便于进行研究设计，提出切实可行的研究假设。

自变量又称为“原因变量”，是能独立地变化并引起结果变化的条件。比如，研究不同版本教材与小学生数学成绩的关系，不同版本的“数学教材”会影响“数学成绩”，那么“数学教材”就是该研究问题的自变量。

因变量又称为“结果变量”，是由自变量的变化引发产生的结果。比如，我们想研究思维导图与四年级语文阅读成绩的关系，“教学模式”是自变量，“语文阅读成绩”是因变量，它是自变量作用于研究对象后产生的反应，也是研究者需要测量的结果变量。

除了上述变量之外，还有一些变量对因变量产生影响，常用的有无关变量和调节变量。上述实例中，小学生的学习成绩是因变量，自变量如果是数学教材，教学模式则是无关变量或调节变量，反之也成立。具体情况应视研究问题确定。

无关变量又称为“控制变量”，是对研究结果产生影响但不属于研究目标关注的变量，需要在研究过程中加以控制。比如，研究不同教学模式对小学生语文成绩的影响，在这里“教学模式”是自变量，“语文成绩”是因变量，除此外其他因素都是无关变量。在这个研究问题中，无关变量可能包括教师、教材、教学内容、家庭辅导、教学方法、学生学习能力等因素，它会干扰到自变量和因变量的对应关系。如果研究者能有效控制无关变量，研究结果就显得可靠。

调节变量会影响自变量对因变量的作用。当研究者怀疑自变量与因变量的关系受到另一个变量的影响，就可以使用调节变量测量因果关系的复杂性。这类变量很多，需结合具体问题分析。有时，一些无关变量会成为调节变量。

与调查研究不同，教育实验的目的是验证自变量与因变量之间的因果关系。研究者试图通过改变一个变量或一组变量从而观测其导致的结果，进而说明因果关系。例如，在研究班级规模与小学生学业成绩的关系时，这里的“小学生”是常量，“班级规模”是自变量，“学业成绩”是因变量。“小学生的学习能力”“学习习惯”“已有学习水平”等都是无关变量。如果假设女教师比男教师教学更积极，那么教师性别将调节班级规模与学业成绩之间的关系。

上述变量的分类是研究设计中应确定下来的，自变量与因变量之间的关系是研究需要探讨的，即研究目标。在研究中应分清自变量与因变量，如果分不清楚原因和结果的话，研究就无法正常进行。

3.类别变量、顺序变量和数值变量

这一分类是针对统计分析进行的。类别变量又称为“分类变量”，是可以分类的，如性别、职业等。顺序变量是表明变量是有序的，如年级、学历等。数值变量是可以看成一个数字，进行四则运算。如在“小学生学业成绩对学业自我效能感的影响研究”中，小学生的性别是类别变量，年级是顺序变量，学业成绩、学业自我效能感是数值变量。变量在统计处理中如何发挥作用，我们将在后面章节的资料分析中进行解释。

（二）抽象定义和操作性定义的描述

在教育研究中，需要研究者赋予变量以意义，把变量变成可以测量的指标。因而需要对变量下定义，常用的方法有两种：抽象定义和操作性定义。概念本身是对现象的抽象，抽象定义是从抽象的概念意义上对变量共同的本质属性进行概括。抽象定义的方法包括以下三种。

一是经典定义。这种方法有固定模式，即被定义者＝种差＋邻近的属概念。比如，教学（是）教师与学生交往的（过程）。教育研究是一种探索教育规律的认识活动。研究中的核心概念尽量选用经典定义。经典定义一般在《教育大辞典》、被引率高的论文与著作中可以找到。

二是从文献中寻找合适定义的方法。研究者一般从专业的教科书、词典、百科全书等有关条目中寻找合适的定义。采用辞典条目的定义来界定一个名词或概念是最简单、最常用的方法。比如，“学习能力”定义为学习的方法与技巧。

三是自行定义。没有现成的定义时，研究者可以根据研究目的和研究问题需要，对文献中的相关定义加以修改作为本研究的定义。比如在小学生成长过程中，“挫折”是小学生追求学业目标受阻后心理所产生的一种情绪反应。

抽象定义对变量的基本性质进行概括，是研究者在研究开始前必须清楚的核心概念内涵。但是不能把概念与可观测的客观世界联系起来，如“挫折”的定义中，“情绪反应”具体指什么，如果这个问题不能解决，挫折是无法测量的。因此，如何测量核心概念是研究设计需要解决的问题。

研究者需要开展大量工作将研究思路转变成可以进行的研究项目。研究者必须对研究问题中的概念即研究变量给定一个可供操作的定义。操作性定义是指变量较精确的定义，与研究目的保持良好的吻合度，能明确表明变量是能被测量的。一个变量至少两个取值，因而往往不只有一个操作性定义，应结合课题研究需要进行界定变量的操作性定义。操作性定义的确定，有利于提高研究的客观性和准确性。比如，智力测验分数表示学生智力发展水平，考试分数表示学生课程学习的情况。操作性定义的描述方法主要有以下三种。

其一，用特定条件描述。研究中对所解释对象的特征测量要达到某一结果的特定条件做出规定，并观察产生的结果。比如，给“智力”下一个操作性定义，可以是用《韦克斯勒儿童智力量表》测量所得的分数。也可以是完成一次智力游戏得出的分数。“教师主观幸福感”可以是用《职业主观幸福感量表》测得的分数。“学生规则意识”可以是用《学生在校守则》对照学生的行为后得出的分数。

其二，用指标描述。研究中对解释对象的测量手段做出规定。如“发散思维”，可以界定为“30 秒内回答出‘砖’的不同用途达 5 项以上”。也可以在规定时间内提出不同的解题方式。“科学实验成绩”可以界定为“10 分钟完成实验操作，并验证两个实验结果”。

其三，用行为描述。通过测量结果界定一个概念。比如，“听课”可以界定为“注视黑板、举手发言、师生互动”，学生有这样的行为才属于听课状态。“捣乱”界定为“交头接耳、发出声音、戳同学后背”等非正常行为。“师生互动”界定为“教师提问、学生回答、师生对话、生生对话”等行为。“意见分歧”是小学生对某种规则看法不同而引发的肢体冲突。

需要注意的是，变量的操作性定义是定量研究和定性研究都需要做的工作。例如，用质性研究方法研究小学课堂师生互动行为。那么，研究者如何定义师生互动表现会影响研究设计和资料收集。本研究设计了两个维度：互动主体和互动主题。互动主体是教师和学生。其中教师发出行为的操作性定义是提问、指导、纪律约束和询问；学生发出行为的操作性定义是寻求帮助、发表见解、请求和告状。互动主题的操作性定义是掌握知识技能、维护课堂规则、交流信息情感。研究结果发现课堂互动是以教师为中心的知识传递过程。

研究实施中给变量下操作性定义从而使抽象概念变成可观察、可测量的项目是必不可少的工作。操作性定义往往只能涉及变量的少量特征，这些特征也仅仅服务于研究目的。它具有一些局限性,需要注意以下三点。[①]

一是操作性定义可能含义不完整、简化。例如,成绩作为研究问题“小学生阅读效果调查”的因变量时,给它下操作性定义为快乐读书吧板块阅读任务的测验成绩。此处成绩的操作性定义显然是不完整的,测量范围相对较小,忽略了后天努力、阅读习惯等因素。实际上,这些因素也会影响指导阅读的具体策略和教师开展阅读教学的具体行为。

二是操作性定义可能与原始概念无关或只涉及部分特征。在“开设思维能力训练课对小学生智能水平影响的实验研究”中,小学生智能作为因变量,它的操作性定义可以界定为开设思维训练课后学生学习能力测验的分数。显然,“小学生智能”操作性定义“学习能力”与其初始定义“智商”之间差别较大,却包含了学生的思维能力、阅读能力、记忆能力等因素,这些因素对思维训练课的效果产生不同程度的影响。操作性定义与原有概念不相关或只涉及部分特征,并以研究者可能无法预见的方式对研究结果产生影响。

三是不同研究者会给同一概念下不同形式的操作性定义。以兴趣的概念为例,因研究目的不同,兴趣的操作性定义可以是对某物的拥有,可以是对某件事情的专注,也可以是一个对被观察者的行为评定。研究者使用的操作性定义不同,产生的研究结果也不同,造成相互之间难以比较,以至于无法推广到使用不同方法测定的同一现象上。

针对上述情况,研究结果解释时应注意变量的范围,不能过小或过大解释变量,应与变量表示的含义保持一致。同时,应注意主观判断的影响,结合收集的数据合理解释变量。

(三)研究假设为研究指明了方向

课题的确定与将要实现的目标是一致的,研究者在课题确定前已经在脑子里设想了要达到的目标。这个目标的实现是建立在掌握的客观事实基础上,是对研究结果的可能性进行预测,又称为“假设”。假设是一种猜想,是研究活动的方向,指导研究的实施。如重视数学文化的教学将会帮助小学生树立正确的数学观。第一,这一假设决定了研究探索的方向,即数学文化教学与数学观之间的关系。第二,对问题解决方案做了预见性规定,并立

---

① 参见[美]菲利普·D. 拉姆瑞尔,《特殊教育研究》,贺荟中译,上海人民出版社 2022 年版,第15—16页。

足教学的合理实施上。第三，为收集资料提供了可能参考。这一假设隐藏了运用实验法收集资料的选择。因为调查是无法准确验证自变量数学文化与因变量数学观之间的关系，实验法恰是最好的选择。显然，一个好的假设是研究开展的核心部分。

一般意义上，假设分为研究假设和统计假设。研究假设表述为两个或两个以上变量之间的预期关系。如“在教学中引入分层学习小组合作机制，有利于全体学生自由愉快地学习，充分体现学生的主体地位，并有效地提高学习效果，最终达到共同提高的目的”这一假设中，是对分层学习小组与学习效果两个概念之间关系的推测。这一假设也可以简单表述为“在教学中运用分层学习小组的形式能有效提高学生的学习效果”。统计假设是统计学中用到的假设，又称为“虚无假设”或“零假设”。原本变量之间有关系却假定它们没有关系。这是因为统计检验的逻辑基于概率论，朝向实验组与对照组之间无差异的假设。如在一项实验研究中假定性别与推理能力无显著差异，即男生的推理能力与女生无显著差异等。

研究假设对量化研究非常重要，对质性研究并不适用。因为假设是经过理论逻辑推演出来的，结果越严谨，变量关系越明确，行为越容易通过观察而获得。相反，质性研究用归纳方法，强调揭示行为背后的意义，一般是用预言的问题代替研究假设。[①]

研究假设的提出为继续研究指明了方向，自然也就明确了自变量和因变量。正式启动研究后，需对自变量和因变量进行具体化操作，两者都要界定概念的范围和可操作性。抽象概念是无法用来搜集资料的。

五、 选择研究参与者

戴维 · S. 穆尔(David S. Moore)在自己的著作中写道，当有数据丢给你，你首先要问的是哪里来的数据。数据是通过随机抽样而来的。[②] 研究问题确定了之后，接下来从谁那里收集资料、如何选择研究对象是非常重要的问题。通常情况下，一项研究不可能对全部研究对象收集资料，那么就需要找出能代表的一部分研究对象。为此，就产生了取样问题。取样时，往往是

---

① 参见严开宏编著:《小学教育研究方法》，华东师范大学出版社 2011 年版，第 86 页。

② 参见[美]戴维 · S. 穆尔:《统计学的世界》，郑惟厚译，北京中信出版社 2003 年版，第 3 页。

从总体中抽取部分个体组成样本，研究结果适用于被研究的特定样本。抽取的样本能在多大程度上代表总体，这个效度非常关键。因此，抽样方法在整个研究过程中是至关重要的。

众所周知，总体中的个体很少有完全一样的特征。那么，从中形成的样本特征和总体特征在感兴趣的变量上的差异被称为“抽样误差”。随机抽样误差是样本和总体的特征之间的差异，如果样本来自一个越大的随机群体，则误差趋向于越小。系统抽样误差与使用非随机样本有关，这一误差不能用数学方法估算，抽样方法会对此产生影响。在统计中，需要考虑抽样误差带来的影响。

（一）抽样的基本过程①

1.界定研究总体

总体的内涵与研究目的有关。如对“小学生语文作业量”的现状调查，理想总体是全国范围内正在上小学的所有小学生；“小学女教师的主观幸福感调查”，总体是城乡小学女教师。还必须对“作业量”“主观幸福感”的含义加以明确。实际上，总体是由课题性质所决定的。

很明显，课题的研究目的决定总体的范围。研究者预先准备将研究结果推广到哪个领域内，就应该在哪个领域内抽样。开始抽样前区分地域、类型、学科、性别、年级等背景因素，如从山东省内抽取的样本，研究结果只能推广到山东省内。再如从农村小学六年级学生总体中抽取的样本，其研究结果就不能用在论证城市小学六年级学生上，更不能用在五年级学生身上。

2.制定抽样框

总体范围确定后，开始收集总体中全部抽样单位的名单，然后对名单进行统一编号，建立起抽样使用的抽样框。如果研究“双减”下 A 区小学生作业量的现状，那么 A 区所有小学的名单就是抽样框。抽样需考虑每个个体都有被抽取到的概率。这样做的目的是保证抽样的随机性。总体规模较大时，抽样框可能有多个。又如研究 B 市小学生的语文学习情况，从 100 所小学抽取 20 所小学，再从抽到的学校中抽取 6 个班，再从每个抽到的班里抽取 20 名小学生。这样，全部小学名单、被抽取小学的所有班级名单、被抽取班级所有学生名单都是抽样框。

① 参见风笑天：《社会研究方法》，中国人民大学出版社 2022 年版，第 108—110 页。

3.决定抽样方案

抽样要尽可能使样本代表总体。比如，某省对小学教师信息化教学能力现状进行调查研究，全省小学教师约 10000 人，可以从中抽取 1000 人来说明 10000 人的情况。被抽取到的这 1000 人必须有代表性，能够反映总体的特征。抽样时可以按照地区、性别等标准进行抽样。研究目的不同，所用的抽样方法也不同。

4.实际抽取样本

实际抽取样本是前面几个步骤基础上进行的。科学确定样本的大小，既要考虑实际收集资料的可能性，把误差降到最低，又要满足统计学上精确度的要求。从研究方法上考虑，相关研究要求样本不少于 30 个，调查研究不少于 100 个，比较研究和实验研究不少于 15 个。

样本的质量如何？有无代表性？有偏差吗？需要进行初步的检验，这是对样本质量的评估。假设在一所有 1000 名学生的小学抽取 200 名学生，统计资料表明，全校男生占 52%，女生占 48%。样本结果是男生占 54%，女生占 46%。比较发现，样本与总体差距很小，在一定程度上这样的结果是符合抽样要求的。

总体规模越大，样本容量是不是越大？这个答案是否定的。否则，这样可能会造成工作量过大和数量浪费。抽样方法的随机特征是决定样本代表性的关键因素，样本容量的大小是相对次要的。适量的样本数是研究者根据研究需要决定的。

（二）抽样方法列举

抽样的方法受研究目的影响，一般来说，抽样方法主要分为随机抽样和非随机抽样。①

1.随机抽样

随机抽样中总体中的每一个体被抽取到的机会是均等的，随机化是随机抽样的基本原则。这样就能保证研究结果推广到对应的总体中。随机抽样包括以下五种抽样方法。

（1）简单随机抽样

简单随机抽样是随机抽样的最基本形式，它的优点是简便易行，机会均

① 参见裴娣娜：《教育研究方法导论》，安徽教育出版社 2016 年版，第 116—124 页。

等，保证全部标识的代表性。局限性是样本规模小，代表性不高。常用的办法类似抽签。把总体的每个个体依次编上号码并写在纸片上，放在一个容器中，搅拌均匀后，每次从中抽取一个，记下号码，多次反复，直到抽够预定的样本数目。如果总体元素多样，可以借助随机数目表抽样。随机数目表的数码由一连串的 0—9 数字组成，数字排列是随机形成的，没有规律可循，每个数字都是独立的。[①] 使用时，首先根据总体规模的位数确定从随机数目表上选几位数码，然后随机确定一个表上取数的“起点”，根据样本规模的要求选出数码。可以沿着列的方向由上至下，也可以沿着行的方向从左向右查找。在此需要注意的是，选出的数码与抽样框对应。比如，从总体为 200 的个体中抽取 30 人，这时用一份两位数组成的随机数目表抽样，先要明确抽样的数码是三位数。然后在随机数目表上任一组数字确定起点，这个“起点”是三位数，查找时以 3 个数为一组，凡是小于 200 这个数字的数号都留下，找到 30 个数号为止。最后把标有这些数号的个体挑出来组成样本。随机数目表(部分)见表 2-1。

表 2-1　随机数目表(部分)[②]

14	90	56	86	07	22	10	94	05	58
39	80	82	77	32	50	72	56	32	48
06	28	89	80	83	13	74	67	00	78
86	50	75	34	01	36	76	66	79	51
37	51	76	49	69	91	82	60	89	28

(2)系统随机抽样

系统随机抽样，又叫“等距抽样”“机械抽样”。与简单随机抽样相比较，系统随机抽样误差要小一些，因为它能在总体的整个范围内有顺序地抽取样本。抽样前，先把总体中每个个体编号排序，然后计算出抽样间距，计算方法是用总体的规模 N 除以样本的规模 n，即 $k=N/n$。在最前面的 k 个个体中，采用简单随机抽样确定一个个体作为起点。比如，某小学六年级学生共有 300 人，打算抽取 60 人进行研究，抽样的比率为 300 ÷60＝5。抽样前先定好抽样的起点，如果从序号 005 开始，接下来就是 010、015、020、025……一直到 300 号，共 60 个号，标有这些序号的学生组成样本。系统随

① 参见严开宏编著：《小学教育研究方法》，华东师范大学出版社 2011 年版，第 156 页。

② 参见风笑天：《社会研究方法》，中国人民大学出版社 2021 年版，第 381 页。

机抽样比简单随机抽样更容易操作，如果学生名单列表上顺序存在偏差，可能会增大抽样误差。例如，名单是按照性别进行排列的，可能抽到的女生偏多。因此，抽样的前提是抽样框中的名单是随机排列的。

(3)分层随机抽样

分层随机抽样，又称为“类型抽样”。总体的属性特征或标志偏多时，可以先根据这些属性特征分成子总体，再从每个子总体运用简单随机抽样或系统随机抽样的方法抽样。那么，这些子总体的属性特征，就是所谓的层次或类别。分层随机抽样是先将总体按照各个特征划分成不同层次，再在各个层次中采用简单随机抽样或系统抽样抽取一个子样本，最后把这些子样本合成一个大样本。比如，研究不同区域小学办学质量状况，可以用分层抽样的方法抽取研究对象。首先，按照小学所在不同区域分类，分成城市和乡村两类。然后，运用简单随机抽样或系统随机抽样按照一定要求在每一层抽取学校数量。这种抽样能保证样本具有总体的某些关键特征，研究结果普及范围较广。如研究不同年级小学生课外活动参与情况，就需要进行分层取样，可以按照年级、性别进行抽样。这种方法考虑到了总体的异质性，获取的样本更具有代表性，需要注意的是，分层的标准具有相对性。

(4)整群随机抽样

当简单随机抽样不切实际时，就可以考虑采用整群随机抽样。整群随机抽样以群体为单位选择样本的方法，上述其他三种抽样方法以个体作为抽样单位。研究小学班级管理问题，可以先把学校编号后，用简单随机抽样、系统随机抽样或分层随机抽样方法进行抽取一个或几个小学作为样本。然后再按照上述方法以班级为单位抽样。如果要研究两个班级的学生学习成绩与教学方法之间的因果关系，就可以按照班级抽样。整群随机抽样的缺点是研究者不清楚整群可能在各种变量上的差异，从而影响研究结果。因而，建议与其他抽样方法结合使用。整群随机抽样方法适合群体差别不大而群体内部有较大异质性，相比较而言，群体差别较大而群体内部差异不大时，适合用分层随机抽样。应明确的是，教育研究中采用整群随机抽样，不是为了减少抽样步骤或样本容量，而是出于一种伦理考虑。[①] 准实验研究进行的自然班实验，其实就是出于这样的一种考虑。

---

① 参见严开宏编著：《小学教育研究方法》，华东师范大学出版社2011年版，第160页。

(5)多阶段抽样

有时候样本规模比较大,且总体也非常大时,以上任何一种抽样都不能单独完成,这就需要分阶段抽样。抽样框的选择要尽量与总体具备的维度一致。先由大范围开始,分阶段逐步完成。如比较各省份小学入学规模与教育发展水平之间的差异时,首先可以用整群随机抽样先抽取几个省,每个省抽取几个地市,然后以地域为抽样单位进行分层随机抽样和系统随机抽样,抽取到不同类型的小学。

2.非随机抽样

随机抽样尽管保证了样本的代表性,但是不是所有的研究都看重研究对象的代表性。为找到对研究问题有足够说服力的研究对象,选择非随机抽样。非随机抽样是指总体中的每一个体被抽取到的机会是未知的,抽样方式不是随机的,看重的是样本的丰富性,是为了实现研究目的而进行的抽样。具体方法包括以下四种。

(1)目的抽样

目的抽样是依据事先确定的目的、准则进行抽样,不考虑研究对象的代表性,是想掌握和了解样本的实际情况。例如,王老师想进行使用混合式学习的实验研究,由于客观条件的限制,他只能选择自己所带的班级进行实验,这里使用的就是目的抽样。这种抽取研究对象的方法在小学教育领域使用较广。特别是教师开展的行动研究,多半是在自己任教的班级进行工作改进。科学老师李丽发现学生对探究充满兴趣,但是由于实验条件限制,学生只能记背教材上的知识。于是,李老师尝试在任教班级每周进行课外实验作品的评选,一个学期过去了,学生对科学课学习改变了传统观念。目的抽样通常使用的方法包括极端个案抽样、典型个案抽样、最大差异抽样和同质个案抽样和滚雪球抽样。[①] 研究优秀人物的成长过程采用的极端个案抽样;选取某地众多小学中办学质量具有代表性的小学是典型个案抽样;考察两个成绩相差最大的个案,验证学习习惯与成绩的关系,用的是最大差异抽样;研究经济条件优渥的小学生对理财的态度和能力,用的是同质个案抽样。这些抽样类型没有统一标准,而是寻找甚至是误打误撞。

(2)偶然抽样

偶然抽样是研究者根据自己的便利条件,对偶然遇到的对象进行抽样。

① 参见严开宏编著:《小学教育研究方法》,华东师范大学出版社2011年版,第163—164页。

例如，对阅览室看书的学生进行调查，对公园里带孩子的长辈们进行调查，对在餐厅就餐的学生进行调查等。这种方法简便易行，因课题研究需要，有时也会用到这种抽样方法。当研究小学生课外阅读内容这一问题时，这种抽样是比较适合的，取样的人口学信息会更加丰富。

(3)异质抽样

异质抽样是抽取具有某种特征差异最大的个体作为样本。例如，要描述当今小学教师工作现状，可以选择重点小学和普通小学、经济发展落后地区和先进地区的小学教师作为样本，也可以选择反差最大的、工作能力最高和最低的极端个案作为样本，从而对两者进行比较研究工作能力的影响因素。有人会认为，样本反差大，可能无法比较。其实，被看作最没有优势的样本，也有它的独特之处，需要研究者在论证时把握分寸。

(4)立意抽样

立意抽样是研究者根据自己确定的标准，凭借研究目的的需要来决定所需样本。例如，研究者和所在小学的教学名师关系很好，征得对方同意后，以所教班级的学生作为研究对象。研究乡村教师的离乡化，可以选择自己熟悉的一位或多位乡村教师进行研究。研究小学校长的专业化，可以选择符合研究标准的一位校长。

概括来说，具体抽样的类型、方法以及样本容量的大小，应根据研究的实际情况而定。通常非随机抽样灵活性较强，使用方便，但抽样的主观性较强。随机抽样保证了抽样的随机性，从而由样本的特征推断出总体的特征，从而保证样本的代表性。

两种抽样类型的判断受制于研究目的和研究资料收集的方式。教育研究过程是复杂的，很多时候抽样类型可能会交叉选择。这时候，在研究报告中要进行说明，陈述抽样的理由。在一项研究中，问卷和访谈同时使用就可能涉及这个问题。

本章小结

本章讨论的是小学教育研究过程的主要内容。研究活动开始于问题，小学教育领域研究问题有多个来源，包括社会发展需求、教育发展需求、教育教学实践、个人兴趣、学科交叉、各级各类课题指南等。研究问题不同于研究主题，它是对研究主题的具体化。当从上述来源中发现问题之后，并不能确定题目能否进行研究，这就需要查阅相关文献，搞清楚核心概念，梳理文献的学术趋势。这些核心概念是研究变量。变量有抽样定义和操作性定义,只有变成可以测量的指标才能收集资料,因此变量的操作性定义要阐述清晰。操作性定义是对变量的具体化。研究是对关键变量关系的探索,在研究开始之前只是对变量关系进行预测,可以判定变量之间是否存在关系。

因为研究过程中不可能把所有研究对象纳入进来,所以抽样是必需的技术。从目标总体抽取出来一部分研究对象组成样本,样本能否代表总体可能会受到抽样误差影响。抽样分为随机抽样和非随机抽样。这两种类型往往搭配使用,调查研究就是一个很好的例子。具体选择哪种抽样类型,取决于研究目的。

第三章 小学教育研究设计

研究设计是研究目的的具体化和操作化，是对研究过程的构思。小学教育研究依据研究范式的不同，分为量化研究设计和质性研究设计两部分。

一、量化研究设计

量化研究设计是研究者把搜集到的数字资料，运用合适的表达形式，进行概括总结、解释说明和推广。常用的三大类量化研究包括描述性研究、干预研究和非操作研究。[①] 这种分类具有教育研究的一般特征。

1.描述性研究

科学研究的一个重要目的是描述或解释现象。教育研究也不例外，小学教育领域专业文献包含许多描述事件的例子，而不是建立变量之间的因果关系。对小学生身心发展基本状况、小学教育教师队伍建设、办学质量状况等研究，都属于描述性研究。

描述性研究回答变量的过去或当前状态有关的问题。研究者通过描述性研究收集到关于对待小学教育领域问题的态度、行为等现象。然后简单地报告研究对象的现状，帮助积累相关现象的证据。根据探讨变量关系的研究方法分类，描述性研究设计分为调查研究、个案研究、历史研究、纵向研究、元分析和实证文献综述等研究类型。

---

① 参见[美]菲利普·D.拉姆瑞尔：《特殊教育研究：设计、方法和应用》，贺荟中译，上海人民出版社2022年版，第75—128页。

(1)调查研究

调查研究是小学教育文献中最常用的描述性研究方法。调查的主要方式是使用问卷或结构访谈或测验测量研究对象在特定变量上的状态。例如,研究者设计了一份调查小学教师课例研究开展情况的问卷。[①] 这项调查通过分层随机抽样的方法抽取了331名城乡小学教师。为确定课例研究与研修模式影响因素之间的关系,用调查问卷评估小学教师在课例研究中的实施情况。这项调查要求被调查者回答他们认为影响课例研究的影响因素。研究发现,各学校通过课例研修改进课堂教学效果,88%以上的教师认为有成效,46.64%的教师认为成效较大。92%以上的教师认为本校课例研修有成效,56%以上的教师认为本校课例研修能改进教学实践、促进教师专业成长。这说明课例研修已成为一种真正的校本研修。教师认为,目前影响本校课例研修成效的关键性因素依次是专业引领(68.19%)、实践反思(28.26%)、学校支持(8.87%)、同伴互助(7.68%)、理论学习(7.00%)。对课例研修成果的形式,教师认为应多样化,不能只局限为研究报告或教学设计。通过研修,教师已经自觉地将课例研修成果应用于教学实践中,教研组、学校推广开始注重课例研修成果的转化与推广。研究还发现,课例研修在学段、教龄、城乡等方面存在差异,学段高、教龄高、处在市区的小学教师课例研修成效相对要好。调查研究的例子比比皆是,尤其是对新政策实施、新策略运用情况的了解,通过问卷能够获得最为直接的数据。

(2)个案研究

个案研究是指对个案对象进行深入持久的调查。定量的个案研究设计起源于流行病学研究,也为一些心理问题、特殊儿童的研究提供研究视角。报告中来自少数个体的大量资料促进读者了解某一种特殊现象,采用其他量化设计不能实现这一目的。由于个案本身的影响,研究结果不能推广到更广泛的人群中。从定量的个案研究中获取的初步信息,仍可用来聚焦或指导特定研究领域中更加系统的调查。定量个案研究的范式是实证主义,强调客观性。某研究在探究接受远程教育和课堂教学的两个群体的学习成绩问题时,运用实验法进行研究,控制了教师、课程、教学内容、教育背景等无关变量的影响。学期初进行了实验前测,学期末进行了实验后测,最后通

① 参见车言勇:《基于小课题研究的校本研修策略研究》,鲁东大学硕士学位论文,2012年。

过比较两组成绩的平均值，进行 t 检验。[①] 根据 T 值进一步验证研究假设。

（3）历史研究

很多时候，一个项目、政策的影响并不是通过观察它们或开展项目完成后进行调查就能够了解的。历史研究是对过去资料的整理与分析。小学教育的历史研究包括小学教育发展趋势，以及为满足小学生需要而设计的大规模项目。例如，研究者对新中国成立后我国农村民办教师身份进行研究[②]，从国家政策、乡村社会与民办教师为三方主体的农村中小学民办教师身份历史研究。研究发现，乡村社会及其组织更能着力改善乡村教师的地位身份，有效融入乡村生产生活、加强在职培训学习制度对乡村教师的身份认同起到促进作用。研究者从个体生活史视角研究新教师的反思能力，发现学习经历、关键事件、工作经验等起着影响作用。个体应批判对待生活史，走出舒适圈。[③] 放眼世界，梳理国外某一学科的发展历史，从中学习它们的教育经验。研究者对美国小学的社会科进行研究[④]，重点对 20 世纪 60 年代发生的"新社会科运动"进行深入研究，为小学社会课程的改革提供借鉴。

（4）纵向研究

纵向研究是通过收集研究对象在某一时间点的数据，然后在日后时间内对他们进行追踪，了解他们在某一事件上的行为延续。研究过程中，记录研究对象在一段时间内的活动、行为和结果。例如，研究者采用纵向设计，对 10 名小学生在一年级和二年级的学习情况进行研究，发现小学生可能在新的学习阶段面临学习和生活适应问题。随着年级的增高，学习习惯不好的学生成绩越来越差，可能会成为班里的"学习困难学生"。因此，幼儿园到小学的衔接以及小学各阶段的衔接，这些对帮助小学生适应小学生活非常重要。研究者提醒教师和家长注意，衔接的内容和方式是值得关注的问题。纵向研究在教育领域中有一定应用，研究某一门学科课程在小学阶段的课程目标、内容、实施与评价等各方面纵向衔接，得出的结论对进行综合设计该课程，推动该课程一体化建设具有重要意义。对某个个案进行追踪研究，

---

① 参见陈仲利、宋宏亮：《英语教学研究方法论探讨——定性研究与定量研究在英语教学中的个案分析》，《北京化工大学学报（社会科学版）》2006 年第 4 期。

② 参见胡倩、胡艳：《新中国成立后我国农村民办教师身份产生、形成与认同的历史研究——在符号互动理论的视角下》，《教师教育研究》2021 年第 1 期。

③ 参见吕珍、赵永勤、张育菡：《新任教师反思能力的培养策略——基于个人生活史视角》，《教师教育学报》2022 年第 1 期。

④ 参见卢珊：《美国小学"新社会科运动"之研究》，上海师范大学硕士学位论文，2010 年。

也属于纵向研究的一种。

(5)元分析

元分析是通过大量研究或参与者来计算干预的平均效应。研究者对某一问题进行元分析,由于通过大量相关调查到的结果会使它们的变量之间相互关系的解释具有更深层次的理解,可以为研究结果提供一个深入的描述,并且可以提供一种探索性功能。由此看出,进行元分析,需要有统一的指标来梳理众多研究的结果。这一指标被看作效应值,它表明了两个变量之间关系的强度或级别。元分析最主要的优势是可以把大量研究有效地总结成少量的相对简单的统计值,概括出关于研究问题的重要观点或发展趋势。例如,研究者为了解小学高年级学生欺负行为和心理韧性现状①,为开展小学生心理辅导及相关干预提供参考。采用问卷调查,对三个不同城市4所学校的四至六年级的近两千名学生进行研究。发现受欺负者、欺负者、双卷入者和未卷入者分别占33.3%、48.7%、15.3%和2.7%。不同性别、年级和是否曾有自杀意念学生在欺负各维度上的得分均有统计学意义;独生子女、父母离婚和不同照顾者的受欺负状况均有统计学意义;担任班干部的学生欺负总分比普通学生低;高年级学生的积极认知水平较高;城镇学生心理韧性状况好于农村;父母离婚学生的情绪控制、家庭支持和心理韧性水平较差;担任班干部的学生的目标专注、积极认知、家庭支持、人际协助及心理韧性好于普通学生;父母照顾的学生在目标专注、情绪控制、家庭支持、人际协助及心理韧性上较好;曾有自杀意念学生的心理韧性水平较低。相关分析表明,小学生欺负行为和心理韧性各维度之间呈负相关;线性回归分析显示,欺负行为可能对心理韧性有负向预测。整体来看,四至六年级学生欺负行为和心理韧性现状堪忧,亟待改善。

元分析与传统意义上的文献综述不同,相比较而言,元分析具有清晰的文献检索标准,经过整合大量实证研究的信息,其结论具有较强的说服力,数据来源一致。元分析会用相应的软件进行分析,采用对应的模型进行检验。

① 参见曹俊、聂胜楠、严万森:《小学高年级学生欺负行为和心理韧性现状及关系》,《中国学校卫生》2020年第10期。

(6)实证文献综述

实证文献综述主要是基于目前小学教育文献的某些方面进行的编码和数据分析。罗先慧对 2022 年《人大复印报刊资料·小学语文教与学》转载的 178 篇论文进行了分析。[①] 对来源期刊、作者单位和地域、基金项目来源等方面进行分类，整理出研究热点和重点问题，包括 2022 版课标解读、学习任务群解读与实施、“双减”背景下的作业设计、素养导向的学习方式变革、信息技术与语文教学深度融合、写作教学研究等。这类分析形成的文献占比在不断上升，综述类文献基本上属于这类情况。这类研究成果的数量也在不断增加，主要探讨的是某一时间段内文献的发展趋势。有关教师职业发展、小学生劳动教育落实等，也在被学者们关注并梳理其发展变化。

2.干预研究

菲利普·D.拉姆瑞尔(Phillip D. Rumrill)认为，社会科学研究关键之一是评估干预对个体的知识、行为和态度的效果。无论是评估新的教学方法对小学生学科学习的影响，还是课堂管理对小学生行为规范的影响，研究者都一直在探讨“当什么改变，可能会产生什么效果”的问题。干预研究主要是实验法在小学教育中的应用与推广。

(1)准实验设计

实验设计的逻辑结构并不复杂。一般假设 X 发生变化，Y 也随之变化。在实施过程中，研究者通过操纵 X，然后观察 Y 的变化，伴随出现的变化归因于 X 的改变。准实验设计是比较两个或两个以上自然班来验证 X 与 Y 是否存在因果关系而运用的设计类型。在这类实验设计中，对实验结果起影响作用的无关变量需进行较好的控制。在一项“翻转课堂教学模式应用于小学高年级教学的实验研究”中[②]，研究选择了某市 A 小学六年级一班 44 人、二班 47 人，分别作为控制班和实验班。两个班由同一名教师任教，实验课程内容选择了北师大版小学六年级数学“比例”这个单元进行。该单元内容包括了比例、比例尺的基本概念，也包括了和实际生活经验密切相关的如何看懂地图、如何制作设计图等内容。实验环境选择了普通多媒体教室，控制班教室配备电子白板、计算机、投影仪等基础设备，开展传统多媒体辅助

① 参见罗先慧：《小学语文教育教学研究 2022 年度报告——基于人大复印报刊资料的转载数据》，《语文建设》2023 年第 4 期。

② 参见易立铁：《翻转课堂教学模式应用于小学高年级教学的实验研究》，《中小学教师培训》2016 年第 9 期。

教学使用。实验班在控制班配备设备的基础上，每人配备一台平板电脑及软件管理平台。研究发现，实验班采用翻转课堂教学方式，学生成绩变化更为显著，提升幅度更大，同时也反映出师生负担较大。

（2）真实验设计

为保证自变量和因变量之间的因果关系，研究者需要对无关变量进行严格控制。实验设计中对无关变量控制最高的是真实验设计。真实验设计最典型的特征是随机抽取和随机分配的被试。随机分配被试保证了参与实验的个体在基本情况上是相等的，两组存在的差异不是来自系统因素。这类实验对被试要求较高，而实际上很难保证被试的相等性，操作起来有一定难度。在一项"课外读物对农村儿童人力资本的影响：一个随机干预实验研究"[①]中，研究者运用随机干预实验的方法，评估为班级提供班级图书角这一干预对小学生标准化阅读成绩的影响效果。研究者选取 79 所样本学校 6588 名学生作为样本开展了课外读物的随机干预实验。根据基础调研数据对 79 所小学进行评价后随机分成两组，其中 39 所小学 3568 名学生组成干预组，接受班级图书角的干预，具体干预过程是为干预组学校样本班级免费提供班级图书角，即为每班提供 70 本不同类型的课外图书和书架。40 所学校 3020 名学生组成控制组，不采取任何干预措施。实验结束后，研究发现：仅建立班级图书角对农村贫困地区小学生的平均阅读成绩没有显著正向作用，可能因为此干预未改变学生的阅读兴趣、阅读行为和教师的阅读指导方式等。虽然该项干预对建立班级图书角的作用并不明显，但是显著提高了原本藏书较多、老师推荐以及学校有图书馆的这类学生的阅读成绩，干预使这些学生的教育回报率提高了 12.67—24.16 个百分点。

除了比较两组及两组以上被试之间的干预效果外，还有对单组被试的干预效果评估。单组实验研究的分析关注被试内部比较，注重的是被试自身行为变化。通常情况下，单组被试的变量关系确定是通过实施干预、撤回干预、修正干预来实现的，一旦确定存在因果关系就认为干预能够引起因变量的变化。在一项"课本剧在农村小学语文教学中的实验研究"[②]中，研究者对任教的五年级两个班级 74 名学生进行为期两个月的教学实验，其中实验组采取课本剧的教学方法，对照组采取传统的教学方法，从而验证课本剧能

---

① 史耀疆、王楠、常芳：《课外读物对农村儿童人力资本的影响：一个随机干预实验研究》，《世界经济》2022 年第 5 期。

② 张蕊：《课本剧在农村小学语文教学中的实验研究》，贵州师范大学硕士学位论文，2018 年。

提高学生的学习成绩的假设。实验开始前，对两个班进行了语文能力测验，测验成绩作为前测；在五年级语文上册教学中使用课本剧的教学课时为30课时，实验结束后，利用难度相同的量表进行后测。实验结果表明：课本剧提高了学生的学习成绩，改善了学生的学习兴趣、学习效能感和学习态度，并且学习兴趣、学习态度和学习效能感与学习成绩的提高呈正相关。

小学教育研究人员经常运用量化研究解决一些问题。量化研究通过对数据资料进行整理分析从而得出结论，受研究者欢迎并被广泛使用。读者需要注意的是，每一种研究类型都在使用的方法、分析技巧、推断统计类型等方面存在差别。

除了量化研究以外，我们还要对收集到的文字资料进行深入分析，理解文字包含的重要信息。这类研究与量化研究一样，都可以回答小学教育中存在的问题。量化研究收集的资料有数据、文字，对数据分析需要运用文字，用文字解释数据与数据之间的关系，揭示数据背后的意义。

3.非操作研究

非操作是与操纵相对而言的，是对变量之间关系的一种描述。非操作研究只是揭示变量之间关系的大小，常采用的方式是相关研究和比较研究。

（1）相关研究

相关研究是为预测事物的发展方向，对两个或多个变量之间的相关程度进行判定的一种非操作研究方法。在“小学生学习兴趣与语文成绩之间的关系研究”中，研究者要验证的是学习兴趣与语文成绩的密切程度。如果发现变量之间是呈正相关，就说明随着学习兴趣的提高，语文成绩会提高，但并不意味着学习兴趣是导致小学生语文成绩增加的原因。这个例子中的相关性可能是由其他一些因素引起的，比如学习活动的效果、语文老师的教学能力等。这类研究通常使用卡方检验、相关分析、回归分析等统计技术，相关程度用相关系数表示。相关系数的绝对值越接近于1，说明变量之间的相关性越强；相关系数接近于0，说明变量之间不存在关联性。

（2）比较研究

比较研究是按一定标准对参与比较的对象加以对照分析，从而建立变量之间的关系的一种非操作研究方法。通常采用t检验、F检验、卡方检验来说明变量之间的统计学意义。在“数学文化教学与小学生数学观的研究”中，测量了高、中、低三个不同层次的学生的数学成绩。统计结果显示，不同学习水平的学生数学成绩都有明显提高。那么，能否直接得出“学生的学习水平造成数学成绩差异”的结论？答案是不能。在这个例子中，研究者没有操纵学习水平这一变量。可以得出“数学文化教学对小学生数学观的发展具有积极促进作用”的结论，之后可以再做进一步论证。

二、质性研究设计

质性研究是运用文字资料对人们的行为、想法及其经历进行的本质探究。通常运用访谈、参与观察和实地研究收集资料，试图了解和阐释资料背后的意义。与量化研究不同，质性研究不是用数据去证明变量关系，而是通过了解研究对象的真实情况以及他们是如何感受自己的生活去证明变量关系。[①]

(一)研究者作为研究工具而发挥作用

在质性研究中，研究者不再是单一的研究人员，他们还是研究工具，研究者本人是收集资料的重要工具。通常情况下，研究者引导研究对象采用不同方式叙述自己的情况，有时会和研究对象一起研究某个问题。研究者在质性研究中起着重要作用。收集资料时，研究者应掌握相应的技巧，超越表面观察和字面上的解释，尽可能获取更多的资料。尤为注意要从多方面收集资料，从而展现研究对象复杂的生活状况。分析资料时，可能会遇到与自己观点不一致的看法，不能意气用事，而应客观对待，更不能以自己的喜好判别对方的行为和态度。

研究者直接与研究对象互动，所以研究者必须了解自己的经验和个人特征，以及这些因素如何影响双方的互动及收集、分析和解释的数据。正如美国学者朱丽叶·M. 科宾(Juliet M. Corbin)和施特劳斯(Anselm I. Strauss)所倡导的，研究者不要将自己的身份与所做的研究和数据分析区分开。[②] 其实，这是非常艰难的事情，当研究者知识储备薄弱、分析能力不强时，数据解释必然受到影响。因此，我们必须反思我们如何影响研究过程，以及研究过程反过来又如何影响我们。研究者在质性研究中必须保持清醒

---

① 参见[美]菲利普·D.拉姆瑞尔：《特殊教育研究：设计、方法和应用》，贺荟中译，上海人民出版社 2022 年版，第 99—128 页。

② 参见[美]朱丽叶·M.科宾、安塞尔姆·L.施特劳斯：《质性研究的基础：形成扎根理论的程序与方法》，朱光明译，重庆大学出版社 2016 年版，第 170—247 页。

的头脑，保证资料的准确性，还必须认识到自己对各个研究的影响，应采取措施避免用自己的观点影响数据和分析。

尽管质性研究认识到研究对象的观点是最重要的，但是研究者仍然要扩展其对感兴趣的主题的知识，以便快速决定问什么、观察什么，知道处理问题的方式，从而获取更多的信息。研究现象的经验可以启发研究者，使他们对正在探索的问题的复杂性变得敏感，用自己的特征来收集信息。在访谈一位小学生对语文教师的看法时，这位小学生说到自己喜欢语文老师。原因是当自己看到语文老师批评其他同学时感觉心情很好。此时，访谈提纲中肯定没有这样的问题，这就需要访谈员追问这位小学生："你被语文老师批评过吗?"小学生回答有或者没有。除此之外，还应该询问其他同学，尤其是受过批评的学生，看他们怎么看待语文老师的批评。同时，还要询问语文老师的同事对该语文老师的看法。在质性研究中，多方收集资料能起到相互验证的作用。

（二）研究设计和方法运用

质性研究设计的具体程序没有统一观点，但有合理的共识。一般认为质性研究设计的程序包括文献综述和理论框架、研究目的和问题、抽样、数据收集方法、数据管理、数据分析和解释、可信度和研究者自反性、伦理问题和局限性。[①]

1.文献综述和理论框架

通常人们认为，质性研究的文献综述并不重要，其实不然。质性研究成果的引言部分就包含了有关研究的文献综述部分。文献综述写作的目的与量化研究一样，都是为了找出与本研究相关的文献，去发现还有哪些是需要研究的，已有方法的合理性和局限性，提出本研究的切入点和可能的研究方向。文献综述的写作在研究开始前进行，一直持续到分析资料阶段，乃至结论部分，这是因为数据收集和分析中出现的新主题通常需要对以前未经审查的文献进行回顾。

综述的文献数量取决于质性研究。由于质性研究本质上是描述性的、解释性的、建构性的，归纳感兴趣主题的文献，这样就不会引出问题，缩小他

① 参见[美]菲利普·D.拉姆瑞尔:《特殊教育研究:设计、方法和应用》，贺荟中译，上海人民出版社2022年版，第103页。

们的研究范围或抑制理论构想的发展。不同类型的质性研究，文献综述写作的广泛性略有不同，有的篇幅长，有的篇幅短。

量化研究和质性研究的文献综述都是向读者介绍相关研究的成果，为当前研究提供的理论基础，并将当前研究的结果与之前的研究联系起来。在部分质性研究报告中，引言部分会有简短的文献综述来说明研究者所感兴趣的问题，也有独立成段的文献综述，在讨论部分将文献与研究发现进行比较和对比。

质性研究中理论的使用比量化研究更多样化，它服务于资料分析的结果。在研究报告中，理论是作为研究概念框架的一部分。批判教育理论可以用于促进小学教育研究的深化。一些质性研究与已有的理论相结合，利用研究的发现来反驳、扩展或进一步丰富该领域的理论。用已有理论进行质性研究，目的在于为研究者提供一个促进理解的视角，研究者不打算将获得的数据与已有理论进行严格匹配。还有一些质性研究，如扎根理论、现象学等，不适合与先前的理论结合。

2.研究目的和问题

质性研究的目的和问题分为描述性、解释性和探索性三类。无论哪一类问题，都是在详细说明事件过程，辨别过程背后的意义，并为将来的研究提出问题。质性研究的问题是广泛且开放的。研究开始，需要为制定初步研究问题提供框架，然后集中于研究主题并指导选择具有相应抽样、数据收集和分析方法的研究设计。研究问题在数据收集和分析过程中不断细化，反映出研究者对调查现象的不断理解。这种灵活性使得研究者能够跟随研究对象的引导，而不是按照研究者的设想进行“按图索骥”。有时候，确定的研究问题可能无法进行下去，这种情况下，需要对研究问题进行调整或修改，并遵照研究对象的实际情况收集资料。与量化研究设计不同，质性研究在问题分解中有预设也有生成，收集的资料也会因此而丰富。同时，不能偏离问题的核心，注意问题的深度与广度。

3.抽样过程

质性研究的抽样取决于研究对象及其生活环境。每个质性研究设计选取的研究对象数量不同，数量可以是一个或多个，与研究类型有关。个案研究一般是一个研究对象，大型扎根理论调查往往包括几十个甚至上百个研究对象。抽样个数的多少与能够提供的信息的丰富性有关，当信息量达到饱和时，抽样就结束。

质性研究一般采用目的性抽样，与量化研究的目的抽样不同。质性研究中有目的抽样实际上是基于标准的抽样，涉及对研究对象深思熟虑的选择，不是为了代表性而进行选择，而是基于他们对感兴趣的现象的经验和他们帮助研究者回答他们的研究问题的能力。在一些质性研究中，可能很难获得足够多的研究对象，可以使用滚雪球抽样接触无法被发现的研究对象。异质抽样也可能会用到，收集的资料可用作论据去佐证一些重要观点。

4.数据收集方法

质性研究中，数据来源于研究者与研究对象之间的互动，这些互动发生在研究对象生活的环境。如前所述，访谈、观察和活动产品是质性研究资料收集的方式。这些工具产生的文本等资料相当复杂，给质性研究者整理带来较大的工作量。

质性研究常用的收集资料的方式是访谈。研究者需事先设计好访谈提纲，在正式开始前，对受访者进行预先访谈，检验访谈问题的可行性和有效性。通常由一个过渡性问题导入正题，然后使用发问和追问的形式与受访者进行交谈，同时记录下来交谈的内容。访谈类型有多种，研究者根据自己的研究问题和研究对象进行选择。其中半结构化访谈最为常用。半结构访谈较为灵活，一方面可以防止访谈期间被受访者引导偏离主题，另一方面可以按照事先设计的方案收集需要的资料。访谈时间并不固定，与访谈类型相关，一般认为，电话访谈不超过 45 分钟，集体座谈在 1－2 小时。有时也采用焦点小组，需要注意对问题的把控，避免小组互动时跑偏研究主题。在访谈过程中收集图像和影像等以图片、声音等记录资料的方式也是质性研究中常常用到的。研究者将记录研究对象相关经历的图片或影像进行分析，赋予图片或影像特定的意义。信息技术发达的现代社会，网络聊天等形式也是用来收集资料的方式。

观察可以使得质性研究者体验、理解社会生活。许多质性研究，特别是使用扎根理论和现象学的研究，一般以访谈作为数据来源方式。但是一些研究需要用观察和文本资料来生成研究问题需要的数据。质性研究中，研究者主要使用参与观察来收集资料，参与观察在民族志中使用广泛。观察开始前先制订出切实可行的观察方案，培训观察人员，做好观察准备后开始进入现场。观察记录有多种方式，研究者可以根据研究需要进行选择，尽量做到记录真实、详细。

5.数据管理

质性研究收集的资料是以文字形式记录的，一次研究都会收集到大量的文字记录和实地笔记。对这些资料的整理非常关键。一些常用的数据管理软件包括 NVivo、MAXQDA 等，这些软件通过编程对文字资料进行分类整理，节省了质性研究者的时间。除了软件以外，研究者会用传统意义上的资料编码方式对资料进行管理。格拉泽(Glaser)提出了 18 个编码族群，将分析提升到理论层次。沙茨曼(Schatzman)提出维度分析，通过解释范式的矩阵对资料进行管理。① 数据管理能帮助理顺资料之间的关系，初步建立起概念之间的联系。

6 数据分析与解释

无论是借助软件，还是人工管理数据，都需要对数据进行进一步分析并解释其背后的意义。不同的质性方法和设计有相似的分析方法，即通过资料编码，寻找本土概念，然后进行类属分析并建构扎根理论。也可以按照时间顺序对数据源进行前后关联或关联分析数据。在整个分析过程中，研究者要在微观层面和宏观层面进行数据审查。质性设计是建立在资料丰富基础上的，数据收集和分析是密不可分的。研究者在收集数据的同时进行分析，初步分析可能会为未来的数据收集提供信息，而持续的数据收集也会为数据分析提供信息。

用访谈方式收集资料时，研究者通常在每次访谈结束后，转录访谈内容，检查有无遗漏信息，在资料分类的基础上进一步分析。用观察方式收集资料，可以一边观察记录，一边在记录旁边写下自己当时的想法。质性研究者通过备忘录形式记录观察思考。备忘录是分析结果的记录，备忘录的作用很多，包括开启资料探究、做比较并提问、详细说明范式、形成故事线索等。② 质性分析需要累积思考，不撰写备忘录就很难跟踪。

质性数据分析的目标之一是深描。深描是民族志中的一个术语，需要研究者明确文化和社会动态的模式，这些模式塑造了参与者对这种现象的体验。深描是对实地情景进行非常详尽的叙述，并大量引用田野研究参与者的原话。正因为如此，深描可以把文化生动地再现给读者。读者可以在

---

① 参见朱丽叶·M.科宾、安塞尔姆·L.施特劳斯:《质性研究的基础:形成扎根理论的程序与方法》,朱光明译,重庆大学出版社 2016 年版,第 74 页。

② 参见朱丽叶·M.科宾、安塞尔姆·L.施特劳斯:《质性研究的基础:形成扎根理论的程序与方法》,朱光明译,重庆大学出版社 2016 年版,第 128—130 页。

文化情境中感受事件的发生、发展。

与数据分析的编码不同，一些研究者建议使用连接方法或情境方法。这些方法将访谈、观察和文本资料联系起来，采用故事线把事件组合起来，阐述资料内部的逻辑性。[①] 特定的研究方法和设计有其自己的数据分析手段和方法。具体来讲，应将调查结果与已有文献对比分析，找出研究之间的共性和差异。

参与者的引用和观察的描述作为结果的证据，在研究成果汇报时呈现出来。研究一位小学教师对日常工作的感受时，这位小学教师说“自己每天很忙，早上不到7点到校，中午、下午送学生放学，下班后参加年级总结会。有时候不知道自己是充实还是忙，突然有种失落感”。像这样的记录，在分析这位教师的日常工作体验时，可以直接引用，用来支持“小学教师日常工作的负重”这一论点。同时，将观察这位教师的一天生活整理后放进研究成果，用数据证明观点的合理性。需要注意的是，不是把大篇幅的原始资料放进来，而是挑出一些能代表研究对象情况的本土概念。这些独特的表达是支持论点的有力证据。

7.可信度和研究者自反性

质性研究主要是通过人们相互交流获取关于研究问题的文字资料，资料的真实性往往是争议问题。一般我们常用四种方法提高质性研究的可信度。[②]

一是三角互证法。三角互证法是将不同来源、不同数据收集方法的信息进行比较。例如，将访谈、观察与实物分析三种方式得到的资料进行比较，从而验证资料的真实性。也可以由多个研究者参与在同时段评估，每个研究者评估带来不同的视角，这些差异会多方面展示研究问题的属性。个案研究中的教育会诊法是由多人参与对个案情况的评估，使用这种方法收集的个案资料就更全面一些。行动研究中对教师上课效果评估时，借助学生反馈、学生作业、课堂参与、同行与外来专家的观察与访谈，对收集到的课堂教学资料进行比较，更容易找出影响教学效果的因素。

二是差异案例分析。质性研究确保资料可信度的一个做法，是故意搜

---

① 参见朱丽叶·M.科宾、安塞尔姆·L.施特劳斯：《质性研究的基础：形成扎根理论的程序与方法》，朱光明译，重庆大学出版社2016年版，第61—70页。

② 参见[美]菲利普·D.拉姆瑞尔：《特殊教育研究：设计、方法和应用》，贺荟中译，上海人民出版社2022年版，第111—112页。

索是那些不支持初步结论的数据。然后，将不支持数据和支持数据进行严格检查，从而确定研究结果是保留还是修改。质性资料的主观性难以避免，为检验信度，找一些持相反意见的资料，通过多轮论证，保证资料的准确性。

三是备忘录与日志。备忘录是分析结果的记录，是质性研究者在收集资料时进行的对调查的反思、观点和初步想法，用来识别和记录研究者在数据收集、分析和解释过程中可能出现的主观性、假设和感受。这样可以防止研究过程中遗漏重要思想，也可以向同行评审提供一种数据分析的视角，让同行了解数据收集的过程。备忘录有编码、理论和操作三种类型。沙茨曼和施特劳斯建议，撰写观察笔记、理论笔记和方法论笔记，然后根据这些撰写备忘录，逐个描述事件，记录对事件的描述和思考。①

四是研究者的反思。质性研究中研究者本身是工具，把握研究过程的方向和资料的选择。当研究不能忠实于参与者的观点时，自反性就发挥作用了。自反性是指在研究过程中研究者对资料的态度，这个态度起着关键作用，可以通过多种策略提升。例如，访谈时的反思性陈述、重述或重组回答等。悬置个人已有的观念，专注对参与者的生活体验。写反思笔记，记录对发生事情的想法和感受。自反性可以让研究者与参与者之间保持合适的距离，避免被参与者带入情境，将主观感受与客观事实混为一谈。

8.伦理问题

研究伦理问题是任何类型研究都要重视的，但是质性研究中有不同于量化研究的伦理挑战。研究者首先要考虑的是对参与者的伦理义务，即以一种人道主义方式与参与者进行互动，同时注意自己作为研究者的角色。在研究设计中，研究者应预测可能出现的潜在伦理困境，并考虑如何应对这些困境。

质性研究者认真履行伦理义务，保护信息的提供者。在研究报告中应使用假名，尽可能隐藏研究对象的信息。即便如此，隐私也可能被无意侵犯。此外，研究中结成的伙伴关系可能会产生伦理问题，长时间接触会使参与者把研究者当成朋友无话不谈，遇到敏感话题时可能会对研究对象造成潜在的伤害。研究者需要恰当使用处理潜在伤害的策略，可能暴露个人隐私的事情需要提前告诉参与者。无论如何，研究者尽量将风险降到最低，对

① 参见[美]朱丽叶·M.科宾、安塞尔姆·L.施特劳斯：《质性研究的基础：形成扎根理论的程序与方法》，朱光明译，重庆大学出版社 2016 年版，第 134—135 页。

可能的潜在伦理问题和行为进行预测并运用策略予以控制。

质性研究重点应放在理解人们的经验、实践、观点以及他们对自己生活世界的主观意义上。可信度和严谨对质性研究一样重要。质性资料主要来自参与者的自我报告，自我报告带有主观性，必然带来一定的误差。特别是参与者回忆过去的生活，依靠记忆显然不可靠，会直接影响到资料的可信度。研究者持有的观点也可能导致对参与者言语或行为的误解，自身的理解能力也会影响资料的描述。

（三）质性研究设计类型

1.民族志

民族志适合研究文化及其形成过程。小学作为一种学校组织形态，有着悠久的发展历史。不少小学建校有近百年的历史，形成了自己独特的文化底蕴。一般情况下，研究者通过访谈、观察和进入实地等方式收集数据。数据分析侧重于理解和构建对文化意义的描述。此类研究时间相对较长，试图以一种带入文化背景的方式呈现他们的发现。在研究过程中可通过质疑来扩展或进一步发展社会理论。民族志包括自传式和集体自传式两种类型。自传式民族志是一种自我反省和写作的形式，在特定背景下努力解释和检查调查对象的个人经历。这种方法不仅是简单的自传式故事叙述，而且是一种嵌入理论和实践中的批判性研究。① 集体自传式民族志是集体在文化背景下作为团队探索他们的经验的方法。成员人数不固定，团队参与研究可以加速研究的进程，也可能因为成员之间过于熟悉而影响对参与者的资料收集。这两类民族志在小学教育领域都有使用，不过资料不多，与小学文化环境差别不大有一定关系。在“小学新入职教师离职的自我民族志研究”②中，研究者发现小学教师离职与所处的客观环境、对岗位的认知观念有关，关键在于个体的客观处境与个体主观因素间的关系，当冲突依靠牺牲一方成就另一方时，离职的愿望更为强烈。民族志研究提供了一种了解组织中人们的行为与生活环境之间关系的方法。民族志作为人类学的一种研究方法，运用到小学教育领域，属于跨学科研究设计。注重文化背景与研究对象活动之间的意义，通过分析，可以发现一些共同点和不同点。在“小学

① 参见[美]菲利普·D.拉姆瑞尔：《特殊教育研究：设计、方法和应用》，贺荟中译，上海人民出版社2022年版，第116—119页。

② 马君谦：《小学新入职教师离职的自我民族志研究》，《当代青年研究》2021年第3期。

科学课堂'第三空间'的微观互动民族志研究"中，研究者从"第三空间"理论入手，采用民族志方法分析小学二年级科学课堂的视频录像，发现科学课堂的第三空间存在协商、杂化、共通和移入的话语实践模式。这种微观视角，探讨了学生在科学课上的身份以及身份如何影响学习。[①] 这种研究设计，借助数据分析，为参与者的变化提供了文化符号、意义和实践的运行机制。

2.个案研究

个案研究在小学教育领域中较为常用。质性研究中，往往从多个方面收集个案有关数据，努力更全面地展示个案的真实情况。有学者将个案研究分为历史组织研究和观察研究。历史组织研究是针对一个组织，探究它在一段时期内的发展，属于纵向分析。观察研究是针对现象或群体的当代境况进行了解。个案选择与研究目标密切相关，倾向于如何提高自我或完善发展。

一项个案研究对个体或群体及他们受教育经历的描绘，对于强调某种干预方法的潜在效能，或者特定区域的政策及实践变化需求，可能会非常有用。例如，研究者使用了个案研究方法来研究一位学习较差的小学生的情感发展经历，研究者是个案的家庭教师。在这个例子中，一个结构化的个案研究方法是有用的，因为这项研究的主要目标是阐明老师、同学、家长在不同情境下对待个案的表现。家庭教师和个案接触的时间近半年，个案非常喜欢这位家庭教师，愿意把自己的生活与研究者分享。个案研究使研究者能够对参与者的经历进行丰富的描述。研究者运用个别访谈收集数据，应用预先确定的类属分析方法进行分析。结果揭示了"从不管我""还是不管我""她管我"三个故事的主题，在扎根理论基础上总结出"教师情感支持与学生情感认知之间存在密切关系"的观点。个案的转变过程可以帮助教师、家长和个案了解案件发展情况本身，以及教师和家长在类似情况下就其专业和个人责任作出决定的方式。

3.扎根理论

扎根理论是研究者从研究问题入手，收集并分析相关数据，并发展出一个理论作为最终结果。访谈是最重要的数据来源，一边收集一边分析。数据分析是通过三级编码进行的，使中心概念越来越清晰，最后用故事线把事

① 参见杨文雅:《小学科学课堂"第三空间"的微观互动民族志研究》，华东师范大学硕士学位论文，2022 年。

情串起来。开放编码是将数据分类，用大概念把相关资料概括出来。主轴编码是分析各类概念之间的联系，进一步将概念范围缩小。选择编码是运用讲故事的方式把主要概念串起来，说明概念之间的关系。同时不断修改整合资料，直到理论饱和。在“小学班主任需要什么样的核心素养——基于152份班级成长记录的扎根理论研究”①中，研究者采用扎根理论方法对一位小学优秀班主任历时四年连续撰写的152份班级成长记录进行了细致的编码分析，提炼出新时期小学班主任核心素养的维度——自主生长、儿童指导、班级建设三方面，具体分为专业韧性、终身学习、实践反思、学习引领、综合锻炼、激励评价、沟通合作、组织领导、人文关怀九大素养。扎根理论在研究小学教育现象中的问题中使用较为广泛，研究对象可以是教师、学生，还可以是校长、家长等。

4.叙事探究

叙事探究也是教育领域常用的一种研究设计。研究以讲故事的方式让读者了解故事中的人发生了什么事、经历了什么、是如何做出改变的，等等。越来越多的人发现故事可以传达参与者对生活意义的理解，通过分析这些内容，对参与者的行为进行有价值的理解。叙事探究的发展有三种类型：一是范式型叙事探究，研究者从参与者那里收集故事，用于了解、调查与问题有关的经验和信息。二是叙事型叙事探究，研究者收集有关事件和经历，然后组合描述。三是综合型叙事探究，研究者从数据的综合中构建故事。叙事研究者将关注点扩展到内容之外，有时会研究故事对叙述者的作用，三种类型可能会交叉使用，其中个人访谈是最好的表达方式。例如，对一位小学教师的职业发展进行叙事研究，研究者通过了解这位老师的大学生活、工作生活情境，运用系统思维构建其职业倦怠的动态形成过程，最后提出解决小学教师职业倦怠的实践策略。在“乡村教师缘何‘留不住’——基于一位农村小学教师的叙事研究”②中，研究者主要运用观察法和访谈法收集资料，制定了关于离职教师的访谈提纲，进行了三次非正式访谈，同时对离职教师的同事进行访谈。这项研究发现，农村小学教师生活的激励因素和保健因素都缺少，教师离职是常有的事情。从而建议学校应处理好保健因素，降低教

① 许锋华、陈俊源、聂文庆：《小学班主任需要什么样的核心素养——基于152份班级成长记录的扎根理论研究》，《湖南师范大学教育科学学报》2021年第2期。

② 陶夏、段文静：《乡村教师缘何“留不住”——基于一位农村小学教师的叙事研究》，《教育学术月刊》2021年第8期。

师的不满情绪;强化激励因素,提高教师的满意度。

三、研究设计在小学教育研究中的运用

教数学的王老师发现近些年的小学班级规模越来越大,学生学习数学的合作能力因为班额过大没有得到较好的培养。于是,他产生了探究协调合作能力培养与班级规模问题的想法。查阅相关文献之后,确定了"大班额学习共同体构建与数学教学方式变革研究"课题,经专家论证之后,认为该研究符合选题的标准。随后,他又陷入迷茫之中:怎样顺利完成课题目标?如何制订研究方案?如何进行抽样?用什么方法收集资料和分析资料?研究结果如何呈现?很明显,王老师要解决的问题是如何对课题进行科学设计、如何制订可操作的研究方案。

(一)研究设计的基本内容

1.确定研究类型

研究类型与研究问题的性质是一致的。研究问题具有不同的性质,分析教育现象并提出对策的研究,主要采用教育调查法或教育观察法进行研究,从而对教育现象呈现的特征进行分析,形成对教育现象的整体认知,并针对问题提出相应的对策;教育是一种复杂现象,研究往往着眼于解决措施或结果推断上,这样的研究一般采用教育实验法。研究过程中要弄清楚原因变量、结果变量以及影响结果的无关变量,保证实验的内外效度,从而设计合理的实验类型。任何事物的发展都有一个发展轨迹,追溯事物的发展过程,描述历史事实,可以用考证、叙事、解释学的方法进行研究。① 此外,研究立场也决定了研究类型的选择,这是不容忽视的。刘良华教授认为研究立场有关系、理论、时空三类,其中关系立场分为表里、因果、对立统一三类,理论立场分为理论基础、学科、学派三类,时空立场分为新观念、新材料、新工具三类。虽然每一类对应的研究问题存在交叉关系,但都反映出研究立场是研究方法的一个重要部分。②

课题研究往往采用多种方法收集资料,在确定研究类型时,以主要方法

① 参见刘良华:《教育研究方法》,华东师范大学出版社 2016 年版,第 134 页。

② 参见刘良华:《教育研究方法》,华东师范大学出版社 2016 年版,第 30—45 页。

作为判断标准。比如，对小学生在线学习适应性现状的研究，主要采用调查法收集数据，尽管也要辅之案例研究，但是调查研究是这一研究的主要方法。

研究者将研究问题转换成研究课题，需要用简洁的文字准确地表述出一个研究题目。一个让读者"眼前一亮"的课题题目应符合以下四点要求。

一是题目尽可能包括研究范围、对象、内容和方法，让读者看起来一目了然。比如：××县小学生思维能力训练提高语文成绩的行动研究，在这个题目中"××县"是研究范围，"小学生"是研究对象，"思维能力训练与语文成绩"是研究内容，"行动研究"是研究方法。尽管表述符合基本要求，但是该题目仍旧比较普通。如果加上副标题"思维训练如何提高成绩"，就比原来的题目更能吸引人。

二是题目中最好包含两个变量，从而反映主要概念的关系。题目中涉及变量之间的关系，研究内容就会变得清晰，研究目标就会明确。比如"小学生阅读兴趣与阅读成绩相关研究"，"阅读兴趣"与"阅读成绩" 这两个变量的关系是研究内容。"师生关系提高创新能力的路径研究"这样的题目一看就能知道研究的性质。研究题目中也可以用一个变量，主要进行理论性研究，如"××的家庭教育思想研究"。关于家庭教育思想的界定，研究者在准备阶段需要进行具体方面的设计。

三是题目不要用疑问句形式。研究问题本身是问句形式，但是题目陈述时要用陈述句形式。如果用疑问形式描述题目，会被读者窄化为一个具体问题。课题的表述与论文题目不完全一致，但都是采用判断句来描述研究变量之间的关系。

四是题目中避免出现价值判断。小学教育研究本身是一种价值判断的活动，研究题目表述要求避免价值判断，比如"小学教师主观幸福感降低原因调查"，这个题目暗示否定教师从业幸福感的价值判断。像这样的题目应改为"小学教师主观幸福感及其影响因素的调查研究"或者"小学教师主观幸福感提升研究"。

2.确定研究方法

确定了研究类型之后，就要考虑选择研究方法。研究目的决定研究方法，不存在绝对的最优方法。教育研究的具体方法很多，每种方法都有不同的适用范围。因此，要紧密结合研究问题选择研究方法。以关于小学生作业为主要内容的研究为例，如果研究者想知道新中国成立以来教育部关于小学生作业的内容、形式的要求发生了什么变化，变化的原因是什么，就可以采用历史研究收集资料。如果研究者想知道小学生在作业过程中的行为表现，就可以采用观察研究收集资料。如果研究者想知道小学生作业量、作业类型、作业内容以及影响作业量的因素，就可以采用调查研究收集资料。如果研究者想知道作业量的大小对小学生学习成绩的影响，就可以采用实验研究收集资料。如果想知道小学生作业中的错误类型和原因，就可以采用内容分析法收集资料。如果研究者想知道小学生对作业的真实看法，就可以采用质性研究收集资料。

3.选择研究对象

选择研究对象，实际上是进行抽样的过程。进行科学抽样，是教育研究的基本要求。进行抽样之前，应首先结合自己的研究问题确定总体、制定抽样框、选择抽样方法，然后根据研究需要进行抽样。抽样的要求务必要遵守，同时要保证样本的质量。研究本身不复杂，研究针对个别人或少数人时，直接将总体作为研究对象。如果总体超过了上亿人，不可能全部研究，这时就要进行抽样，然后根据抽样结果推断总体情况。比如，在“滨城区小学生体育活动行为及影响因素的研究”中，“滨城区小学生”是接近总体，从接近总体抽取部分学生组成一个集合体，就是研究对象，这个集合体是样本，抽取研究对象的过程是抽样。

（二）课题论证过程

课题论证是课题确定和实施都要经历的过程，是对研究问题的分析、预测和评价。具体论证有多个方面，提前进行安排有助于研究的稳步推进。[①]项目申请书各部分填写就是一个很好的课题论证过程。

1.课题名称与关键词

课题名称是对课题研究的高度概括。和论文题目一样，课题名称应简明具体，清晰准确，变量关系清楚，题目本身能反映出研究内容及研究范围。“民国时期小学课外读物中的儿童启蒙思想及现代启示研究”一题包括研究对象、研究内容、研究方法等。其中，关键词为民国时期、小学课外读物、儿童启蒙思想。关键词可以从题目中直接挑选，也可以选用课题中的重要概念。

① 参见裴娣娜：《教育研究方法导论》，安徽教育出版社 2018 年版，第 85—86 页。

2.研究目的与意义

研究目的是告诉读者为什么研究这一课题。一般先对课题研究进行总体规划,同时对课题研究的每部分进行规划。用列举或描述的方法找出研究该问题的原因。研究意义又称为“理论意义”,其一般从理论层面探究该选题能在多大程度上、在哪些方面丰富对应的理论。同时,该课题能解决哪些实际问题,这是研究的实践意义。换句话讲,研究意义就是探讨研究对相关理论知识起到什么作用,又对实际问题解决起到什么作用。总之,目的是直接性结果,意义是间接性结果。

3.研究内容的界定

一项研究在研究方案设计中需要对研究内容进行说明。包括概括性内容和具体内容,让读者知道该课题研究什么问题、将产生什么结果。专家在看到研究要做的工作后,进而判断该项研究到底有多大意义。这部分一般采用总分形式叙述。先列出研究要点,每个要点用一句话总结,然后再详细说明具体的操作过程,包括阶段性任务的达成情况。

4.研究方法的选择

这里的研究方法是研究者在课题研究中必须遵循或使用的程序、手段、技术、操作与规则的总称。在制订课题研究计划时,研究者充分考虑资料收集和资料分析的方法,研究工具的编制,以及在研究中如何发挥它们的作用,通过对它们的合理运用来实现研究目的。资料的收集方法和分析方法都要一一列举清楚,并详细介绍方法的使用过程。由于研究对象的复杂性,选择研究方法应遵循多样性、综合性。尤其要考虑研究方法对研究课题的适用性。

5.研究进度

研究进度是指研究工作的时间安排。合理安排研究阶段及各阶段需要完成的工作任务,有利于在实践中更好落实。研究开始后,研究者可以严格按照步骤和时间要求开展活动,自我监督,自我检查,从而保证课题研究按时保质完成。研究进度一般为 1 年、2 年、3 年,最长不超过 5 年。研究者根据研究问题的难易程度,认真设计每个阶段的工作,尽量避免延期完成项目。

6.参与成员安排

课题组成员的组合关系到研究能否顺利结束,首先要考虑每个人的理论基础和研究能力,其个人能否胜任这个研究任务是论证的重要指标之一。

论证时从整体上评估参加人员的整体素质，尤其是课题负责人的研究水平。不仅如此，人员分工也是衡量的指标之一。研究分工是参与成员工作的协调安排，以便能更好地完成课题研究任务。一般会从研究问题的性质、工作性质等方面综合性考虑，尽量选取不同学科背景的研究成员。研究基础教育领域的课题，最好有基础教育领域的工作人员，以方便收集资料。

7.成果形式

教育研究成果一般为研究报告和学术论文，每一类成果都应根据自己的基本格式进行撰写。研究成果的表述包括两方面内容：一是对研究的预期成果和成果的表现形式进行设计，二是预计研究成果可能产生的社会效益和经济效益。这部分考察研究者对研究设计的熟悉程度。当对研究问题较为熟悉时，有利于我们合理地设计研究的阶段成果和最终结果。

8.经费分配

课题有经费支持的需要进行经费预算。经费核算应本着节约原则，列出开支的项目、用途及金额。一般包括直接经费和间接经费，具体有调研费、设备材料费、印刷费、劳务费、管理费等。经费分配要通盘考虑研究任务完成的条件和支出，合理规划各项开支，用最少的经费取得高质量的研究成果。

研究的总方案制订后，还应制订各种必要的具体工作计划，如研究方法的设计、调查计划、实验计划等。每一部分的计划都应认真论证，从而保证研究的顺利进行。

作者两年前申请了“课例撬动专业成长：小学校本研修的实践样态研究”的市级教育规划课题。其中，研究目的是通过对小学课例研究开展现状的梳理，探讨课例研究对小学教师学科素养的培养具有重要意义。研究内容包括：第一，根据教学设计理论，挖掘小学校本课例研修内涵，剖析其构成部分，分析其在促进教学能力发展方面所具有的特殊功能。第二，由于各小学在办学条件、师资队伍等方面的差异，其课例研修也存在不同的特点。通过调查小学课例研修的现状、特点及原因分析，找出根源，提出问题解决的应对策略。第三，教学设计是运用系统方法对教学目标、教学内容、教学方法、教学策略和教学评价等环节进行具体规划。理解不同，构建的教学设计能力结构也不同。在教学设计视域下，反思以往的校本课例研修，尝试构建一种新的具有特色的校本课例研修模式。研究方法包括：第一，案例研究法，在理论研究基础上，结合具体操作案例进行分析，完整记录教师参与课例研修活动的全过程，具体分析课例研修在哪些方面促进教师专业发展。第二，调查研究法，主要围绕教师参与课例研究的经历与感受等方面设计问卷、访谈提纲和观察记录表，通过发放问卷、访谈和观察，梳理、分析当前滨州市小学校本课例研修的现状、问题与根源。第三，内容分析法，通过对小学校本课例研修的官方文件、过程性资料等分析，呈现和再现小学课例研究的全貌，从而揭示课例研修对教师专业发展的影响。研究时间为期两年，课题组成员共六名教师，其中小学教师两名，完成的阶段性成果有学术论文和研究分报告，最终成果是研究报告。

（三）具体问题的研究设计评价

从整体上看，研究设计关乎研究能否顺利进行，其在研究过程中占有重要地位。那么，如何对研究设计进行评价呢？美国学者梅瑞迪斯·高尔（Meredith D. Gall），乔伊斯·高尔（Joyce J. Gall），沃尔特·博格（Walter R. Borg）三位学者给我们提供了相应的评价标准。[①] 这些标准从宽泛的方面告诉我们开展同类研究需要解决的问题，而对于具体问题的研究设计，还需要考虑细节方面。

①描述研究：评价的内容侧重样本质量和问卷质量。②实验研究：评价的内容侧重实验对象的选择、实验效度的把控。③行动研究：评价内容侧重研究资料的有效性，研究发现是与行动者对话的结果。④个案研究：评价内容侧重研究过程的合理性、研究结果的准确性以及研究态度的中立。⑤叙事研究：评价内容侧重叙述故事完整、解释可靠，遵循研究的客观性原则。⑥混合研究：评价主要看定量研究方法和定性研究方法有机结合的程度。

尽管不同研究的评价问题略有不同，但是对方法的操作细节、研究结果影响的关注是各种研究的共性。照此理解，我们在进行研究设计时，与评价标准对照，可能更容易保证研究设计的质量。或许有读者认为，这些问题算不上什么标准，仅仅是就相关研究类型提出的一些思考。但是在作者看来，这些思考非常重要，对研究设计甚至是阅读文献都是值得学习的良策。

---

① 参见[美]梅瑞迪斯·高尔、乔伊斯·高尔、沃尔特·博格：《教育研究方法》，徐文彬、侯定凯、范皑皑等译，北京大学出版社 2016 年版，第 498—500 页。

本章小结

量化研究设计需要将观测指标转化为数字，采用统计分析方法汇合和处理数据，用数字解读研究指标所包含的意义。量化研究倾向于用数据说话，那么研究工具的设计，变量的准确性、可测量性，描述统计和推断统计的运用，研究假设的清晰程度等都是关键问题，研究者应处理好这些问题。研究变量之间的相关关系、因果关系时，量化研究设计能清晰地建立关系模型，关系的明确性、紧密度比较容易判断。

质性研究设计是通过文字资料解读来阐释参与者的行为、态度等。必要时，参与者与研究者一起完成研究活动。质性研究用来研究小学教育领域中学生的成长过程、教师的专业发展、班级管理的开展、学校的质量提升等问题，能深入问题内部，解读在特定背景下的认知与理解。读者也能从中感同身受，并在原有基础上建构新的意义。质性研究的基础是形成扎根理论，研究者本身也是研究工具，注意保证资料的客观性，避免主观态度影响客观分析。该研究设计对研究者的能力有较高的要求。

研究设计往往以实施方案的形式呈现出来，因此要进行课题论证。课题论证包括对研究过程每一部分的详细说明以及人员安排、经费、成果形式等内容。课题论证本身是一种研究，有助于完善课题方案。还有学者对研究设计评价进行了深入思考，提供相关知识以方便读者学习。

第四章　观察研究与小学教育

科学研究的目的是描述世界和解释世界。在小学教育研究中，观察法是一种最基本的资料收集方法，它是研究者获得感性经验和客观事实的根本途径，在小学教育研究中具有不可替代的重要地位。尤其是对小学课堂教育教学活动的研究，观察法发挥着重要作用。

一、观察的内涵界定

(一)观察是一种认识活动

观察是人们对事物的过程和现象的认识，是一种有意识、有目的、有计划的感性认识活动，其主要特点在于强调自然条件下，研究者对观察对象不加任何干预控制，并记录他们的行为。[①]

观察分为日常观察和科学观察。日常观察是一种带有自发性、偶然性的获取感性资料的认识活动。观察结果日积月累，可以作为科学研究的基础资料。科学观察的目的性更强，按照预先制订的观察计划，直接或间接观察研究对象在自然状态下的外部表现，观察结果直接用于解决科学研究问题。

小学教育研究中的观察法属于科学观察，具有三个基本特点：一是目的性。观察服务于研究目的，根据观察目的，确定观察的范围、形式和方法。研究一年级语文课堂师生互动行为，那么就需要考虑适合这一问题的观察

---

① 参见裴娣娜：《教育研究方法导论》，安徽教育出版社 2018 年版，第 183—184 页。

方法。因为观察现场可能会出现意想不到的事情，只有观察目的明确，才能把握观察的重点，控制观察过程，避免出现零乱的观察结果。二是自然性。观察是在不改变观察对象所处的自然条件情况下实施的认识活动。这一过程中观察者只是按照自己的研究目的收集资料，无论是参与还是旁观，都不插手观察对象的活动。观察对象的活动是真实自然的，按照自身意愿做各种事情。三是能动性。观察是收集资料的一种方法，带有很强的目的。为达到目的，提前准备观察内容、观察工具和观察流程，并按照规定程序进行观察，整个过程是为了实现研究目的进行观察，因此具有能动性。

观察有自己的优点。这些优点是选择观察的充分条件。一是便于操作，适应范围广。研究小学教育领域的课堂行为，观察可以不用借助特殊设计的复杂仪器设备，不需要特殊条件，就能完成资料收集。观察要不妨碍观察对象的正常生活，适用范围较广泛。二是资料可靠性高。观察者直接对研究对象进行观察并获取资料，省去了中间环节，观察到的结果是第一手资料，具有可靠性。三是收集研究对象的行为资料。教育观察是对被观察者的行为进行观察，可以长时间跟踪观察与反复观察大量行为和事件，从而对观察对象的行为动态变化进行分析。

观察也有不少局限性。局限性与观察者的感官、取样，以及观察自身的局限有着密切关系。一是易受主观因素影响。观察者进入观察现场直接观察对象的行为，可能会受到观察环境的影响，也可能会受到被观察对象行为的影响。另外，观察资料及其分析很大程度上取决于观察者的理论水平、观察能力和心理因素。归类推论性太多，会影响研究的信度。尤其是观察者不能控制情绪带来消极影响时，可能会对观察对象的不规范行为有严重的非理性判断。二是样本量小，结果代表性不高。同一个时期内观察的对象不可能太多，对于要求大样本的研究课题不适合。受样本容量的影响，要将结论类推到其他总体时，应谨慎小心。三是揭示直观，难以获取研究对象深层次的信息。观察只能说明“有什么”和“是什么”的问题，不能判断“为什么”，这样“单凭观察所得经验，是不能充分证明必然性的”。观察法的这些局限性并不影响它作用的发挥，它作为教育研究的最基本方法仍得到广泛应用。

（二）观察类型多样且灵活

观察法从观察工具、方式等不同角度可以区分为多种观察类型。观察分类的知识有助于研究者在研究中根据实际情况灵活运用，保证观察的实效性。在观察报告中，往往用观察的不同类型说明观察方式。常用的观察类型主要包括以下三种。①

1.直接观察与间接观察

按照观察的方式进行划分。直接观察是凭借观察者的感官直接对观察对象进行观测和描述。因为身临其境，比较适合一线教师应用。例如，听课、参观、参加教学活动等，研究者对课堂上师生行为进行观测和描述，具有明显的直观性。间接观察是借助照相机、录音机、录像机、观察室等一定的仪器设备或技术手段，采用间接的方式对观察对象进行观测。与直接观察相比，间接观察拓展了观察的深度和广度。观察者可以通过物品的磨损程度间接观察物品的使用情况，也可以通过行为累计次数判断行为的重复性。

2.参与观察与非参与观察

按照观察者是否直接参与被观察对象所从事的活动进行划分。观察者直接参与到观察对象的活动是参与观察，不过是以隐蔽的方式，在观察对象不知情的情况下进行观察。由于观察中并不改变和影响观察对象的内部关系，因而能够获得有关较深层次关系的材料。但是这种观察类型容易受观察者的主观因素影响，从而降低观察结果的客观性。研究小学生同伴关系，参与他们的活动收集资料会更丰富一些。还有研究一所学校的校园文化活动开展情况，研究者观察学校生活一段时间，参与各类文化活动就能更好地感受文化育人的价值。有时因研究条件的限制，观察者以“旁观者”身份进行的观察是非参与观察。非参与观察不参与其中，可以公开，也可以隐蔽进行。非参与观察几乎不影响被观察者的正常活动，能获得比较客观、公正的观察资料，从而提高观察结果的可靠性。对于群体互动研究，美国社会学家贝尔斯(R. F. Bales)提出用观察室进行观察，在社会心理学中广泛运用。研究低年级的课堂学习活动，用非参与观察比较合适。②

观察者扮演的角色很重要。在关于观察者的角色划分上，除了上述情况外，戈尔德(Gordes)关于参与观察角色的分类引用最为广泛。③ 他将观察者的角色分为完全参与，隐蔽或者公开自己的研究者身份；部分参与和完全不参与。观察类型可能与伦理问题有关，尤其要处理好研究目的与欺骗研

---

① 参见裴娣娜：《教育研究方法导论》，安徽教育出版社2018年版，第186—188页。

② 参见裴娣娜：《教育研究方法导论》，安徽教育出版社2018年版，第188页。

③ Bryman A, *Social Research Methods 2nd ed* , New York: Oxford University Press, 2004, pp.301.

究对象之间的关系。

3.结构观察与非结构观察

按照观察是否事先确定具体观察项目和观察程序进行划分。观察有明确具体的观察提纲或观察记录表格,按照一定的程序进行,称为结构观察。类似于结构访谈或结构问卷。观察内容是固定的,结果较为可靠,可以用来进行定量分析。非结构观察的观察内容项目与观察步骤不会预先确定,只有粗略的观察范围与指标,没有记录表,方法较为灵活,但获取材料不够系统完整。与非结构访谈类似,观察资料可用来进行定性分析,适合实地研究中的观察。

观察类型有各自的基本特征、适用条件和优缺点,研究者在教育研究中选用哪种方法需要根据实际情况做出判断。研究者打算考察教师提问与学生数学成绩之间的相关性,他每天上午和下午各用 1 个小时的时间去教室随机观察教师提问行为,并根据实际情况记录观察结果。这里的观察类型就用到了非参与观察和非结构观察。这样的综合观察是小学教育研究经常用到的,因为不少教育现象单靠一种观察类型,收集到的资料不够全面。观察根植于实践,教育实践发生在熟悉的教育日常生活场景中,"在具体的情境中与孩子相处是教育学的精髓",教育实践具有当下和现场的特点,通过教育情境达到教育目的。[①] 观察最能实现认识教育实践的情境性。

不同研究方法中观察的方式、内容和工具之间是有差别的。定量研究中,如实验法、调查法等,观察工具主要是量表、问卷等;定性研究中,如比较法、历史法、个案法,观察工具主要是非结构观察记录表。研究者在选用不同观察工具时,应分清研究活动的目的。

二、观察研究的实施

晓天老师的教师生活将要开始了,学校规定新教师经常进入课堂听课。晓天问我,怎么听课呢?要做哪些准备工作呢?一堂课教师和学生需要完成不同任务,是记录教师的上课流程,还是记录一个上课片段?一堂课内容那么多,哪些是该记录的呢?用什么方法记录?记录下来又该

① 参见阮成武主编:《小学教育概论》,华东师范大学出版社 2011 年版,第 199 页。

怎么整理和分析？等等。通过关于课堂观察的一系列问题，感觉晓天对听课既熟悉又陌生。听课是小学教师利用课堂观察向同行学习的方式，是一种有目的的观察研究活动。掌握科学的观察程序，将有助于提高听课的效果。

观察研究不是简单地进行感官活动，而是一个复杂的循环过程。研究者确定观察问题，用合适的工具收集资料并分析资料，写出观察报告。具体地说，包括以下几方面的工作。

(一)观察准备工作是观察研究的第一步

1.界定观察问题

观察问题根据研究的需要来设计，是那些需要通过观察来解答的问题，不是研究问题的全部。在界定观察问题时，同时确定了观察对象。观察对象包括确定总体范围和个案对象，划定范围后，观察对象成为代表性和典型性的研究对象。如课堂交往方式的观察，界定观察问题是课堂上人与人之间的交往方式，而且这种方式是课堂教学的一部分。

2.明确观察目的和内容

根据观察任务和观察对象的特点确定观察目的，即为什么进行观察。观察目的越明确，注意力越集中指向研究对象，观察的效率就越高。观察目的一旦确定，就要围绕观察目的确定观察内容。如课堂交往方式观察，就是观察教师如何管理课堂交往。

观察哪些具体的项目和行为是观察的内容。确定观察内容需考虑两个基本条件：能准确反映、体现或说明观察目的；能够被操作，即观察人员能据此观察到应观察到的行为或事件。研究课堂师生互动问题，研究目的是揭示互动与成绩的关系，观察内容应包括学科教学中的知识生成过程。因此，在设计观察内容时，一方面要准确地理解观察目的和相关概念的内涵与外延，另一方面要明确界定所要观察的内容在具体场景中的实际表现。比如，小学生课堂学习行为观察，把学习行为分为认真听讲、举手回答问题、与同学讨论、发表观点等内容。再如，儿童捣乱行为的观察研究，把捣乱行为分为粗鲁活动、野蛮、侵犯他人、打搅别人、说话、叫嚷、制造噪声、转方向、做其他事等。

3.选择观察方式

观察方式是解决“怎样观察”的问题。不同观察方法适用的条件、优缺点也各不相同，观察者要结合具体情况，注意各种观察类型之间的互补，选择最有利于获得真实信息的最简捷的观察方法，使观察更深入。观察方式使用不当，会直接影响观察资料的收集。采用教学录像进行间接观察，在一定程度上能消除对上课班级学生的影响。但是，因为观察者不能亲临现场，缺少“身临其境”的感觉，事后观察会影响观察结果。

4.拟定观察提纲

观察提纲是以纲要形式使观察项目内容具体化。在拟定观察提纲时，先查阅与课题有关的文献，弄清楚有关变量的操作性定义，并结合研究实际情况进行分析，然后拟定观察提纲。正式观察前，可以用观察提纲进行预先观察，检验观察工具的可行性。

陈向明教授认为观察提纲应包括六个方面。① 一是有关谁的问题。谁在场，他们的角色和身份是什么，这是一个什么样的群体，负责人是谁？二是有关什么的问题。发生了什么事情，他们做了什么，怎么互动的？他们行动的类型、性质、细节、产生与发展的过程。三是有关何时的问题。行为什么时候发生的，持续时间、出现频率。四是有关何地的问题。行为发生地点、地点的特色，有无同类行为发生。五是有关如何的问题。事件发生原因、事件各部分之间的联系。六是有关为什么的问题。这些事情发生的原因，人们对发生的事情有何看法等。这六个方面非常详细，能较好地反映观察目的、过程与结果的一致性。

5.编制观察记录方法

第一步，编制观察记录表。目的在于保证观察到的事实材料翔实又准确。观察记录表具有指引和记录功能。一份观察记录表的项目设计应符合以下三点：一是每个项目必须是研究所需的指标；二是项目数应在 5 个以上，并尽量按某种顺序排列；三是项目的答案是确定的，要尽量排除那些对不同被观察者有可能产生不同回答的项目。观察记录表的设计与观察方式密切相关，尤其是行为事件的记录内容因不同的观察类型而不同，比如小学生社会性参与性活动观察记录表（见表 4-1）。

---

① 参见陈向明：《质的研究方法与社会科学研究》，教育科学出版社 2000 年版，第 238 页。

表 4-1 小学生社会性参与性活动观察记录表

观察时间	观察对象	社会性参与性活动类型				
		发呆	旁观	独自活动	两两活动	集体活动

用上表记录大课间体育活动中的观察对象行为，研究者可能会发现，性别、年级等因素会影响小学生社会性行为发展结果。

第二步，制定记录代码系统。如何快速准确地记录呢？一是训练观察人员的记录速度；二是制定观察代码系统。观察记录代码系统是为了方便记录有意义的、可以观察和处理的行为类别或行为单位而制定的一套符号代码系统，也就是在行为类别或单位与符号之间建立对应关系。常用的代码符号有数字型和符号型。数字型代码是使用不同的数字分别代表不同的观察行为或事件，所用数字多少取决于具体研究中观察项目的数量。比如，1 代表听讲；2 代表笔记；3 代表提问；4 代表回答；5 代表练习；6 代表讨论。符号型系统是使用不同的符号来代表观察到的不同行为或事件。比如，用符号记录观察小学生在学习活动中的表现，可以用○表示表现积极；◎表示表现一般；●表示表现消极；△表示同伴合作；◇表示小组合作；▽表示不合作；☆表示积极思考；♀表示积极举手；□表示沉默。两种代码系统可以交替使用，代码所指的观察指标由研究者自由确定。

6.制订观察计划

为保证观察的顺利进行，在观察前必须制订具有科学性、操作性的观察计划。观察计划的内容包括观察目的、观察内容、观察对象、观察时间、观察地点、观察方式等。观察计划的信效度也是需要考虑的指标，还有观察者的道德规范。观察计划是实施的方向标，应尽可能按照计划进行观察。当受到不可抗拒的影响时，可以灵活处理。

7.训练观察人员

观察结果的准确性影响数据质量，需要对观察人员进行挑选、培训。培训主要包括：清楚观察目的、观察方法的使用、观察技巧的掌握、处理观察时发生的意外事件、观察结果记录等。在必要的情况下，应在知识培训基础上进行实践培训。如围绕一个观察问题，训练如何在观察室进行观察，还有诸如摄像机等仪器设备的使用。

（二）观察实施工作注重观察细节

准备工作做好之后，研究者就可以进入观察现场进行观察，实施观察主要有以下三个步骤。

1.进入观察现场

教育观察大多是在被观察者活动的场所进行的，很多时候属于现场观察。进入现场后观察者应注意：第一，准备好用于观察的证明，使观察对象相信观察者具有合法的身份和合理的研究目的。观察证明可以在确定研究对象后提前交给观察对象。观察教师上课，需要征得被观察教师同意。观察学生的课堂学习，需要征得任课教师或学校负责人同意。只有观察对象认可观察后，才容易提供真实的资料。第二，了解观察对象的背景信息，消除对观察对象的“陌生感”。观察者熟悉观察对象的生活环境，能从情境中解读观察对象的行为，否则会因为文化差异影响观察记录的公正性。第三，与观察对象建立友好关系，力争观察对象不排斥观察者，配合观察者完成观察任务。与人为善是人际交往的关键条件。若观察对象把观察者视为一个生活圈子里的人，这样的亲近关系会让观察对象提供更多的信息。研究者与研究对象建立起密切关系后，比较容易获取研究对象的资料。

2.实施观察活动

实施阶段根据原计划进行，但是要注意实施的细节，应注意多方面要求：第一，严格执行观察计划。观察者要围绕观察目的，把注意力集中于观察项目上，严格按计划实施。但在观察的过程中，如果发现观察计划有不妥之处，也可随时调整，以保证观察任务顺利完成。第二，选择适宜的观察位置。观察位置应依据观察中心来选择，一方面要保证观察项目全部落于观察者的观察范围之内，另一方面要保证观察对象不受影响。第三，要善于辨别有关和无关因素。主要依据它和观察任务的相关程度。如果观察者被无关因素纠缠，势必影响观察效果。第四，要善于利用观察设备。借助观察设备可以更准确地收集资料。感官总有疏忽的时候，如果是摄像，可以多次反复观看，对记录细节有帮助。第五，观察任务分工明确。小组观察要有统一的观察标准、记录表格和速记符号；要有明确的任务分工，各司其职，做到点与面的结合。尤其是观察同一事物，在类似情境下或不同情景下需要反复细致观察，以检验观察资料的准确程度。以上要求，有助于我们确保观察的顺利。观察不同于调查，不可能重新来过，即便是需要补充观察材料，也无法控制先前进行的观察产生的后续影响。

3.记录观察资料

在实施观察时，要做到一边观察一边记录，及时把观察材料记录下来。记录时既要注意记录的方法，又要关注记录的内容。记录的方法较多，不同的方法适合收集不同类型的观察资料。对个案一日生活的观察，适合用写日记的方式记录。对教师上课表现的观察，适合用连续不断的方式记录。而观察学生个体一堂课的某些具体行为的出现频率，可以用固定时间间隔进行统计，然后进行统计处理。

（三）资料整理与数据分析

1.整理记录资料

资料整理是观察过程中重要的一环。对记录资料的准确性、完整性进行审核，发现资料不完整或不准确后，对记录进行必要的修补。首先对资料进行初步整理，检查资料的准确性和完整性；其次对原始资料进行再次整理，分类并编码，形成初步分析维度；再次确定分析单位、分析工具与框架；最后运用确立的概念和分析工具，对原始资料进行量化处理、定性分析和建构理论。

2.做好编码与分类

资料编码是用概念、数字、符号对记录的文字进行标注。常见编码包括过程编码、活动编码和策略编码。[①] 分别从时期、步骤、活动种类、完成任务的方法等方面进行编码。分类是在编码的基础上把同一类编码的资料归类，然后在每一个编码题目下面，标出资料所在的页码、行数等，并把各处的资料编上序号。

3.分析观察数据

在观察整理数据的基础上，用定性分析和定量分析的方法，着重对观察对象的行为、活动状态，乃至心理状态等方面的现象进行分析。定量分析主要采用描述统计和推断统计两种方法，定性分析主要采用类属分析和情景

---

① 参见江芳、王国英主编：《教育研究方法》，华东师范大学出版社2013年版，第130—131页。

分析两种方法。

（四）撰写研究报告

通过对观察资料的分析研究，写出观察报告。观察报告写作时，注意用事实说明问题，行文流畅，用词准确。观察报告包括题目、引言、方法、结果、结论和参考文献等基本部分。

观察研究是经过一个从确立观察问题到实施观察、得出观察结论的过程。此过程如图 4-1 所示。

图 4-1　观察研究的程序

（五）观察研究的准则

1.坚持观察的目的性

观察是一种有目的、有意识的认识活动。观察的目的性决定了观察始终是和注意力结合在一起的，应尽量排除外界无关刺激的影响，以保证观察的顺利进行。整个观察过程按照研究目的设计出完整细致的观察方案，然后遵照执行。

2.坚持观察的客观性

观察过程中要采取实事求是的科学态度，不能掺杂个人偏见，保证观察资料真实可靠。还有，坚持在自然条件下进行观察，客观描述观察到的事实，避免“观察者放任”现象。观察过程中难免受观察对象违规行为影响从而产生不愉快体验，切记不能将这种主观感受掺杂到观察记录里，可以将自己的想法写在记录的旁边，作为分析时的参考意见。还可以以备忘录的方式记下观察时的情感变化。

3.坚持观察的全面性

观察时，要多方面观察事物，把握事物的各方面因素、各种关系和各种规定；注意观察的系统性、连续性、完整性，不能随意间断；尽可能详细地记录观察资料，避免事后因没有记录而影响整体研究。观察需要用到录音和录像工具，在征得被观察对象同意后方可使用。正如埃米尔·迪尔凯姆

(Emile Durkheim)所言，科学只有借助于技术才能深入事实，而技术只是科学的延伸。[①] 观察过程中应做到观察工具使用的灵活性。

三、观察研究的记录

观察记录方法是个人偏好问题，可以采取清单、日志、表格、时间或事件等方式进行记录。很难找到适合于某一特殊任务的例子，都需要根据自己的经验进行改造。这些东西需要提前做好准备。观察不可能记录下来所有的东西，观察者应事先弄清楚感兴趣的是内容还是过程，是个体交流还是提问技巧，在此基础上确定记录方法。[②] 不过，表格和清单等作用有限，不能反映群体中主要成员的影响力以及情感和微观意识过程，需要把观察到的放在其所处的组织背景中，超越事件本身进行观察，才能发现重要事件。

(一)描述记录主要收集定性资料

观察记录的描述体系往往是对行为的多方面进行记录。课堂教学技能的观察就属于描述体系，它是一种结构课堂观察记录方法。课堂教学技能的观察见表 4-2。

表 4-2 课堂教学技能的观察[③]

观察类目	观察内容记录
呈现或导入	
间接教学	
直接教学	
声音	
提问策略	
反馈	
学科问题	

① 参见[法]埃米尔·迪尔凯姆:《社会学方法的准则》，狄玉明译，商务印书馆 1995 年版，第 81 页。

② 参见[美]朱迪思·贝尔:《社会科学研究的基本原则》，马经标译，北京大学出版社 2013 年版，第 168—169 页。

③ 参见郑金洲、陶保平、孔企平:《学校教育研究方法》，教育科学出版社 2003 年版，第 115 页。

这种记录方法可以用于开始进行的现场观察，也可以依照一般性问题来观察描述空间环境。具体包括空间、时间、环境、行动者、事件、活动、行动、目标、感情等。对小学生课堂学习进行描述记录："上午第二小节上课铃声响起，语文老师快速走进教室，同学们习惯性地站起来向老师问好，老师请全班坐下。复习上节课内容后，老师开始讲授新课'金色的草地'，并在黑板上写下课题。此刻，宽敞明亮的教室里射进来一缕阳光，正好照在西墙张贴的同学作品上。老师借机提出一个问题，请大家注意观察阳光照射后，这幅画的颜色发生了什么变化？一位学生拿起手中的课本在这束光里晃了一秒钟放下。随后，老师请两位同学读生字词，又请全班同学大声朗读课文，师生共同感受作品带来的丰富情感。然后讲解重点段落，让学生们讲述自己的观察印记。"

日记描述法是用写日记的方式记录观察对象的行为表现。最早使用这种方法的是瑞士教育家约翰·亨里希·裴斯泰洛齐(Johann Heinrich Pestalozzi)。19世纪末20世纪初，日记描述法成为研究儿童行为的一种主要方法。儿童教育家陈鹤琴连续跟踪观察自己的第一个小孩808天，用日记记录了孩子的身心发展变化，并在此基础上完成了《儿童心理之研究》一书。研究小学生不良行为问题，可以用写日记的方式记录观察对象每天的行动。对个案行为矫治研究，用日记记录下来个案每天的变化，然后通过分析日记，可以找到一些帮助个案转化的办法。

轶事记录法是观察者将认为有意义的行为以及能表现观察对象个性的行为事件记录下来。记录重点是有某种价值的行为，有没有主题都可以，随时记录，不受任何时间条件限制，观察内容中特别行为或价值行为需要进行界定。注意将行为事实和主观评价区分开来。这是教师常用的一种记录方法，可以帮助教师了解学生的成长变化，有助于针对性地进行教育干预。有一次课间，学生L带来喜欢的宠物荷兰猪花花与同桌Z分享，同桌Z被荷兰猪吓哭了，学生L被班主任叫到了办公室谈话。L满脸茫然，嘟囔着Z应该和他一样喜欢荷兰猪的。L的行为是值得教师思考的。

连续记录法是详细地记录观察对象在自然状态下发生的行为，可以是对观察对象进行连续的定期观察，也可以是固定场所的持续观察。运用这种记录方法，观察者尽可能对观察行为进行更详细、更完善的记录，不做主观推断和评价。这种方法使用较多，如研究教师上课的效果时，记录上午 8 点至 8 点半教学活动开始阶段教师的行为、9 点至 9 点半教学活动中间阶段教师的行为，从而分析教师行为之间的关系。

实地笔记，又称“田野笔记”，是人类学常用的一种研究方法。主要用于记录某个较大主题的参与观察过程中看到的、听到的信息，还有自己的想法，记录较为全面。日记记录、轶事记录、连续记录等形式从本质上说都可以包括在田野笔记这种形式内。

实地笔记的优点在于研究者本人是观察工具，观察记录的过程较为简单，仅仅服务于研究目的，长期的记录能提供关于研究对象发展的连续而真实的情况，并为研究提供大量的第一手资料。实地笔记的缺点在于，观察结果受观察者的理论素养、理解能力以及文字水平等影响较大，主观性较强。不同的观察者对同一观察对象的记录是不同的，这样可能会影响资料的评价。

(二)取样记录收集综合资料

取样记录是一种以观察行为为样本的记录方法，相比描述记录，其具有更好的客观性和可控性。因为事先确定观察项目，节省了人力、物力，减少了记录所需的时间。取样记录使用较为广泛，研究六年级小学生课堂捣乱行为，先给捣乱行为下操作性定义，然后可以以时间作为抽样单位，对捣乱行为的具体表现进行观察，记录行为出现的频次。

时间取样记录：以时间段作为行为选择标准，专门观察和记录在特定时间内所发生的行为。如果观察 1 分钟的时间里学生的听课表现，可以将 1 分钟分成 20 个 3 秒，每 3 秒观察一个学生的表现，可以观察 20 个学生。整个结果主要记录听课行为是否出现，统计每个行为出现的频率及其持续时间。

国内外有代表性的编码体系是弗兰德斯的互动分析分类体系。这一分类体系是对师生之间言语互动进行研究，把课堂言语活动分为 10 类，教师发言有 7 个指标，学生发言有 2 个指标，每个指标类型都有一个用数字表示的代码。[①] 弗兰德斯互动分类分析体系见表 4-3。

表 4-3 弗兰德斯互动分类分析体系

教师讲话	间接影响	1.接受感情：接纳或澄清学生的感受
		2.表扬或鼓励：对学生合适的行为肯定
		3.接受或使用学生观点：澄清、充实学生看法
		4.提问：就内容或过程提问学生，希望学生回答
	直接影响	5.讲解：发表自己的见解
		6.给予指导或指令：指使学生做出某种行为
		7.批评或维护权威：用权威改变学生行为的用语
学生讲话		8.学生应答：教师问，学生答
		9.主动说话：学生主动问，自发举手发言
沉默		10.沉默或混乱：停顿、短暂的沉默

采用时间取样的记录方法，在规定的 10 分钟内每隔 3 秒观察者对应上述分类记录教师和学生的言语行为，记录表格如上表所示。

真正的课堂互动是粗糙的，为此弗兰德斯建议，如果同一时间段发生两个行为，应记录更为突出的那一个，两者都较为突出应全部记录下来。如果观察过程中教师播放了教学录像，就比较难在记录中体现。从这个编码体系中可以发现，优点在于非常客观，容易理解和接受；每个观察行为都有特定的编码和操作性定义，可以转化为百分比分析。缺点在于行为的某些特质容易被遗漏，提问的水平在记录中无法体现，上课的内容也容易被忽略。由于数据较为复杂，不借助电脑设备对资料进行分析将是一大难题。观察数据表见表 4-4。

① 参见肖锋：《课堂语言行为互动分析——种新型的课堂教学研究工具》，《辽宁师范大学学报》2000 年第 6 期。

表 4-4 观察数据表

	1	2	3	4	5	6	7	8	9	10	11	12
1	5	10	5	5	10	5	5	10	5	5	10	5
2	10	6	10	10	10	5	10	6	10	10	10	5
3	10	5	5	5	6	8	10	5	5	5	6	8
4	3	5	8	3	5	2	3	5	8	3	5	2
5	4	7	3	4	8	3	4	7	3	4	8	3
6	9	8	5	10	10	10	9	8	5	10	10	10
7	7	5	6	8	5	4	7	5	6	8	5	4
8	6	4	4	9	2	5	6	4	4	9	2	5
9	5	7	4	5	9	2	5	7	4	5	9	2
10	4	2	2	5	10	3	4	2	2	5	10	3

例如，记录一节课教师提问的次数，学生练习的次数等。对教师上课提问行为进行观察，首先需要将提问行为分成几种类型，并对每一种类型赋予操作定义（见表 4-5），并设计观察表（见表 4-6）。

表 4-5 六种提问行为的操作定义

提问类型	操作定义
复习提问	设计简单概括性问题，让学生直接回答学过的知识
启发提问	设计点拨问题，让学生思考后回答
实例提问	举出实例，引导学生结合学习内容分析
应变提问	选择时机提出问题，引导学生辨别正误
互动提问	设计讨论题，师生、生生相互提问
系统提问	设计连续性问题，检查学生掌握知识的连贯性

表 4-6 教师上课提问行为观察记录表

班级： 教师： 科目： 记录者： 日期：

提问类型	0—5分钟	6—10分钟	11—15分钟	16—20分钟	21—25分钟	26—30分钟	31—35分钟	36—40分钟
复习提问								
启发提问								
实例提问								
应变提问								
互动提问								
系统提问								

在规定时间内，以 5 分钟作为观察单位，根据教师的提问行为类型记入对应表格内。时间取样法在学校教育研究中应用较广，用来观察经常发生的行为和外显的易于观测的行为，如学生遵守纪律情况、师生交往互动行为、学生听课行为、教师讲授行为等。时间取样法的实施要求事先做好准备工作，如确定观察类目，给出观察类目的操作定义，确定观察时间间隔，制定观察记录表等。

事件取样是观察者对观察对象的特定行为进行观察并记录。它与时间取样法不同，在自然状态下一旦出现要观察的行为，便立刻记录下来，不受时间限制。事件取样法关心的是行为如何发生、如何变化，结果如何，记录的是特定行为的特征和全过程。表 4-7 记录了学生课间争执事件的发生过程。

表 4-7 学生争执事件记录表

学校： 班级： 观察者： 日期：

发起者	姓名： 年龄： 性别：
接受者	姓名： 年龄： 性别：
争执持续时间	
争执起因	
争执过程	
争执结果	
影响	

注：填写时用客观语言描述事件发生的全过程。

事件取样法的实施准备工作是这样的：首先确定观察类目，一般为出现频率比较高的行为，如学生之间的同伴交往、争执行为、依赖行为，课外活动小组学习等，其次制定观察记录表，最后到现场等待观察行为发生。

（三）列清单记录收集定量资料

1.行为核对表

这种记录方法用来核对重要行为的出现情况。和取样记录一样，观察者将规定的观察项目用表格形式列出，当观察到列出的行为时，就在该项对应的层次上画对勾。该方法只判断行为出现与否，不提供行为性质的材料。例如，研究学生在课堂上的能动性表现，设计观察表 4-8。

表 4-8　学生在课堂上的能动性表现行为核对表

学校：　　科目：　　班级：　　观察者：　　日期：

行为表现	行为次序
教师提问，学生无一人举手	
教师提问，学生举手	
学生不举手，被教师提问，回答一般	
学生举手，被教师提问，回答很好	
学生积极举手，向教师提问	

行为核对表又称为“核查清单”，只记录单位时间内发生的需要观察的多种行为。这一核查清单适合检查学生在课堂上投入学习和非投入学习的状态分布（见表 4-9）。

表 4-9　学生课堂学习投入状态观察表

扫视	非投入		投入	
	人数（人）	百分比（%）	人数（人）	百分比（%）
1	1	5	19	95
2	0	0	20	100
3	4	20	16	80
4	6	30	14	70
总人数（人）	11		69	
总百分比（%）		13.75		86.25

每两分钟扫视班里所有非投入学习或投入学习的学生，并记录数目，填在相应的一栏里，最后计算出每部分的百分比。

2.等级量表

观察者预先对观察行为进行分类并列出，赋予每个类型一定等级，然后对目标行为做出权衡和判断，从而评出相应的等级。比如：[①]

(a)在最能描述教师对待班级的态度的标记上画圈

1.非常否定　2.偶尔否定　3.不表态　4.经常肯定　5.非常肯定

(b)在最能描述班级学生的心情等级上画圈

1.全班同学都不愉快　2.有时愉快　3.半数人愉快　4.多数学生愉快

5.全班都愉快

(c)在最能描述听完本堂课的感受等级上画圈

1.满意　2.一般　3.不满意

这是典型的三级、五级量表。常见的等级量表还有七级量表、九级量表。等级量表也是用数字记录观察对象的情况，但是这些数字具有高度推论性。这种观察表，较多用来对教师的课堂教学进行评议，最后根据统计最终分数说明观察结果。

无论哪一种记录方法，研究者记录时都要力求真实，对记录的事实材料进行比较，便于核对事实，交流情况和意见，有利于统一认识。对同一现象应从不同的方面和角度进行观察，防止观察的片面性和不完整性。

四、观察研究的应用

观察研究在小学教育领域使用广泛，特别是一线教师对课堂教学的研究最经常用的就是观察。观察不仅是基础，还是重要方法之一。下面以两个观察法实例对观察研究的原理和意义进行阐述。

例 1.学习机会公平视角下的课堂提问研究——基于上海市 S 区 Z 小学的课堂观察[②](节选)

课堂教学过程的公平是学习者正式学习的重要机会前提，对每一位学

---

① 参见[瑞典]胡森：《国际教育百科全书》，李维译，贵州教育出版社 1990 年版，第 502 页。

② 参见郝亚迪：《学习机会公平视角下的课堂提问研究——基于上海市 S 区 Z 小学的课堂观察》，《当代教育科学》2016 年第 16 期。

习者的发展非常重要。新课标强调增加师生交流的有效性，课堂提问是最能反映师生交流的指标之一。从学习机会层面来看，课堂提问也是正式学习中学生争取学习机会的一种方式，对此深入研究可以丰富课堂教学过程公平的内容。

已有研究发现，从公平视角探究课堂提问的过程是比较合适的。课堂提问的公平与问题本身的难度，教师的叫答方式、理答方式密切相关。在此基础上，研究者制定了课堂提问观察维度表，将观察指标进一步具体化。学习机会公平视角下课堂提问的观察维度见表 4-10。

表 4-10　学习机会公平视角下课堂提问的观察维度

提问维度	具体划分
问题类型	记忆型；理解型；知识运用型；综合运用型
叫答方式	集体齐答；个体回答（发问后叫举手学生回答；发问后叫没举手学生回答）
理答方式	无反馈；机械性反馈；复述性反馈；边引边评反馈；分析性反馈

本书选取 S 市 S 区公立小学四年级 6 班为观察对象，其中男生 27 人，女生 18 人，然后观察他们在语文、数学课堂上的提问参与行为情况，并运用行为核对表进行记录。其中，语文课堂教师提问的问题类型分配统计见表 4-11，语文课堂教师叫答方式情况统计见表 4-12，语文课堂教师提问理答方式情况统计见表 4-13。

表 4-11　语文课堂教师提问的问题类型分配统计

问题类型		记忆型 频次（次）	理解型 频次（次）	知识运用型 频次（次）	综合运用型 频次（次）
性别	男	23	29	20	3
	女	22	30	14	6
学生成绩分类	学优生	20	28	15	7
	中等生	24	29	18	2
	学困生	1	2	1	0

表 4-12 语文课堂教师叫答方式情况统计

叫答方式		集体回答频次(次)	先问后叫举手者回答频次(次)	先问后叫不举手者回答频次(次)
性别	男	5	44	31
	女	5	39	33
学生成绩分类	学优生	5	41	28
	中等生	5	39	35
	学困生	5	3	1

表 4-13 语文课堂教师提问理答方式情况统计

理答方式		无反馈频次(次)	机械反馈频次(次)	边引边评反馈频次(次)
性别	男	9	22	12+29
	女	8	20	18+29
学生成绩分类	学优生	7	14	16+25
	中等生	10	28	14+29
	学困生	0	0	0+4

研究发现,学困生明显处于劣势地位,在问题类型、叫答、理答与反馈三方面都处于劣势。性别上也存在差异,语文教师倾向选女生,数学教师倾向选男生。以上发现反映了目前小学课堂提问的常态。学困生在提问类型上处于劣势,自然与教师互动偏少,教师因为赶进度习惯对学习反应较慢的学生无视,这些都造成学困生提问机会偏少。性别差异主要与学科特点、学生的思维能力有关系。这种判断结果其实不一定符合客观事实,但是教师认知固化影响了判断结果。

例 2.课堂交往的观察研究①(节选)

课堂交往是教学顺利进行的一种成果评价形式。国内外学者对课堂交往研究成果较多。在已有研究基础上,归纳出课堂交往的四种模式,并对此进行操作性定义描述,具体见表 4-14。

① 参见高凌飚、赵宁宁、梁春方:《课堂教学交往的观察研究》,《教育科学研究》2003 年第 6 期。

表 4-14　师生课堂交往的模式观察分类

交往类型	交往模式	具体表现
教师发送信息	教师传授学生听讲	教师在课堂上讲授
师生互动	教师与个别交流	提问、回答、评价、要求个别学生
	教师与群体交流	提问、回答、评价、要求全体学生
生生交往	生生显性交流	小组合作，请学生汇报
	生生隐形交流	学生之间小声说话
教师指导个别学生	思考	课堂练习时教师巡视并私下指导学生

课堂观察的对象是 G 市 HN 师范大学附属小学一至四年级的语文和数学课，每个年级一个班，共观察 7 课时。记录方法采用行为核对表。详见表 4-15。

表 4-15　课堂交往类型与教师角色构成

交往类型	交往角色	持续时间(分钟)	百分比(%)
教师发送信息	T-E	46.3	16.5
师生互动	T-E；E-T	163.75	58.5
生生交往	E-E	35.1	12.5
师个别指导生	T-E1-E2…	24.63	8.8
其他	不交往	10.22	3.7

根据表 4-15，在事先确定的观察场所，当以上行为开始出现时就记录时间，然后计算每一类交往类型的百分比。

通过观察发现，小学课堂交往的时间分布合理，教师发起这一交往行为使用较多，主要是用来维持课堂纪律。教师提问对象主要是课堂参与积极的学生，对性别没有刻意选择。

两个案例反映出课堂观察是小学教育研究常用的研究方法。由此推断，课堂观察操作方便，不妨碍被观察者的日常学习和生活，能帮助获得对事物的直接认识，有利于总结研究教育经验。① 除了案例中观察的现象外，课堂观察还可以用来观察师生互动行为、学生行为、学生行为变化或习惯的

① 参见裴娣娜：《教育研究方法导论》，安徽教育出版社 2018 年版，第 185—196 页。

建立、教师教学行为(讲授、提问、表扬、批评、板书等)、教学过程、学习氛围、课堂管理行为等。通过描述事实,揭示规律,解释意义,对教学行为反思、改进。

课堂观察首先明确采用定量观察或者定性观察。定量观察的程序是:预先确定要观察的行为类目,把观察到的行为记录在预先制定的观察记录表上。观察记录表的设计尤为重要。观察类目是根据研究目的选择目标行为,对目标行为进行分类,下操作性定义,从而建立编码体系。上述案例都是定量观察,观察类目清晰,便于统计分析。定性观察的程序是:通过参与或非参与观察,完整地呈现行为发生的背景,对行为进行客观描述。这类观察结果一般是采用扎根理论,梳理出故事主线,结合相关理论基础,建立研究的微观理论基础。

观察比较容易受到主观因素影响,无论哪种观察记录,记录时都要力求真实。对同一对象从不同的方面和角度进行观察,尽可能全面地了解事物。观察收集的资料,应通过访问、查阅文献等其他途径进行对比、检验,以降低主观因素对观察结果的消极影响。

本章小结

观察法是小学教育研究中最基本、最常用的研究方法。观察是一种有目的、有计划的研究活动。观察法的优点是人们选择用它收集资料的重要依据。根据观察目的、工具、方式等不同,将观察划分成多种类型,这些类型在具体研究中往往搭配其他收集资料方法使用。观察法的操作过程是教育研究一般过程的具体化,需要经历准备、实施和总结三个阶段。作为一种科学研究方法,不同于一般意义上的感官活动及其延伸,观察者需要经过专门的培训,掌握观察的技巧才可能收集到研究需要的资料。在呈现观察研究成果时,注意其格式规范,更需要关注对观察资料的解读。观察结果容易受到观察者的主观感受影响,在收集整理资料时注意区分主观感受和客观事实。避免不假思索地认为那样才是观察的全部。

观察法在小学教育领域的很多方面都可以使用,尤其是对课堂师生的行为研究具有重要意义。有些时候,观察是其他研究正式开始前用来收集资料的方式。我们应该提倡科学观察精神,善于观察,创造性地使用观察资料,使观察在认识小学教育现象上充分发挥作用。

第五章　调查研究与小学教育

调查研究是小学教育研究中最常见的一种研究方式。不少人误认为调查研究就是发问卷，填调查表，往往在课题研究方案中首选这类调查方式，结果在实施中无法应对。调查类型丰富，调查工具多样，有此类误解实属正常。加上这类研究方式确实能满足研究者某方面的需要，如调查研究教育生活状况，教育问题，教育发展趋势，受教育者的意见、态度等，且有一套易操作程序。它具有很多优点，掌握它对于研究者来说是非常有必要的。

一、调查研究的内涵解读

调查，从词源上解释，指进行了解。了解事物的基本情况，对其进行分析，以便认清事物。目的不同，了解方式会有差别。作为一种科学探究活动，自然有自己的一套程序。首先，需要对调查的基本概念、特征、类型等知识点一一学习，理解并掌握其内在的逻辑关系。

（一）调查研究的概念界定

在各类教育研究中，教育调查是使用较为广泛的一种研究方法，它研究的对象范围广，研究内容宽泛。“没有调查，就没有发言权。”调查是获取一手资料的重要途径。

小学教育研究中的调查法是在科学方法论和教育理论指导下，围绕一定的教育问题，运用问卷、访谈等方式，有计划、有目的地搜集有关事实材料，从而做出科学分析并提出具体工作建议的一系列教育认识活动。先看下面调查研究的例子。

为研究小学青年教师教学能力现状，研究者于2020年采用问卷调查的方式在省内5个城市开展了研究。根据研究目标，研究者确定以在乡村小学和城市小学工作的青年教师为研究对象，采取多阶段、分层抽样的方法，从总体中抽取了400名小学教师作为调查的样本。经过多次修改，印制了《小学青年教师教学能力调查问卷》(学生问卷)(教师问卷)。调查进行了一周时间，最后收回全部问卷，其中有效问卷384份。最后，运用相关软件对收集到的数据进行统计分析，得出了小学青年教师教学能力现状的整体特征，学历、职称、课题负责人等因素与教学能力相关的结论，为人们了解小学教师教学能力现状提供了参考。

从上面的例子可以认识到进行调查研究的主要步骤为：首先进行抽样，以样本情况推断总体情况；收集资料用到专门的工具；研究资料分析运用统计软件。这些实施步骤使调查研究与其他研究方式区别开来。研究者对调查研究的广泛使用与调查研究的优点有着密切关系。

第一，调查内容的丰富性。调查不受时间、空间的制约，只要符合研究需要，可以随时随地完成调查。调查运用范围比较广，不仅可以考察研究对象的现在，还可以考察研究对象的过去与将来。比如，“您昨天去图书馆了吗？今天什么时候去？明天还去吗？”考察被调查对象不同时间段发生的行为，然后通过对一组行为的分析，描述该行为主题的变化。在此需要注意的是，尽量不要让调查对象回忆过去发生的事，因为这样做一方面会增加答题的难度，另一方面会增加答题的不准确性。

第二，保证调查对象的自然性。在自然状态下收集资料，对被调查者不进行任何干预和操纵。被调查对象是在不受任何因素影响下接受调查的，根据实际情况如实回答。比如发放问卷、开展访谈、实施测验等，都不需要被调查对象为调查做出任何改变，只需按照自己的理解进行回答。调查目的是希望了解被调查者的某一方面，不需要为调查做出改变。比如方便抽样，它的随意性非常强，被抽到的调查对象当场完成即可，不受任何人的言行左右。

第三，调查手段的多样性。调查可以选择不同的资料收集工具，既可以选择访谈法、问卷法、测验法等常用方法，也可以借助现代科技手段，如用录音笔、录像机、摄像机等仪器设备搜集、整理被调查对象的各种资料信息。调查手段多，可以从多个角度收集资料，方便验证资料的真实性。比如，想了解学生的个人基本情况，用调查表就可以完成。如果想对基本情况中的某一方面深入了解，就可以用非结构访谈或结构访谈。

（二）调查研究类型与调查手段

调查研究着重研究事物的现实情况，需要综合运用各种方法手段，进一步把握问题的现状、发展特点。根据调查目的、对象和手段等又可以将调查研究分为不同类型，这些类型之间存在交叉，在研究具体问题时可以采取不同类型的调查研究。[①]

1.按照调查目的分类

（1）现状调查

现状调查是对调查对象的当前状况和基本特征的调查。目的在于对教育现象的真实情况做出具体的描述，以发现问题，改进工作。比如，"低学段小学生科学本质观现状调查研究——以四省调查结果为例"，是对我国东部、中部、西南部等四省份的278所小学中960名学生进行的调查。通过对调查对象的科学本质观的现状描述，揭示出省份之间存在的差异。

（2）相关调查

相关调查是调查两种或两种以上教育现象之间是否存在相关关系。目的是寻找相关因素以便探讨出解决问题的办法。比如，"小学英语教师专业发展及其相关因素的调查研究"，对某省216名小学英语教师专业发展状况进行问卷调查，测评了教师背景因素、教师对专业发展的认知、教师工作投入等因素与专业发展程度的关系。

（3）发展调查

发展调查是对某一调查对象在一个较长时间内的特征变化进行调查，目的是了解研究对象前后的变化和差异情况。比如，"数学教师的SCK发展调查研究——以小学数学数与运算内容为例"，是通过了解数学师范生专门的学科知识的习得过程，进而对学科知识习得规律进行预测。预测结果可以为后续开展这一工作提供参考。

（4）原因调查

原因调查是对具有某种特征的个体或教育现象形成的原因进行的调查。严格来说，仅仅使用教育调查研究不足以说明因果关系。比如，"《小学生综合素质评价手册》的实践分析与改进建议"，通过对北京、上海、天津三

① 参见江芳、王国英主编：《教育研究方法》，华东师范大学出版社2011年版，第139—142页。

个城市教师使用手册的调查结果进行分析，指出此问题产生的原因及改进建议。这一原因主要是基于调查结果所做的经验推理，不同于实验研究中的原因变量。

2.按调查对象分类

(1)普遍调查

普遍调查是对某一范围内全部研究对象进行调查，也称为“全面调查”。它主要是通过了解特定范围内的研究对象的全面情况，为制定教育方针、政策和做出规划提供必要的依据。目的在于了解全面情况，避免以偏概全。但是，当调查范围太大时，就会耗费很大的人力、物力和财力，调查就难以实施和组织。比如，调查全校小学生近视情况，所有在校生都是调查对象。对规模大的学校来说，全面调查将是一件复杂的工作。因为它的覆盖面广，样本量与总体一致，但在必要时它不失为一种适合的调查方式。

(2)抽样调查

抽样调查是按照一定的科学方法从研究对象的总体中抽取一部分代表性个体进行调查，根据对样本进行调查的结果，获得有关总体的情况。这种调查既避免了过多地耗费人力、物力、财力，又可以把对样本的研究所得的结论推论到总体，从而了解总体特性，因此是教育调查常用的一种类型。比如，调查全市小学教师教学能力情况，可以抽取一部分教师作为研究对象。由这部分研究的结果来推断总体的情况。

(3)个案调查

个案调查是在对被调查对象进行具体分析的基础上有意识地从中选择某个调查对象进行深入调查和描述。这种类型主要用于对调查对象进行的深入访谈。比如，挑选年级学习成绩优异的学生进行调查，研究他(她)是怎么成长的；或是对学习困难或具有心理问题的学生进行调查，总结规律，提出切实可行的办法。

(4)典型调查

典型调查是对一个或几个有代表性的调查对象进行全面、深入调查，力图做到以少量典型了解事物的全面。“典型”有三种分类，即先进型、中间型和落后型。比如，调查乡村小规模学校办学现状，可以选取办学具有典型性的小学，总结其发展规律。也可以选取办学质量差的小学，了解它办学质量差的原因以及存在的问题。

3.按调查工具分类

(1)问卷调查

问卷调查是研究者根据研究目的将编制成的系统问题或表格发给被调查对象,请求填写答案,然后收回,加以整理、分析和研究。研究者可以通过发送问卷、调查表收集有关被调查对象的背景性信息、行为信息和态度信息。

(2)访谈调查

访谈调查是指研究者通过口头交谈的方式,向被调查者提出问题,让调查对象作答,以搜集调查对象对教育问题或现象的态度和看法的调查。访谈问题设计需要反映研究目的,符合被访谈者的实际情况。

(3)测验调查

测验调查是用一组试题去测定少数有代表性的行为或现象,来推论和量化分析教育活动总体规律的一种调查。在小学教育研究中通常表现为两种形式:一种是单纯使用测验收集资料;一种是与其他方法结合使用。[①] 比如,对小学生学科能力测试的研究、超常儿童学能的追踪研究、教材教法研究的实验等,都用到测验调查收集资料。

(4)调查表

调查表可分为单一表和一览表两种,偏重于搜集被调查群体的概况、发展现状等基本数据资料。比如,小学教育专业发展状况调查,那么就要搜集以下方面的资料:师资队伍、年度招生人数、在校生人数、毕业生人数、生均经费、生均图书、教师教育类课程占比、学科课程占比、教育实践时间等数据。为了动态把握专业建设问题以及对未来发展趋势进行预测,统计近三年各方面的有关数据。

(三)调查研究的一般过程

调查研究包括问卷法、访谈法、测验法等不同的具体方法,程序上虽各有侧重,但都要遵循以下步骤。

1.进行调查设计

一是确定调查课题。调查研究主要是了解被调查者关于自己的意见、态度与价值观,以及与己有关的行为。比如,回答“是什么”“怎么样”的问

---

① 参见裴娣娜:《教育研究方法导论》,安徽教育出版社2018年版,第197—200页。

题。例如,“某区小学生阅读现状调查分析”案例中,张老师想了解目前小学生的阅读现状,就适合采用调查研究法。

二是选择调查对象。当课题确定下来后,就要选择调查对象。有的调查对象是某些特殊人群,有的调查对象需要从很多人中选择。调查对象的挑选,要保证样本的代表性。

三是编制和选用研究工具。教育调查有多种类型,每个类型都有自己的适用条件。比如,问卷调查适于样本规模大、调查地点分布较多的研究;访谈调查适于样本较小、调查地点具体的研究;调查表适用于了解研究对象的基本情况,不受规模大小的限制。研究者根据课题的性质、目的任务,确定调查对象、调查地点,选择相应的调查类型和方式。

研究工具主要包括问卷、访谈提纲、调查表、测验题目等,编制时应按照问题设计要求,结合研究问题需要进行编制,编制过程中需注意以下四个问题:第一,调查工具的适用对象;第二,明确变量的操作性定义;第三,听取多方意见,试用后进行修改;第四,保证工具的信效度。

四是拟订调查计划。在确定调查提纲和安排调查工作程序时要考虑三方面的问题:首先,调查项目能否有效地反映所要研究的问题,项目的构成是否合理简便;其次,对项目如何进行比较科学的分类,大项目如何分解成若干具体的小项目并形成比较完善的、可操作的调查提纲;最后,如何制定与分类标准相适应的评价标准,以便对获得的资料进行统计处理。

此外,还需要做好各种技术、事务和组织准备,包括培训调查组成员,进行资料及有关调查器材的准备。正式调查之前,需要进行预调查,得到被调查对象的一般认识,并修改调查提纲及工作方案。

2.实施调查

调查前的准备工作完成之后,接下来开始实施调查计划,运用各种调查方式了解情况,从而获得调查的相关资料。整个实施过程中,需要注意以下两个方面:

一是调查工具的合理使用。使用问卷收集资料时,要注意问卷的回收率。有效回收率是影响调查质量的重要指标。有效回收率一般认为应达到70%及其以上,低于这个标准,说明问卷的可利用性较低,难以说明调查问题的真实情况。问卷回收率不高,一般与问题设计有关。美国社会学者艾尔·巴比(Earl Babble)提出过一个简单等级规则:“要进行分析和报告撰写,问卷回收率至少要有50%,达到60%是好的,达到70%就非常好。这些数据都只是概略指标,并没有统计上的基础。”①在访谈时,研究者应本着实事求是的态度与受访者交谈,熟练运用访谈技巧,资料分析时不能用自己的想法代替被访谈者的想法。

二是调查资料的整理。无论运用何种研究工具,收集资料后都需要及时整理。资料整理,首先要对资料进行审核,保持资料的真实、完整;其次,使资料条理化。在此基础上,对资料进行分析。常用的分析方式有定性分析和定量分析,应根据资料的性质进行选择。如果发现资料数量偏少,可以考虑再次进行调查。

3.撰写调查报告

调查结束后,需要对调查结果进行汇报。在写调查报告时应遵循调查报告的写作要求,写作过程中应遵照每部分写作要求进行,重点汇报研究结果与研究结论,详细介绍采用的研究方法,提出具有建设性的意见,以便发挥教育调查研究的作用。

调查研究是一种描述研究,是为研究某个实际问题而进行的有目的、有计划的考察活动。具体实施过程如图 5-1 所示。

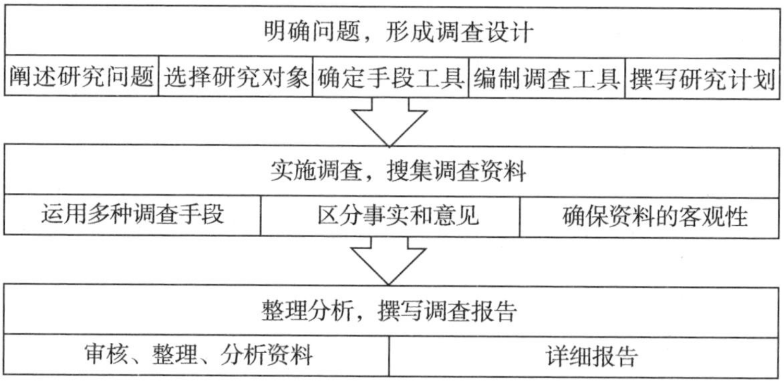

图 5-1　调查研究的基本过程

小学教育研究中有不少用到调查方法的实例。比如,教五年级语文的张老师在阅读课上发现很多学生阅读兴趣广泛,一些学生甚至还讨论网络小说的内容。于是,他想了解学生们的阅读情况,了解学生们看了哪些图书,平时怎么阅读,又如何选择阅读材料。为此,他邀请了语文组的其他老

① [美]艾尔·巴比:《社会研究方法》,邱泽奇译,华夏出版社 2000 年版,第 331 页。

师参与这一问题的探究，研究题目定为“某区小学生网络阅读现状调查分析”。

小学教育一直处在改革与发展中，不同阶段有自己清晰的目标，利益相关者积极参与，主动地适应社会发展。[①] 新时代，应从战略高度改革和发展小学教育，应通过调查了解现阶段存在的问题和挑战，从而积极作为，努力提高小学教育质量。

二、 问卷调查的实施

问卷调查是用问卷或调查表收集信息的一种研究方法，它是研究者把研究问题设计成若干具体问题，按照一定的规则排列，编制成书面的表格，交给被调查者填写作答，然后收回整理、分析，从而得出结论的一种研究方法。

问卷是一种为了统计或调查用的表格，大家习惯把它简称为“问卷”。问卷的质量非常重要，直接关系到收集资料的可用性。那么，首先要搞清楚问卷的结构、问题设计要求、答案设计要求等关乎问卷基本知识的要求。

(一)问卷的基本结构分析

一份完整的问卷一般由标题、封面信(前言)、主体和结束语四部分构成，缺少任一部分都是不完整的。

1.标题

标题是对问卷目的、内容的概括。标题的设计既要准确、具体，又要避免暗示和不良的心理刺激。标题是被调查者首先看到的部分，可以引导被调查者集中注意力思考问卷所涉及的事物和问题，因此应尽量准确、具体地标明问卷的内容范围。如“小学女教师主观幸福感的调查问卷”，直接点明调查女教师，内容是关于主观幸福感的感受。

2.封面信

封面信是写在问卷开头的一段话，又称为“前言”。封面信是向被调查者说明调查目的与要求、调查内容、调查者的身份等的一封短信。它的作用在于引起被调查者的重视和兴趣，消除其戒备心，鼓励其参与或回复问卷。

① 参见阮成武主编：《小学教育概论》，华东师范大学出版社2011年版，第234—244页。

封面信一般包括:调查的目的,调查内容,关于匿名的保证,调查者的个人身份或组织名称,真诚地表示感谢。需要注意的是,调查目的要有针对性,要起到调动被调查者积极性和责任心的目的。调查内容用一句话交代,表述要清晰和真实。匿名保证是告诉被调查者调查是安全的,告知其参与问题回答的重要性。如果问卷需要邮寄,需要向被调查者说明返邮时间和地址。

3.主体

问卷的主体部分包括指导语、问题和问题的回答方式等。

指导语是用来指导被调查者填写问卷的一组说明性文字,其作用是对填表的方法、要求、时间、注意事项等做一个总的说明,帮助调查对象更好地理解如何进行填写。指导语有四种常用类型:关于选出答案做记号的说明,选择答案数目的说明,填写答案要求的说明,答案适用于哪些调查对象的说明。

问题和问题的回答方式是问卷的主要构成部分,问卷类型不同,回答方式也不同。根据问题有无标准答案可以将问题分为封闭式问题、半封闭式问题和开放式问题。有答案选项的问题叫作封闭式问题。有答案选项且有一个其他选项,被调查者可以根据自己的情况选填,这样的问题叫作半封闭式问题。没有答案选项的问题叫作开放式问题。这三类问题一般会同时出现在一份问卷中。

问题的回答形式有多种,常用的表达形式包括两项式、多项式、多选式、排序式、矩阵式、后续式、表格式、量表式,等等。应根据具体问题确定,同时考虑被调查者的实际情况。为便于被调查者回答,问题的答案设计需遵循答案之间无交叉关系,答案表述简洁易懂,答案要列举完整、与问题保持一致性等要求。年龄答案设计是初学者经常容易弄错的。比如,被调查者群体年龄在10—40岁。那么,答案选项应按如下方式设计:选项1.年龄20岁以下,选项2.21—30岁,选项3.31—40岁。假如选项1.年龄20岁以下,选项2.20—30岁,选项3.30—40岁,当被调查者刚好20岁、30岁时,就无法选择,这就违背了答案之间无交叉关系的要求。

4.结束语

结束语在问卷的最后部分,一般情况下,内容是对被调查者的合作表示再次感谢,提出不要漏填或进行复核的请求。也可以提出一个重要问题,用开放式问题征询一下被调查者对研究核心问题的意见和建议。比如,您在使用新的教学方法时遇到了哪些困难?请写在下面横线上。还可以提出

1—2 个关于本调查形式与内容感受等方面的问题。根据多年组织调查经验发现，最后的一道开放式问题很难收集到可用的资料，因此如果想用这种方式结束调查的研究者要花费更多时间思考问题的表达。

（二）问卷设计的步骤

问卷设计是由一系列工作所组成的，它需要经过准备、设计问卷初稿、适用和修改等步骤，最后形成正式问卷。

一是明确研究目的，根据研究目的和假设范围收集所需资料，并确定调查对象。比如，为了了解小学语文教师工作压力情况，从而制定有针对性的解决对策，打算调查滨州市小学语文教师工作压力情况，那么，就要在滨州市各小学教师中选取语文教师。在抽样时，需要考虑滨州市各小学教师队伍的实际情况。

二是列出问卷调查所需研究问题的纲要，确定所要搜集的信息和问卷类型。调查小学语文教师工作压力发展状况，包括语文教师的基本信息、工作负荷、人际关系、学术管理、心理需求、学校管理等方面。

三是围绕主题草拟问题，列出标题和各部分具体项目。围绕“教师工作压力”这一主题，可以设计“工作量”调查的问题，“您一周上几次课?”“您除了上课之外，还做什么工作?”

四是征求有关人员、专家的意见，修订项目。问卷初稿形成后，需要请有关研究者及专家进行论证，然后根据相关研究者及专家提出的建议进行修改问卷。

五是进行预调查。从总体样本中抽取 30—50 人作为施测样本，以检查问卷表述的方式、项目、内容能否被受试者所理解，并计算出问卷的信度与效度。

六是再修订。预调查的结果不理想的话，要继续重新修订问卷，直到符合要求为止。根据预调查反馈，对问卷的项目内容、排列方式加以改进，然后定稿并打印。

至此，问卷的编制工作完成，可以按计划发放问卷，进行正式调查。

（三）问题设计

问题是问卷的核心部分。问题设计直接关系到问卷本身的质量，关系到研究结果的科学性、真实性和可靠性。

问题的形成一般经过以下四个步骤:一是课题分析,提出假设;二是概念具体化,寻找变项;三是确定指标;四是为测定指标编制相应的问题。下面以“少数小学生为什么不喜欢学习?”为例,说明问题形成的过程。

课题:少数小学生为什么不喜欢写作?

假设:有些学生因为读书少而不喜欢写作;有些学生因为语文教学质量低而不喜欢写作;有些学生因为教师不重视写作教学而不喜欢写作。

概念:阅读量、教学水平、教师态度、写作能力。

变项:阅读图书的数量、写作教学的质量、教师对写作的鼓励、写作不达标。

指标:图书类型、图书内容、写作教学不重视、写作教学中不练习写作、教师不批改作文、教师不指导学生进行阅读、作文语言不通顺。

问题:你平时读书吗?最近在看什么书?教师上写作课吗?教师多长时间布置一篇作文?教师批改作文后在全班讲评吗?教师是怎么布置写作练习的?你的作文有错别字吗?写作时不会表达怎么办?

1.问题的类型

问卷中的问题有两大类型。一类是背景性问题,包括调查对象的基本资料,如性别、职业、文化程度、家庭经济状况、地域等一类行为问题,询问调查对象的过去、现在和未来的行为,又叫作“事实问题”。如上一堂课你发言几次?作业能否按时完成?另一类是态度问题,了解调查对象对学习环境、教学的评价、教师的看法等。如你喜欢年轻教师上课吗?你认为这堂课的教学方法合适吗?相比较行为问题,态度问题是想了解调查对象的深层而持久性的认知,从而了解当前教育某一方面的趋势。

2.问题的形式

(1)封闭式问题

封闭式问题是有问题也有答案,根据问题提供可选择的答案,在规定范围内要求被调查者填写。比如,

你是否读过金庸的作品(　)。　A.没有　B.读过

你喜欢看动画片吗?(　)。　A.喜欢　B.不喜欢

(2)半封闭式问题

有时,研究者不能全部涉及问题的答案,或者没有必要列出全部回答方式,常常在可供选择的答案里列出“其他”一项,并让被调查者做出具体说明。它属于折中的问题形式,兼具封闭式和开放式的特点。比如,

你的课余时间用于（ ）。A.读书 B.看电视 C.玩手机 D.听音乐 E.其他______（请注明）

（3）开放式问题

这类问题是研究者只提出问题，不事先列出任何选择答案，被调查者可以根据自己的实际情况自由回答。比如，你能谈一下读金庸作品的感受吗？你对《笑傲江湖》怎么评价？

3.问题设计要求

一份科学的问卷，必须合理、艺术地提出每个问题。如果问题复杂、敏感，或备选答案抽象、笼统，或语言表述含糊、晦涩，都会使被调查者感到无从回答，难以选择，甚至因顾虑、反感而放弃回答，所以在设计问卷时一定要避免这些常见的表达错误，熟练运用问卷设计的技巧，提高问卷的信度和调查的科学性。

问题是用书面语言进行表达出来的，措辞的基本原则需把握住。在表达时，语言要尽量简单明了，不要使用专业术语或较为抽象的概念或不为人熟知的概念。问题设计关系到问卷的科学水平，是问卷编制中的关键一环。因此，在设计问题时必须考虑以下方面。下面仅就初学者在设计问卷时易出现的问题和错误介绍几种对策和技法。

（1）倾向问题中性化

倾向问题是指以了解被调查者的主观态度为设计意图的问卷题目。通过问卷了解被调查者的主观态度和倾向，是问卷的目的之一，也是问卷法的一大优势。但是被调查者的态度随意性、变化性极强，喜欢或讨厌，同意或反对，往往容易受外界信息和近期经历的影响、暗示。小学生上进心强，希望自己具有良好的态度、倾向，这又使他们在回答具有好坏倾向的问题时，极易受表面语言形式和日常教育要求的影响，选择积极倾向的答案。例如，

a.你喜欢现在的语文老师吗？

b.你觉得现在的作业任务很重吗？

对于这种明显带有好坏倾向的问题，最好不要直接提出，可以换一种方式，要让被调查者觉得无论选哪一个答案都与自身的品格、态度的好坏无关。这就是倾向问题的中性化。中性化的方式有三种：一是选择法，提供几种同类倾向供被调查者选择；二是程度法，即用不同的程度代替倾向；三是替换法，即用中性的词汇代替可能产生暗示效果的词汇，如你的语文老师有哪些优点？你平时几点完成作业？

(2)敏感问题平淡化

调查敏感问题也是问卷法的优势之一，因为问卷法不需要署名，有负责保密的承诺。但调查对象可能会因问题本身过于敏感，或者因不了解问卷的原则，或者受倾向性影响，有时会不肯真实回答。例如，

a.你给男(女)同学写过情书吗？

b.你偷过别人的东西吗？

c.你会故意用笔在别人衣服上乱画吗？

敏感问题和倾向问题不同，倾向问题是对主观态度的调查，被调查者需要当场判断答案。敏感问题对客观事实的调查，被调查者对真实答案是清楚的。为了鼓励被调查者真实回答，除在指导语中强调负责保密的原则外，在问题设计时也应讲求策略。可以用间接法，要求被调查者作间接回答；也可以采用从众法，利用被调查者的从众心理，把敏感问题描述成平常问题；还有权威法，引用权威的观点打消被调查者的顾虑。不过，引用权威的观点一定要有根据，要注意避免误导，只有在极其必要时才能使用。上面的问题可以改为：你为喜欢的同学做过什么？你有借过同学的东西不还的行为吗？

(3)多重问题单一化

一道题目应当只询问一件事情，所提供的备选答案没有特殊说明的话，也应当是每个被调查者只能选一个答案，如果一个问题同时涉及多个人或多件事，这就是多重问题。例如，

a.你是否认为现代小学生劳动量偏少，应开始劳动课？

b.你喜不喜欢学校在周五开设的课外活动？

A.喜欢　　B.一般　　C.讨厌

多重问题会使被调查者无从选择，因为问题中所涉及的人或事是多样的，符合被调查者实际情况的答案也可能是多样的，所以多重问题必须单一化。解决多重问题的策略包括排序法、分解法和特指法。

(4)抽象问题具体化

有些问题表面上看能理解，却难于做出准确的评价、判断，如是否“认真”，是否“合理”，因为问题的主体是一些抽象的词；还有些问题是针对一般人不太了解、没有统一的解释、没有明确外延的抽象概念提出的，这些都是抽象问题。抽象问题如果直接提出，被调查者有可能根据自己的理解、猜测或感觉随意回答，也可能因不知道而故意放弃回答。例如，

a.你班有“问题学生”吗？

b.你能和同桌的好朋友玩到一块吗？

为了提高问卷的质量，使问卷的统计结果既能反映事实又能说明问题，就需要把抽象问题具体化。可以采用三种方法改变：一是提示法。对专业词汇和名词概念进行解释、说明。二是情境法。设计一个或几个符合抽象概念的情境，让被调查者选择相应的行为或态度。三是选择法。在提出实质问题之前先列出对抽象概念可能做出的多种解释，让被调查者自己选择。

总之，调查对象能否准确、真实地回答问题是影响教育调查质量的关键因素，而回答的质量又取决于问题的质量，取决于设计问题的技巧。只有经过反复推敲、精心设计的问题，才能吸引、鼓励被调查者的参与和投入，才能为教育调查获取大量真实、具体、丰富的信息。

4.问题的排列顺序

问题的排列是否合理也会对调查对象的回答产生影响。一般来说，问题排列可以考虑以下几个方面的要求。

类别顺序。背景问题、行为问题和态度问题是问卷常用的排列顺序，但也可以把背景问题放在最后，从而减少调查对象对个人基本资料的敏感性。

内容顺序。问题依据内容进行排列，同性质的问题、同一主题的问题可以放在一起。

时间顺序。按照事件发生的顺序排列。可以先问较近发生的事件，再问较远发生的事件，方便调查对象回答。如果先问早些时候发生的不开心或小的事件，调查对象需要去回忆，这会影响他们答题的心情。

理解顺序。按照调查对象理解的难易程度排列。一般性的问题放在问卷的前面，特殊问题放在问卷的后面；调查对象比较熟悉的、容易的回答放在前面，生疏的、不好回答的放在后面。这样的安排符合调查对象的认知规律。

（四）问题回答的设计

问题回答设计是针对封闭式问题而谈的，答案设计需符合语义清晰，无包含关系，备选项穷尽、符合题意等要求。问卷中常用的几种回答方式如下。

1.两项式

回答方式只有两个选项，典型形式有“是、否”两种选择，适合互相排斥的二选一的定性问题。例如，

你是否喜欢教学工作？　A.是　　B.否

你愿意参加书法班吗？　A.愿意　　B.不愿意

2.多选式

答案数量较多，被调查者可以在其中自由选择几种，适合几种互不排斥答案的定性问题。例如，

你喜欢下列哪些科目？

A.语文　B.数学　C.英语　D.生物　E.地理　F.历史　G.体育　H.信息

3.排列式

先把问题的答案列出，要求被试根据一定的标准排列出它们的顺序，这种回答方式，比较适用于要表示一定先后顺序或重要性的定序问题。例如，

你周末一般喜欢做什么(按照喜欢程度由高到低排列)？

A.购物　B.睡觉　C.看书　D.看电视　E.聊天　F.去公园　G.上网

4.量表式

将答案列出等级，要求被调查者选择一个符合自己的。这种回答方式比较适用于表示意见、态度、感情的等级或强弱程度的定序问题。例如，

你认为班主任平时对你们怎么样？

A.很严厉　B.有些严厉　C.严厉　D.有些宽容　E.很宽容

5.多项式

答案有多个选项，但是只能选择一项符合调查对象情况的答案。这种回答方式，是封闭式问题常用到的表达形式。例如，

你的年龄：A.20 岁及以下　B.21—25 岁　C.26—30 岁　D.31 岁及以上

6.相倚问题

前后两个相连的问题中，被调查者是否回答后一个问题，由他回答前一个问题的结果来决定。为了使问题适合每一位调查对象，这类问题在设计选项时应尽量全面。

你有弟弟或妹妹吗？A.有。接着回答下一题。　B.没有

请问有几个？

A.1 个　B.2 个　C.3 个　D.4 个及以上

(五)调查问卷设计的步骤

1.明确问卷调查研究问题与目的

设计一份问卷,第一步要熟悉和了解问什么,不问什么。研究者可以通过交谈、观察的方式与相关对象进行沟通,根据他们的回答设计问题的答案。

2.确立问卷调查的维度

根据研究假设和查阅文献确立概念的维度。对确立的概念进行具体描述,下操作性定义,分解成一个个小概念。

3.编制题目

按照风笑天教授的理解,先画出问卷各部分之间的框图,然后设计每一部分的问题及答案,最后根据回答者阅读和填写问卷需求,对所有问题检查、调整,形成问卷初稿。[①]

4.预调查、定稿并印刷

问卷初稿完成后,需要对初稿进行预先调查,检验问卷的信效度。一方面,先交给和被调查对象差不多的一些人去调查,认真分析调查结果,找出问题并进行修改。检查和分析的内容有四个方面:回收率、有效回收率、填写错误和填答不完全。另一方面,直接把问卷初稿送给该领域的专家,请他们提出具体意见。

根据专家和试用调查者的反馈修改初稿,最后定稿。印刷时也要小心,注意排版和格式,反复检查后用于正式调查。

5.问卷的信度和效度

信度和效度是衡量研究质量的核心指标,定量研究的质量就看这两个指标。信度是指测量工具的可靠性。问卷的信度取决于组成问卷的每个问题,问题设计不当,多次测量的结果会不一致。信度一般借助重测信度、复本信度、折半信度、内部一致性系数进行估计。效度是指测量工具的有效性。问卷中的问题有时候指代内容范围偏小,就无法反映测量目的,这就说明效度低。选项的设计不全面、级别划分与样本分布差异较大、直接使用前人的量表等,也会影响测量的效度。测量工具的效度是对普通效度的具体化,测量工具效度高的话,那么在表面效度、内容效度、构造效度和标准参照

① 参见风笑天:《社会研究方法》,中国人民大学出版社 2021 年版,第 166—167 页。

效度等方面也应该水平高。

信度与效度两者既有联系又有区别,从表面效度和内容效度上看,信度高效度不一定高,效度高信度也未必高。从构造信度和标准参照效度看,信度高效度不一定高,但效度高信度一般也较高。① 实际上,信度和效度的高低是相对的,没有绝对的质量标准。比如"学习投入"情况的调查,这个项目是从国外借鉴过来的一种新的教学模式,对那些制度成熟的学校就不能提笼统的问题,如"学习投入怎么样"。而对于没有开展的学校就不能提太过于具体的问题,像"学习投入如何评价"等。

与信度和效度相对的概念是测量误差,测量误差包括系统误差和随机误差。其中,由测量工具的信度和效度带来的是系统误差,抽样过程、被试、测验环境的随机因素带来的误差是随机误差。这些误差可以借助统计软件进行完成,提高工具编制水平可以降低系统误差。

此外,信度和效度同样适用于整个研究过程,实验研究会讲到这个问题。任何研究都注重研究结果与研究问题高度相关,信度和效度是研究者应重视的两个指标。

三、 访谈调查的实施

教育调查研究除了用书面语言收集资料,还可以用口头语言收集资料。访谈调查,是研究者访问被调查者并且与其进行交谈和询问的一种活动。与日常谈话不同,访谈调查是一种研究性交谈,是研究者通过口头谈话的方式从被调查者那里收集第一手资料的一种研究方法。

(一)访谈调查类型②分析

1.根据访谈问题有无结构划分

(1)结构性访谈

结构性访谈又称标准化访谈或控制式访谈,它是以标准化的问题提问,要求受访者在预定的项目中选择答案,从而严格控制访谈内容的调查方式。

结构性访谈要求调查者事先制订详细的访谈计划,编制好并熟记谈话

① 参见张红霞:《教育科学研究方法》,教育科学出版社 2013 年版,第 224—225 页。

② 参见江芳、王国英主编:《教育研究方法》,华东师范大学出版社 2011 年版,第 147—148 页。

提纲。访谈时，提问应像平时谈话一样自然，而问题又要完全与提纲一致。对被访谈者的答案，应准确及时地记录原话，有时被访谈者答非所问或脱离话题，则需要自然地引导他的注意力回到主题上来，再追问前面的问题。如果问题较少，被访谈者注意力不易集中或容易紧张(如低年级学生)，也可以暂不做记录，待访谈结束后及时补记。

结构性访谈的调查结果，可以归类统计，进行适当的量化分析。有时被访者的原话也可以作为描述分析的材料。采用哪种分析方式，视收集资料类型而定。

(2)无结构性访谈

无结构性访谈又称非标准化访谈，这种访谈是围绕一定的目的进行的，但问题的内容、顺序、用语均可由访谈者随时改变。

在进行无结构性访谈时，访谈者设法取得被访者的信任与合作，鼓励被访者自由而完全地谈论对有关问题的意见和思想。研究者要掌握提问的方法，或直接，或间接，或迂回，根据被访者的个性特征、地位、水平进行提问。当回答内容偏离问题时，应巧妙地把话题引回主题，但要始终保持谦虚礼貌的态度，采取共同讨论的方式，引导受访者主动讲出他对问题的理解。

无结构性访谈的调查结果，收集的是文字性资料，不宜作量化分析，而是运用定性分析的方法对问题做深入细致的研究。

2.根据访谈是否借助中介划分

(1)直接访谈

直接访谈是指访谈者与受访者进行面对面的交谈。在了解受访者的思想、态度、情感和其他各种情况的同时，研究者还能亲自观察受访者的有关特征和他们在访谈中的许多非言语信息，从而加深对谈话内容的理解，有利于判断访谈结果的真实可靠性。

(2)间接访谈

间接访谈是访谈者通过一定的中介物与受访者进行的交谈。目前，间接访谈的主要方式是电话访谈和网络访谈。这种方式收集数据资料时间快，研究费用少，对于不适合面谈的问题是不错的选择。

(二)访谈调查的运用

访谈是一种社会交往过程，研究者与研究对象之间存在着社会互动关系。访谈的资料正是在这种互动过程中得到的。访谈的成功与否与研究者的谈话艺术密不可分，并且还需要遵循一定的程序。

1.访谈开始前的准备工作

研究者应先向受访者澄清访谈的动机和目的。在访谈对象选定后，要尽可能充分了解被访谈者的个人情况，例如其性别、年龄、职业、文化程度、经历、特长、当前的思想状况、身体状况和精神状况等，这是与访谈者建立良好的交谈氛围不可缺少的环节。然后还必须初步确定访谈的程序表，对访谈时间和必要的工作进行合理的安排，主要包括：访谈前阅读相关的文献资料，对访谈中可能出现的特殊事件或特殊人物应当做事先准备，包括被访谈者应如何安排，如何与其联系；访谈地点和时间的选择；访谈时怎样进行控制等，对可能出现的问题也要事先做出估计并提出相应的防范办法。此外，还要准备访谈记录必需的工具，如纸、笔、调查表格、照相机、录像机、计数器等。

2.进入访谈

这是访谈的开始，研究者接近被访谈者时，先要做自我介绍，然后说明来访的目的和进行此项研究的原因，并请求受访者的支持与合作，告诉被访谈者他是如何被挑选出来的，必要时可以向被访者声明他的谈话我们会给予保密。这一阶段的主要目的是消除双方的隔阂，营造彼此信任、畅所欲言的气氛。要尽量避免如下一些情况：一是生疏感，这会使双方感到拘谨，相对无言，同时也要避免出现明显的距离感；二是被访者以各种原因搪塞或拒绝配合，研究者由此产生怯场和急躁情绪；三是研究者与被访者地位不平等而产生的不自然感。为此，在转入正题之前，可以先谈谈被访者较为熟悉的内容，激发进一步长谈的兴趣。比如可以谈论他的经历、职业、家庭和个人兴趣等。然后，详细说明所要访谈的具体内容，提出第一批问题，开始时要切忌提问一些大而空的问题。如果初次见面在不熟悉的情况下询问被访者比较难以回答的问题，被访者可能对将要开始的访谈产生戒备心理，不愿意配合，访谈陷入僵局，继续开展深入的访谈就会变得异常艰难。

3.访谈的控制

访谈过程是研究者提问的过程，提问的成功是访谈顺利进行的关键，但访谈过程中提问者的举手投足、音容笑貌都有可能影响到被访者的情绪和思路。因此，合适的提问与合适的表情是控制访谈的两个主要手段。

(1)题目控制

首先，题目转换。访谈时，被访者有时会偏离主题说一些不着边际的问题。这就需要访谈员转换话题，引导被访者回到开始的主题中来。话题转换时，避免语言粗鲁，不应该说“你说的这些与所谈主题没有关系”“你的回答不全面”之类的话，这样会使被访者觉得尴尬，从而对访谈产生抵触情绪。为避免这种局面，可以采取归纳法，将被访者谈的无关宗旨的话题加以整理后说：“你的上述谈话不无道理，很有见地，接下来，我们谈谈有关片面追求升学率的问题。”先肯定对方说话的价值，用过渡句巧妙地转换问题。也可采用提要法，即从被访者所谈的不切主题的谈话内容中选取一两句与主题有关的话进行提问，如“你刚才谈的学生越轨行为增多的原因是什么？”

其次，对问题连续不断地提问。被访者言辞模糊、词不达意时就要追问下去，促使被访者做更为充分的回答；当回答的观点前后相左或支离破碎、缺乏完整性时，更需要追问。追问有多种方式：正面的方式即正面指出回答不彻底、带有歧义、较为模糊的地方，要求对方作进一步的回答；侧面的方式是转换提问的视角，从不同立场或提法追问相同的问题；中立的追问，美国社会学家贝利认为一个中立的追问包括：一是复述问题。被访者理解出现偏差而搪塞问题时，应再复述问题让受访者再次回答。[①] 如“再说说您对双减的理解？”二是复述回答。当提问者不能准确理解被访者的回答时，可复述被访者所作的回答，便于回答者与提问者确认对问题作了正确的理解。如“您也反对分科教学，认为核心素养培养需要跨学科知识。”表现出理解和关心。提问者认可对方回答的表情或语言，激发被访者继续谈下去。三是停顿。如果觉得被访者回答不够全面，提问者稍作停顿，表示耐心等待他继续谈下去。提出中立的问题。比如，提问者可以问“你谈的这个问题有什么含义吗？”或“你再多作些解释好吗？”等。

最后，恰当地发问和插问。访谈过程中问题提得恰当与否及发问的时机适时与否都对访谈的效果有直接影响。研究者要灵活处理具体情况，要学会适当的发问和插话，要审时度势捕捉时机，寻找适当的问题使访谈能够深入进行下去。当被访者为掩饰自己内心的活动一味地谈一些较为表层化的问题时，提问者就可以阐述一些与具体问题有关的结论，征询他的意见并委婉地要求被访者陈述原因。可以问：“有人认为要取消现在高考语文命题的标准化形式，考试只考作文。您认为可行吗？能不能谈谈您的理由。”

① 参见荆玲玲主编：《社会研究方法》，哈尔滨工程大学出版社2016年版，第133页。

(2)表情的控制

访谈是人与人之间的一种近距离接触，是人与人之间语言与表情复合双向的互动过程。在访谈过程中研究者要始终如一地保持礼貌、谦虚、诚恳和耐心，和颜悦色、不卑不亢。尤其要注意以下两点：一是表情到位。任何被访者都希望对方注意他的谈话，倘若对方面无表情、沉默寡言，可能会产生紧张感，影响对问题的回答质量。二是用表情牵制被访者的谈话，要与被访者的情感波动保持一致，对受访者的谈话表示出情感共振。

4.结束访谈

访谈结束时要把握两条原则：一是访谈时间应控制在1—2小时，不宜太长。二是要选择适当的时机结束谈话。例如，有时被访者谈性正浓，有许多重要的话在嘴边打转，一旦转向开口谈别的话题，这时访谈者待机插话，即可圆满结束访谈。有时候双方都极度疲乏，谈话不着边际，这时应立刻结束谈话。为了确保访谈的主题完整，在结束时应问被访者："我们还有哪些问题没有谈到吗？""对这个问题，你还有什么看法吗？"访谈结束时，需要约定下次访谈的时间，可以询问受访者"还有问题需要和您交流，您下次什么时候有空？"每次访谈结束时，都要对被访者表示感谢。

5.访谈记录

访谈过程中必须要对谈话的内容及时记录。记录的方式分为当场记录和事后记录两种。当场记录是一边访谈一边记录，记录需要经过被访者的允许。其优点是资料完整，不带偏见，但忙于记录则可能遗漏对方的表情、动作所表达的信息。过分详细的记录可能会遗忘要点，本末倒置。不仅如此，伴随的紧张还会抑制访谈中思维的正常展开。事后记录是在访谈结束后凭借记忆进行的记录，这可以使访谈者与被访谈者的互动顺利进行。但访谈者有时会受本身的兴趣制约而记录自认为重要的话，而被排除在外的信息可能会在短时间内消失。为此访谈者要训练记忆力，并且拿捏一些访谈技巧。

(三)访谈信效度的自我检测

访谈的效果和进程很大程度上受访谈双方社会心理因素的影响，这种影响分为正面影响和负面影响。访谈人员需要掌握这些要领，充分发挥助力作用，以减少阻力，应熟练运用访谈的提问、回应、记录的技巧，圆满完成访谈任务。

1.访谈的阻力

从受访者的角度来说，访谈时间不合适，访谈内容有威胁，或伤及情感，或虚假言论等，这些都是访谈的阻碍因素，会影响访谈的正常进行。

2.访谈的助力

访谈的助力是从受访者回答问题的层面来谈的，包括访谈内容丰富，受访者理解研究目标和要求、得到尊重、愿意分享经验、得到奖励等，这些都能促使受访者接受访谈。

四、 文献调查的实施

（一）文献调查的理解

文献调查又称为"文献研究""文献分析"。文献调查搜集、鉴别、整理文献资料，形成对事物的认识。文献调查的提出问题、收集资料、形成结论的过程与其他方法没有本质区别。文献调查的调查对象是文献，文献分布广泛且存在真伪，因而不比问卷调查和访谈调查容易。

（二）文献调查的实施

文献调查的设计可以采用点设计、横向设计和纵向设计。[①] 点设计是研究对象及其相关事件处在一个时间节点上，即现状研究。如"双减"政策推行后，A 小学的教育质量有何变化？如果了解某个地区小学教育质量的变化差异，就成了横向设计。横向设计是对几个相互联系的总体同步取样并对比。如利用校史馆文献资料研究一所办学历史悠久的小学，分析教育与文化的关系，这是一项纵向设计。纵向设计是对研究问题的时间变化特点或事件背后规律的追踪探究。

从研究设计过程来看，文献调查与比较研究、历史研究有很大相似性。其灵活性较强，即使后期调整研究设计，也要比问卷调查、访谈调查操作相对容易，只是补充新文献、重新收集资料而已。

---

① 参见张红霞：《教育科学研究方法》，教育科学出版社 2013 年版，第 258 页。

（三）文献调查的资料收集

文献调查通常使用第二手资料，如历史研究中转引他人的资料分析结果，比较研究中引用别国数据与本国比较。研究者在使用这些文献资料时，需要加以甄别，去伪存真。这类调查研究可以同时使用一手资料和二手资料，也可以全部使用二手资料。特别是利用数据库进行研究成为某些学科的趋势，教育类数据也在不断积累中。

选取文献要考虑文献的权威性和适切性，根据研究问题选择合适的抽样方法。如果是定性研究，需要详细阐述文献的选择过程和标准；如果是定量研究，总体比较大的话，需要考虑随机抽样。如某一主题的阶段性研究，可以抽取发表在主要期刊上的文献进行研究，也可以利用数据库对某一类文献进行多次抽样。

（四）文献调查的资料分析

文献调查的资料分析可以是定性分析，也可以是定量分析。值得注意的是，我们很容易将它与文献综述看成同一个事物。两者根本上的差异是，综述不需要获得新的知识或新的发现，文献调查正好相反。比如，2022版《义务教育阶段语文课程标准》中提到大单元设计这一概念，如果仅仅梳理大单元设计的效果或操作等，这是文献综述。但如果是对各学科使用大单元设计进行对比分析，就会发现学科特点影响大单元设计的效果，这属于文献调查的范畴。

五、调查研究的应用

（一）调查研究的理论设计

调查研究的目的是进行描述研究，常用来解决的问题具备这样一些特点：一是关注事实。研究者关注的是正在发生的客观事实。尽管问卷中会设计让被调查者回忆过去的问题，但数量不能太多，几道题目即可。二是关注变量之间的关系。研究者关注的变量数量较多，需描述变量之间的相关关系。

不同时空尺度的设计，包括点设计、横向设计和纵向设计。其中，点设计是研究对象及其相关事件处于一个时间节点上，双方处于共时状态。横向设计是对几个不同性质但相互联系的总体同步进行对比研究。比如，研究处在农村和城市两地的小学教师的工作压力，结果发现农村小学教师工作压力来自教育资源的匮乏，城市小学教师工作压力来自家长群体和事务性工作。还可以对同一问题相关的利益群体进行分析，得到的观点相互印证。纵向设计是指研究者关心研究问题的时间变化或规律，又分为趋势研究、群体研究和小组研究。研究者根据研究对象变化的时间、速度等收集资料，分析引起变化的原因。

（二）调查研究的应用

调查研究在小学教育领域使用广泛，一方面适合了解小学教育某方面的现况，另一方面适合就某一问题进行描述并提出相应的建议。调查工具的编制是否科学，关系到资料收集是否完整和真实。下面以一份调查问卷进行说明。

小学青年教师教学能力调查问卷编制[①]

各位老师：

你们好！我们正在进行小学青年教师教学能力的调查，目的在于为学校制定合理的教师教学能力提升政策提供科学依据。您的意见将会成为政策制定的重要依据。本调查采取匿名方式，调查结果不涉及具体的个人，请您放心填写。感谢您的支持与合作！

（单位/签名）×××

×年×月×日

1.请对青年教师的教学能力作出评价，在右侧方框内用“√”标出：

题项	评价				
	极不符合	不太符合	一般	比较符合	非常符合
能将知识讲解与提高学生能力紧密结合					
能有效安排教学内容，合理选择利用教材					
能根据课程要求灵活地运用多种教学方法					
能利用各种教学资源，为学生创造良好的学习环境					

① 节选自自编《小学青年教师教学能力调查问卷》的部分内容

续表

题项	评价				
	极不符合	不太符合	一般	比较符合	非常符合
注重师生互动，讲解深入浅出					
常常对教学中遇到的问题进行深入的思考					
善于寻找课堂问题出现的原因，并努力解决					
常常和同事交流，改进教学					
公开展示和发表教研成果					
积极推进现代教育技术在教学中的科学应用					
把自己的研究成果融入教学内容中					
能在课堂管理中运用一些科学管理策略					
了解学生，清楚学生的兴趣和追求					
因材施教，形成了自己的教学风格					

2.请对促进青年教师教学能力的教师层面机制作出评价，在右侧方框内用“√”标出：

题项	评价				
	很不符合	不太符合	一般	比较符合	非常符合
喜欢教学，愿意精心教书，潜心育人					
不会因为教研压力而轻视教学					
经常阅读教学类专业期刊和书籍，观摩优秀视频					
经常对自己的课堂教学效果进行反思					
经常与同事交流教学中存在的问题和教学经验					
遇到教学问题，会请教校内优秀教师					
积极加入教学团队和教学项目小组					
经常通过网络与同行交流教学的心得和体会					

3.请对促进青年教师教学能力的学校层面机制作出评价，在右侧方框内用"√"标出：

题项	评价				
	很不符合	不太符合	一般	比较符合	非常符合
教学名师和优秀教师的"传、帮、带"的作用明显					
同行之间相互听课和评课的效果较明显					
学科组组织的各项活动对青年教师很有帮助					
教学督导的反馈信息及时有效					
学校提供讲座、课堂录像、电子教学资源					
各类教学比赛项目激发青年教师深入开展研究					
提供外出考察、参加教学会议等机会					
重视教学，不断强化教风，规范教学管理					
定期组织的观摩课、讲课比赛等方式起到引领作用					
到校内外观摩、学习、交流、合作的机制比较健全					

问卷到此结束，感谢您的支持与合作！

上述问卷借鉴学者编制的教学能力发展问卷①，同时结合小学教师发展情况进行编制。调查过程中，合理组建调查团队，建立监督和管理制度，保证调查工作顺利开展。

案例调查小学教师对自己的教学能力认知情况以及两个因素对自身发展的影响情况，答案设计用五级李克特量表。李克特量表级别有三级、五级和七级，级别越多说明程度分得越细。上述问卷涉及内容较全面，能反映出教师教学能力评价水平。但是在个别题目上，如"公开展示和发表教研成果""提供外出考察、参加教学会议等机会""遇到教学问题，会请教校内优秀

① 参见熊华军：《高校青年教师教学能力发展研究》，科学出版社 2018 年版，第 169—170 页。

教师”等类似问题，在含义上存在多重性，公开展示教研成果，像公开课、校内教学比赛、学科组内听课等都可以算，但是发表的话难度就大了，很多教师没有发表成果。请教校内优秀教师，那么优秀教师的标准是什么，可以说每个学校都不同，这样问卷收集的这方面资料就存在偏差。还有，普通教师很难有外出考察的机会，参加的教学会议可以是校内举办，也可以是校外举办，普通教师可能参加教学会议，但是不一定能有机会外出考察。

调查研究的应用最终以研究报告的形式呈现出来。研究报告中数据整理与资料收集与分析方法是一致的。以问卷调查数据解释为例，包括三个层次：描述统计；解释相关关系；建立因果模型。① 描述统计是第一个层次，对于研究者来说成文较为简单。这部分是对变量之间关系的初步描述，如用百分比、平均数、频数等进行基本数据的呈现。一般情况下，调查数据显示的是相关关系，不是因果关系。尽管两个变量之间可能存在第三个变量，这里的第三个变量相当于没有控制好的干扰变量，简单判定为因果关系，但不是真正意义上的因果关系。因此，在统计分析时，确认变量之间的相关关系或因果关系时，要仔细分析两个变量背后的影响因素，先确认相关关系是否成立，再分析证明因果关系的解释被排除。如上述问卷中教师自评、个体支持和学校支持与教学能力的关系调查，显示学校支持对青年教师的教学能力提升具有促进作用。如果据此推断学校支持力度越高，青年教师的教学能力越强，就会让读者质疑，青年教师教学能力的高低是由青年教师自身对教学的认知、素质不同而导致，并非学校支持问题。那么，就要提供证据说明不是教师自身因素导致。如果问卷中题目包含了教师自身因素的测量，可以用统计方法控制它的干扰作用，否则就要寻找其他证据。这里还可能有这样的影响因素：青年教师对教学的投入。受科研至上导向影响，经过系统学术训练的青年教师们较少把精力放在教学上，只有对“教师自身素质”和“教师投入”两个变量进行控制后，才能对学校支持与青年教师教学能力之间关系的原因进行解释。

这就告诉我们，当发现两个变量之间的相关关系时，还要进一步寻找与它们有关的第三个变量，借助第三个变量的值的变化，检验相关关系的程度，也可以用第三个变量说明它们之间的因果关系。当然，不一定都需要寻找第三个变量，相关关系非常明确时，不需要加入第三个变量进行探讨。

---

① 参见张红霞：《教育科学研究方法》，教育科学出版社 2013 年版，第 246—248 页。

关于分布与原因的阐释也是值得注意的问题。在上述研究中，我们发现女性青年教师教学能力普遍好于男性青年教师。对此不可表述为“性别是教学能力提高的一个影响因素”，而应该表述为“青年教师在性别上的分布差异显著”。性别和教学能力之间有潜在的第三个变量——男性的先天特征。但是，不可能因为教学能力提升，让男教师不当教师，或者改变性别。也就是说，有机变量不是原因变量，在实验研究中也需要将自变量与有机变量区别开来。

调查报告建议部分一般习惯对研究结果的推广性进一步解读，这就要注意样本与总体的关系。样本与总体之外的群体则没有关系。如青年教师教学能力的研究结果不能完全推广到中年教师群体，尽管有一些共同特征，但是中年教师是由青年教师转变的，不代表教龄越长，教学能力越高。还有调查单位的概念外延，也是解释经常可能出现的错误。调查的是某地区小学青年教师教学能力，结果是城市小学青年教师教学能力较强，这里的调查单位是学校所在地，而不是这一地区教师来源于城市，不能解释为城市青年教师教学能力强于农村青年教师。

访谈资料解释更应该尊重受访者的意愿和实际情况，不能过度解释。在调查中同时询问青年教师就学校支持的看法，一位老师讲到“我不管学校怎么支持，我只管上课”。那么，这位受访者不在意学校的支持措施吗？显然不是，他是回答自己在认真履行教师的职责，可能学校支持对他来说是锦上添花，也可能他对学校支持已经失去信心，或者两者兼有。这时联系受访者说这句话的上下文进行分析，要从受访者的个体特征、教龄、他的人际关系等多方面综合考虑，然后做出判断。

本章小结

调查研究是小学教育研究中使用最为广泛的研究方式，它因收集资料的工具多样而被研究者钟爱。实际上，它不同于日常生活中的了解情况，具有明确的调查目的，工具使用也必须符合要求。特别是工具编制与运用，有很多值得研究者注意的地方。调查作为一种研究活动，它的优缺点时刻都要考虑，这样便于协调工具的使用。掌握调查研究的基本过程，在研究目的明确后，选取合适的研究对象是很重要的。在其他条件不变的情况下，调查研究的精确性对样本规模的要求越大越好，这意味着研究者将为此付出时间、人力、经费等方面的代价。所以，它不是想象中的那样信手拈来，而是一样具有规则。再者，问卷信息来自被调查者的自我报告。只有被调查者如实报告自己的实际情况，所得资料才能用来反映社会现象。但不排除这种情况：自我报告与真实情况有可能存在一定距离。这是因为，一是自我报告隐含着假定，尤其是含义越是广泛、指称越是笼统的问题，被调查者之间的理解差别越大。二是说的和做的是否一致。问题涉及假定情况时，被调查者说的和做的可能之间存在很大的差距。调查结果解释也是一个不小的挑战。调查收集的主要是某个时间节点上的资料，说明的是事物之间的相关性，不是因果性。两种解释之间还存在一定距离。调查中研究者所做的只有对变量的测量，是围绕变量之间的关系进行的。调查中的因果推断过程是通过总体中已存在的变化进行严格比较，进行间接的推断。但是，在最终的分析中，这种相关可能受到没有测量的因素影响。

第六章　实验研究与小学教育

小学教育研究不会满足于对小学教育现象一般状况进行的描述。教育科学借鉴了自然科学的实验方法，当发现多种教育现象之间存在着紧密联系时，往往会用实验去探索多种教育现象之间的联系。

一、 实验及其逻辑

（一）实验及基本要素

实验的定义很多，基本上离不开变量、控制、因果关系等这些词语。有学者认为，实验是在控制条件下，一个或更多的独立变量受到控制，建立起来的因果关系在不同情境中受到检验。[①] 风笑天教授认为，实验是精心设计的，在高度控制条件下，通过操纵某些因素，研究变量之间的因果关系。[②] 这些定义都具备实验活动的基本特征，为此，本书立足小学教育，将教育实验定义为研究者在实验过程中，通过引入一个变量（教育因素），以观察、分析它对另一个变量（教育因素）产生的效果。

任何一项实验都具有三对基本要素，即自变量与因变量，前测与后测，实验组与控制组。其中自变量与因变量在前面章节已有论述，在这里，自变量又称为“实验处理”或“实验刺激”，研究者在实验中操纵引入的变量，实验目的是考察实验处理对因变量的影响。通常情况下，一项实验进行前后两

① 参见[德]P.阿特斯兰德：《经验性社会研究方法》，李路路、林克雷译，中央文献出版社 1995 年版，第 164 页。

② 参见风笑天：《社会研究方法》，中国人民大学出版社 2021 年版，第 135 页。

次相同的测量。在接受实验处理前进行的测量称为“前测”，接受实验处理后进行的测量称为“后测”。通过比较前测与后测的结果，来推断因变量的变化是自变量变化所引起的。实验设计中接受实验处理的一组称为实验组；其他方面相同，不接受实验处理的一组称为控制组。最简单的实验设计，至少有一个实验组。实验结果是对两组的变化进行分析，从而验证实验处理与因变量之间是否存在因果关系。

（二）实验的逻辑

自然科学中，为了证明假设，先是对因变量进行测量，引入实验处理后再对因变量进行测量，比较两次测量结果。当实验验证了自变量与因变量之间的因果关系后，可以初步判断自变量自身变化导致因变量发生变化。如教材与成绩、教学方法与成绩等，这是实验过程的基本分析逻辑。

小学教育研究中实验比自然科学要复杂得多。按照事物处在联系中的观点，要说明两个或两个以上事物存在因果关系，就要排除其他各种因素对因变量影响的可能。那么，增加一个控制组。这个控制组也接受实验前后两次因变量的测量，在两组“相等”情况下，通过前后测量结果判定因果关系。这就是实验研究的基本逻辑。在此，需要理解刚才提到的“相同”条件，那么，如何保证实验组和控制组的对象相同？如果两组的对象不同，测量的结果是不能比较的。此时，通过前后测量结果进行验证因果关系，就需要考虑实验处理外其他影响因果关系的因素。比如，小学教育领域里不少名师对教学方法进行创新，提出一种不同于传统教学理论的方法。这一方法的产生往往与实验密不可分。普通教师在自己的教学中运用这种新方法，希望新方法是学生语文成绩提高的关键因素。于是，选择两个各方面情况差不多的平行班进行实验。实验开始前，对选定的两个班级分别进行相同内容的语文测验，然后再随机指派一个班级为实验组，接受新方法教学，另一个班级按照原来的教学方式教学。两个月后，再对两个班级进行相同内容的测试，并对测量结果进行比较。如果两个班级的成绩差距较小，说明新方法没有起到作用；如果只有实验组成绩提高，或者两组成绩都有很大提高，就可以说新方法对学生成绩提升产生了作用。

二、教育实验的概念

从教育的发展史来看,教育实验是新旧教育学区分的标志,德国实验教育学创始人梅伊曼和拉伊认为,实验是教育学的常态。教育实验法是教育研究的一个重要方法。通过教育实验研究,能进一步探索教育规律,验证和检验研究假设。实验法本身是一种集观察、测量、统计和理论陈述于一体的综合性的研究方法。当它运用到教育这一特殊的实践活动领域,并成为教育研究的一种基本方法时,实验法便具有了一些不同的特点和实施规范。小学教育领域的教学模式、教学方法不少脱胎于实验研究的结果。

(一)教育实验研究的含义与性质

教育实验研究是研究者按照研究目的,通过引入一个变量,观察另一个变量的变化,从而验证假设探讨教育现象之间存在因果关系的一种研究方法。[①] 从概念表述来看,教育实验研究不同于教育调查研究的相关关系,而是验证变量之间的因果关系。为了验证因果关系,研究者必须人为地去设计研究条件,而不能仅在自然状态下收集资料。

教育实验与纯粹的自然科学实验不同。教育实验的研究对象具有特殊性,不可能像自然科学实验那样严格地控制或改变某些条件,因为教育活动中的许多因素往往难以严格控制,这些就增加了教育实验的复杂性。无论是什么样的教育实验,它都具有以下四种性质。[②]

第一,教育实验有一定的理论假设。理论假设是实验研究问题的核心,是实验设计的出发点,同时还是实验进程和结果解释的依据。在"采用演示操作结合法有助于提高学生科学实验的能力"中,该课题就指明了实验设计需考虑教学方法是自变量,科学实验能力是因变量。实验假设主要有三个来源。一是对权威意见的怀疑或反驳;二是对日常生活中某些共识或模棱两可的意见的批判性考察;三是对已有的试验研究假设及研究结论的模仿。例如,一种教学方法与学生能力发展有何关系?师生关系对学生能力发展有哪些影响?培养学生的主体性要进行什么样的教育活动?围绕这些问

① 参见裴娣娜:《教育研究方法导论》,安徽教育出版社 2018 年版,第 244—245 页。
② 参见裴娣娜:《教育研究方法导论》,安徽教育出版社 2018 年版,第 244—245 页。

题，可以提出多种理论假设。这些假设是这些问题的设计方向。

第二，教育实验需控制某些条件。实验目的是比较两种教学方法的优劣，那么就要设立对照班，使两个组的其他条件尽可能保持均衡。这样就可以将可能影响因变量的力量均分，比如同一位教师上课、学生学习水平、教学内容、教学时间等，否则难以说明导致两个班学生学习成绩不同的真正原因。

第三，教育实验需揭示变量之间的因果关系。在研究问题的基础上，提出理论假设并以此来设计教育实验，自变量与因变量的关系明了，自然规范实验的进程和结果的解释。例如，阅读教学、自学辅导法等不同方法与提高学生英语阅读能力有何关系，开设思维训练课与学生思维能力培养有什么关系，多媒体教学与学生学习成绩有什么关系等。

第四，教育实验需改变某些教育要素的状况或教育条件。小学生的发展受制于其生存的文化发展，对小学生来讲，文化需要一次身心发展的中介转换。[①] 也就意味着，实验需要改变文化的结构。教育实验中所要改变的教育要素或教育条件，一般涉及改变教学模式、教学方法、教材、师生关系状况、课程结构、德育方式、班级管理方法、班级规模等。而这一切都是在实际的教育情境和教育活动中体现的。探讨比较多的是教学方法与学习成绩的关系，可能发现学生的学习能力是关键因素，那么就需要控制学习能力这个因素。

（二）教育实验研究的特点

教育实验研究作为一种研究方法，在研究目的、研究对象、研究过程等方面，具有自身的特点。

1.教育实验的研究对象具有特殊性

教育实验的研究对象不是静态的自然事物，而是渗透着复杂的关于人的因素的教育活动，其一直处于变化之中。由于教育实验研究对象的特殊性，教育实验法具有与自然科学实验方法、教育研究的其他方法明显不同的特性。

第一，教育实验是在一定的社会关系和生动的教育情境中进行的，具有强烈的社会性。教育实验无论是验证何种目的，都离不开与活动的主体、客

---

① 参见张永明、曾碧：《小学教育学基础》，北京大学出版社 2013 年版，第 66—67 页。

体打交道。

第二,教育实验是一种充满了情感、思想和教育价值观的研究活动,表现出研究者和被试者的积极主动性。实验过程中需要主试与被试积极配合,如果大部分被试中途退出,将无法完成实验任务。

第三,教育现象具有模糊性和整体性,要求教育实验必须用整体的观点和综合性方法处理相关变量。教育现象具有复杂性,人与事交织在一起,不能完全分开,因而变量也具有这样的特点,变量处理需运用整体观点。

2.教育实验研究的目的是通过验证假设和归因分析,形成教育科学理论

教育实验研究不能止步于获得科学事实,主要是验证因果关系。为了达到这一目的,在对教育要素之间存在某种相关关系或因果关系的假设基础上,控制和操纵某些因素和条件,从而确定教育现象的变化结果与条件变量之间存在明确关系。对教育要素或教育变量之间的关系进行分析,从而形成有关的教育科学理论,这是教育实验的根本目的。当然,教育实验也要收集事实、数据等资料,但收集实验数据资料不是其目的,只是作为进行假设检验和推论的依据和手段。检验教育游戏对小学生学习数学的积极影响,主要是想验证教育游戏与数学成绩的因果关系,最后形成教学游戏化的相关知识。

3.教育实验研究的是一种复杂的研究活动

在具体方法上是通过定量描述与定性描述相结合的方法描述教育变量之间某种确定性的关系。教育实验不仅追求数量的精准,更注重对教育变量的变化过程进行纵向的相关分析和因果分析。

由于教育现象的复杂性,以及教育活动本身涉及价值判断问题,教育实验要想达到精确的表达教育变量和描述变量之间存在的数量关系,是相当困难的。如学生的思想品德、学生的主体性意识和能力等,对这类教育变量只能通过定性测量的方式来描述。教育实验对教育变量的相关分析和因果分析,是从教育变量的变化过程展开的,它不同于教育观察法和教育调查法,观察法和调查法注重对教育问题的描述分析,强调把握教育现象在某一时期、某一阶段上的状况。另外,教育实验的物质手段和其他一些中介因素包括一系列的社会性因素,教育实验是在教育这种社会环境中进行的,离不开人们在实践活动中体现出的能动性,这也许是教育实验与自然科学实验最根本的区别。

（三）教育实验的类型

1.按实验进行的场所划分

一是实验室实验。这类实验是在实验室内或模拟生活环境进行的实验，对实验情境进行特殊设计，可以有效地控制无关变量，把自变量严格分离，对各种变量定义明确，能较为准确地探讨变量之间的因果关系。利用虚拟教室开展信息技术辅助教学的实验，可以排除自然状态下的人为利用网络不学习的因素影响。

二是自然实验。教育实验更多时候是利用正常上课的时间进行的，也就是在自然常态下的教育情境中进行的实验，无法做到完全控制无关变量，但能保证实验的进行时间。其与实验室实验不同，不受实验所需条件限制，实验结果的外部效度较高，较容易推广实验的成功经验。这类实验在教育实验中使用较为广泛，研究者可以直接通过挑选自然班参与实验，较好地控制了中途减员、被试的成熟程度等因素。用实验验证在低年级开设家政课与学生的劳动能力之间的关系，每周周五下午进行 1 小时的家政课教育，四周后测量学生的劳动能力，根据所得结果推断两个因素是否存在因果关系。

2.按照实验进行的目的和功能划分

一是探索性实验。该实验是探索一个前人从未探索过的新的教育理论问题或教育实践中的新问题。这是一种开创先河的实验研究，主要研究教育理论体系中的根本问题。比如，脑科学是近年兴起的新兴科学，那么对脑科学与儿童学习能力之间关系的探索就是这类实验。

二是验证性实验。该实验在自然科学或社会科学领域都有广泛应用，是对已取得的认识成果用实践的经验来检验、修订和完善的一种实验。教育实验有不少是这样的，这些实验外在效度较高，比如教学模式培育实验、教学方法推广实验、学制改革实验等。

三是确认性实验。这类实验直接服务于教育实践，强调研究的应用价值，在丰富的事实基础上进行有理解的概括，得到经验规律，追求最大限度的有效性。实验在现场情境下进行，在研究方法上带有很大的试探性，外在效度不高，比如开设某课程培养学生能力的实验、根据学校已有条件开展某个教育内容学习的活动实验。

3.按施加实验因素的数量来划分

一是单因素实验。因素又称为“变量”,在实验中只施加一种实验因素的实验为单因素实验。实验的难度小,自变量与因变量的因果关系相对比较明确。例如,小学数学探究法的实验研究,就是单因素实验。其中,探究法是自变量,学生成绩是因变量。单因素实验在小学教育领域的实验中使用广泛。

二是多因素实验。在实验中施加两种或两种以上实验因素的实验为多因素实验。这类实验中,自变量与因变量的因果关系往往是多因一果或多因多果,实施难度大,要求高。例如,班级规模、教学方法与学生学习能力发展的实验研究就涉及多个因素。其中,班级规模、教学方法是自变量,每个自变量至少有两个取值。

4.按实验变量的控制程度划分

实验变量的控制程度直接影响实验结果。根据控制程度的高低,分为以下三种。①

一是前实验。这种实验不随机分配被试,直接进行观察和比较,但对无关干扰和混淆因素缺乏控制,是误差程度较高的教育实验。因而,无法真正验证自变量和因变量之间的因果关系,实验结果不具有推广性。比如,通过开设家政课程促进学生养成良好劳动习惯的实验,任课教师利用周五时间上一次家政课,连续进行了 4 个月,学期结束时测量发现学生养成了良好的劳动习惯,这个结果与家政课开设的确有一定关系,但是不能把结果直接归结为家政课的作用,实际上还受到家庭、个人等因素的影响。

二是准实验。这种实验是不随机分配被试,实验过程中尽可能控制无关因素。这类实验是在教育的实际情境中进行的,具有推广到其他教育实际中去的较大可能性。教师主持的教育实验多属于准实验,因为教育实验的情境和实验对象的特殊性,教育实验并不能严格遵照科学实验的规范。准实验因为操作方便,在教育研究中运用范围较广。

三是真实验。这种实验是能随机分派被试,完全控制无关条件影响,能系统地操作自变量的实验。相对来讲,真实验的实验效度高,误差小。例如,罗森塔尔的“期望效应”实验是最为规范的真实验之一。由于真实验对被试要求比较高,实际教育实践中很难找到情况相当的被试,加上对实验条件的要求严格,这种实验类型使用不够广泛。

---

① 参见江芳、王国英主编:《教育研究方法》,华东师范大学出版社 2013 年版,第 172 页。

三、教育实验的四个阶段

教育实验的实施过程一般分为准备、实施、总结和推广四个阶段。教育实验注重实验结果的推广，推广范围越大，说明实验的效益越高。

（一）实验的准备阶段

教育实验成功与否，很大程度上取决于前期准备工作做的质量。前期准备工作包括以下五种。

第一，确定实验研究问题，建立研究假设。适合实验研究的问题不同于调查研究，首先要清楚主要变量，在理论阐释中确定变量可能存在的因果关系。研究假设陈述时要清楚地表明自变量 X 和因变量 Y 之间的因果关系。

第二，明晰实验目的，制订研究计划。研究计划包括实验方案准备、实验对象的选择以及收集、分析和解释数据资料的具体规定。研究计划是实施的具体方案，这一步骤实现了理论到实践的转换。

第三，确定实验的自变量。自变量是原因变量，变量依附的主体要清楚，对自变量和因变量下操作定义，同时判定出影响较大的无关变量，在实验过程中对其进行严格控制。

第四，选择适合的测量工具。实验结果的测量准确程度与工具合理有密切关系，资料收集的工具需要进行信效度检验。实验结果采用什么样的统计方法测量，也是测量工具选择的其中一个理由。

第五，选择实验设计类型。实验类型与研究目的相关，对无关变量的控制程度有高低之分，不能只看控制程度。选择控制程度高的真实验，需考虑实验条件是否具备。无论何种类型，都需要确定控制无关变量的措施。

（二）实验的实施阶段

实施阶段是教育实验的关键阶段，按照事先的准备工作，有条不紊地展开实验过程。这一阶段的任务主要包括以下三种。

其一，按照实验设计，有步骤地改变所要研究的实验条件，向被试提供实验处理（自变量）。自变量是由研究者主动选择或操纵的变量。在确定自变量时，需避免这些情况：一是不够明确具体，否则难以操纵，也无法确立与因变量的关系。二是数量太多，导致实验设计复杂，实验结果难以分析。三是水平过高或过低，影响实验效果。四是缺乏科学性，不能产生有价值的研究成果。

其二，控制无关变量。无关变量是指除了自变量以外，会对因变量变化产生影响的变量，其表现形式不统一。研究者主要借助自身经验判定可能的无关变量。如果对无关变量控制不当，对因变量就会产生消极影响。只有采取有效方法，降低无关变量对被试的影响，或者将这些消极影响相对稳定化，甚至是不变。用实验法研究不同版本教材对学生语文成绩的影响，需安排同一位上课教师，挑选语文成绩相当的班级，使用测量工具一致等。控制无关变量的具体方法有以下五种。

第一，消除法。将无关变量排除到实验之外，比如，在隔音室进行听力训练的实验，这样可以消除噪声对听觉的干扰。再如，教师可能影响因变量的测定，那么就保证两组实验的任课教师是同一个人。

第二，恒定法。将某些因素在实验中保持不变，使其变成常量。比如，验证教学方法与学习成绩的因果关系，可以由同一位教师担任两组的教学，这样教师这个变量就变成了常量。不过，恒定法只能在短时间内有效，受实验时间影响，教师教学能力、学生学习能力都是无法保持恒定不变的。

第三，随机法。通常从总体中随机选择被试，然后将被试随机分配到两组，再随机指派实验处理，这样就得到两个相等的组。例如，用系统随机抽样抽取被试 60 人，然后用抽签方式随机分派为两组，再通过掷硬币分成实验组和控制组。这样就控制了成绩、性别等很多方面的无关因素。

第四，平衡法。设置实验组和控制组，无关变量对两组的影响将处于同一水平。根据平衡原理设计的实验，除实验处理外，其余的条件均相等，这样的实验从开始就对无关变量进行了控制。实际上，实验组和控制组只是在某些方面达到一定程度的平衡。

第五，双盲法。在实验中，研究者或被试不知道实验意图，甚至不知道谁参与了实验。这样做的好处是，可以消除实验参与者的心理反应对实验结果的影响。例如，自闭症儿童药物治疗的实验研究，一半被试服药，另一半被试服用维生素片，如果研究者知道谁服药，这是单盲。为了减少研究者对被试的期望效应，由第三方把药片和维生素片分别装入药袋后编上序号，由研究者分发，此时研究者不知道哪包是药片，这是双盲。

其三，随时收集资料实验数据和其他重要实验资料并分析，可以分阶段收集被试和因变量的数据等资料。因变量是由自变量的变化引起被试某方面发生改变。实验目的就是通过测量变化来验证假设。因变量的确立大致有三个环节：一是制定实验目标，聚焦研究焦点。比如，关于人才培养模式改革的实验，实验目标是指向人才培养质量的，所以良好个性、学习能力、思维品质、综合能力等指标成为研究焦点。二是分解实验目标。比如，将学生思维品质分为深刻性、灵活性、独创性、批判性和敏捷性五个方面，再将它们与学习能力相对应，形成了目标体系。三是对目标要素进行具体描述。例如，小学语文课程标准对小学生识字量分学段说明并进行了解释。这种描述便于观察和测量。

（三）总结阶段

这一阶段是对收集资料数据进行处理分析，检验研究假设，论证其合理性，最后得出科学的结论。主要任务有以下三方面。

首先，对实验数据和有关资料进行统计分析，在此基础上，对变量之间的关系进行相关分析、因果分析，得出实验结论。我们观察某种特定现象并试图解释为什么会发生，分析发生的过程，并进行因果分析。

其次，论证实验结论。结论是否科学，需要经过检验实验误差，分析实验的效度，进行小规模的重复实验等。

最后，撰写实验报告。完整的实验研究报告通常包括引言、研究设计、抽样程序、测量、数据分析、讨论等部分，每部分都有自己的写作要求，详见表 6-1。

表 6-1　实验研究报告的基本结构①

部分	内容
引言	阐述假设、问题、研究目标，综述相关文献
研究设计	把研究对象分组；确定自变量、因变量，实验类型
抽样程序	确定方便抽样或随机抽样方法
测量	任何测量方法都可以用来收集自变量和因变量的数据
数据分析	计算和描述变量之间的关系
讨论	概述主要的研究结论，讨论研究的不足和局限性

① 参见[美]梅瑞迪斯·高尔、乔伊斯·高尔、沃尔特·博格：《教育研究方法》，徐文彬、侯定凯、范皑皑等译，北京大学出版社 2016 年版，第 241 页。

(四)推广阶段

研究者基于研究发现,可以尝试把实验在相似对象上进行重复实验。根据再次实验的结果,论证研究发现的实践意义。经过重复实验就容易产生新的理论发现。

建立因果关系的假设是实验研究的起点。根据研究具备的条件决定采用的实验设计类型。选择两组实验对象是研究过程中的一项基本任务。

四、影响实验的效度

(一)实验效度是实验研究的重要指标

教育实验的效度是指实验的有效性。美国学者坎贝尔和斯坦利在1966年把教育实验效度分为内在效度和外在效度两类,用来讨论实验研究的因果关系和推广范围。[①]

1.内在效度

内在效度是对教育实验中两个变量之间因果关系的准确性进行判定。实验内在效度与不少不确定性因素有关,具体来说有八个方面。

第一,偶然事件。教育实验过程中除了实验变量之外,还有一些不被控制的因素会影响因变量的变化。比如,一项写作教学的实验中,教师采用新的教学方法进行教学后安排学生完成写作练习,同时段部分学生加入了阅读兴趣小组,这一"事件"可能和新的教学方法同时发生作用,从而混淆实验结果。学生写作水平提高,可能不是新教法的直接作用,阅读活动可能也对写作发生了作用。

第二,成熟。教育实验的过程一般较长,被试在实验过程中生理和心理会随时间推移发生变化。比如,实验过程中被试的身心更为成熟,知识、能力有所增长,可能对实验产生厌烦、疲劳等。年龄越小的被试,随着实验时间增加越容易产生疲劳,可能导致学习成绩下降,这种情形下实验变量对实验结果的影响不容易判断。

第三,测验。实验前对被试进行的测量可能对被试产生了心理暗示,影

① 参见裴娣娜:《教育研究方法导论》,安徽教育出版社2018年版,第266—272页。

响实验后进行的测量结果。尤其是前后测的题型基本相同时，被试因为熟悉题型和内容，后测结果比前测出现了成绩提高。这样，后测不一定是实验处理的影响，很可能是测验经验的影响。这也是平时我们说的"练习效应"，练习时间增加，同类活动的效果也会提升。

第四，统计回归。在使用前后测的实验中，前测分数较高或较低的被试，在后测的得分常常更接近后测的平均分，这就是统计回归。因为测验总是存在一些偶然因素，回归与是否接受实验处理无关。

第五，测量工具。对于有前测的实验，测量工具、测量者、评判者应保持一致，否则可能会导致测量结果不准确，影响实验处理，不能得到真实的实验结果。还有，前测与后测使用的测量工具不同，使两个测量结果无法比较。

第六，被试流失。因为各种原因，被试中途退出实验，导致实验对象人数减少，可能使实验结果难以解释，或者无法验证实验假设。例如，一项验证学习能力的实验，不同学习能力的学生从实验组陆续退出，结果发现实验组成绩高于控制组，这个结果可能不是实验处理造成的。

第七，被试选择。被试不是随机选择的，或者不是随机分组的，导致一些无关变量无法控制，那么实验结果的差异不能简单地判定为实验处理造成的。教育实验挑选的是学习成绩最好的班级，这种实验对象的选择尽管使实验结果令人满意，但是研究过程非常不科学。

第八，交互作用。上述七个因素相互交互作用，是影响内在效度的另一个因素。实验选择了低年级学生和高年级学生进行比较，低年级学生更容易疲劳，从而影响实验结果。被试的选择与成熟程度产生交互作用，是实验假设不能证明的关键原因。

2.外在效度

外在效度涉及实验结果的应用问题，表明实验结果的推广范围，也就是实验结果是否可推论到除实验对象以外的其他被试、其他情境或其他时间。影响因素主要包括以下四种。

首先，测验前后的交互作用。实验的前测对引入实验处理之后的测验产生交互作用。在有前测的实验设计中，前测的经验往往会限制研究结果的推论性。一般情况下，被试对实验处理具有敏感性，特别是平时不曾经历的事情，个体对此具有较高的敏感程度，这种敏感性可能会影响实验结果。

其次，选择研究对象与实验处理的交互作用。我们选取一些具有特殊性的被试做实验时，选择偏差与实验处理的交互作用就产生了。例如，选择一些学习能力强的学生进行启发式教学和填鸭式教学的实验。比较实验结果发现前一种教学思想优于后一种教学思想。因为是选择被试偏差的原因，这一结果不能推论到实验以外的其他一般学习能力的学生中去。

再次，实验安排的反作用。建立了实验环境后，被试知道自己参与实验，他们表现出来研究者所期望的状态，这与他们平时的表现有很大不同。例如，学生知道自己被选入一项阅读教学的实验，他们在阅读教学过程中可能表现出比平时学习语文更高的积极性和兴趣，结果实验结果非常理想。显然，在实验情境下所得的结果可能与自然情境下所得的结果有很大不同。

最后，多重实验处理的作用。当被试接受两种或两种以上实验处理时，实验处理在被试身上就会发生交互作用。这种实验的结果只能推广到类似实验处理的情况。例如，让被试接受四种不同教学法的实验处理，结果发现A表现出最好的效果，研究结果不能推广到只有A实验处理的实验中，因为A的效果好，可能是与其他三种方法相互作用的结果。

(二)教育实验设计的一般步骤

设计一个教育实验，应遵循这样的过程：首先，确定研究问题，建立因果关系假设；其次，决定引入实验刺激或者创造一种引入实验处理的背景；再次，选取合适的实验对象；最后，确定有效的因变量的测量方法，对所有组进行前测和后测，比较不同组，用统计方法验证假设。教育实验设计的一般步骤举例参见表6-2。

表6-2　教育实验设计的一般步骤举例

步骤	内容
1	问题：数学文化教学对发展学生的数学观的结果分析 研究假设：数学文化教学对小学生数学观整体及其各维度可以产生积极影响
2	处理1：实验组的学生除学习数学常规课外，每周五还学习数学文化课 处理2：对照组学生只学习数学常规课程

续表

步骤	内容
3	总体:CQ 市 CY 小学四年级学生 样本大小:84 人 抽样方法:借助实验学校数学文化校本课程的开设,实验组学生由学生自主报名产生;先对四年级所有学生进行前测,抽取实验组以外的其余 42 名学生,按照数学观总分相差 3 分以内的原则与实验组学生配对组成对照组 实验单位:每一名独立的学生
4	因变量:数学对象观、数学价值观、数学学习观 因变量的操作性定义:数学对象观是指对数学本质的认识、对数学问题与内容的认识;数学价值观是指对数学精神价值、应用价值、美学价值的认识;数学学习观是指对数学学习方法、态度的认识
5	采用的控制方法: (1)控制性别差异 (2)相同的后测 (3)增加控制组
6	实验设计类型:准实验设计 统计假设:两组得到的平均值没有显著差异

通过这个设计过程可以评价某一教育实验设计的水平。一项用来研究数学文化教学对小学生形成正确的数学认识的积极影响文献可以说明这一观点。①

一个高水平的实验设计,应符合以下几个标准,即充分的实验控制、不加人为修饰、具有比较的基础、能够通过数据获得充足的信息、客观的数据,无相关变量间的干扰,具有代表性和遵循省力原则。研究者进行并充分完成一项合理的实验设计,需要缜密、仔细的计划,这样才能对误差进行良好的控制。实验设计同时应注意一些细节,计划制订应先于实验。

① 参见张辉蓉、张桢、裴昌根:《数学文化教学对小学生数学观影响的实验研究》,《教育研究与实验》2020 年第 2 期。

（三）教育实验设计的基本类型①

实验设计的选择在全面考虑研究假设、实验对象选择、无关变量控制等因素基础上进行，合适的实验设计有助于提升研究结果的真实性和推广性。实验设计主要分为单因素设计和多因素设计。以单因素设计为主，多因素设计也逐年增多，基本格式是 2×2 因素设计。

为简化语言叙述，将引入一些符号用来表示实验设计类型：

X：自变量，即实验处理

O：因变量，即观测结果

R：随机分配被试

—：无实验处理

G：组别

1.单因素设计

一是单组后测设计。只有一组被试且不是随机选择，无控制对照组，实验中只给予一次实验处理；仅有后测。将后测的结果作为实验处理的效应。

例如，在小学开设家政课培养小学生生活自理能力。在某市某区全部小学中的一年级新生中进行实验，实验处理是开设劳动课，每周一课时，一个学期结束后进行考核，作为该课程的学习成绩。

二是单组前后测设计。只有一个实验组，被试不是随机选择，无控制对照组；仅一次实验处理；有前测和后测，用前测与后测之间的差距大于零作为实验处理效应。

例如，王老师考察小学生阅读训练的效果，从所教班级中抽取 20 名学生，对他们进行阅读测验，然后让他们接受每周三下午最后一节课的阅读训练 8 周后对这 20 名学生进行类似的阅读测验。两次成绩对比后发现阅读成绩得到提升，说明阅读训练对阅读成绩产生影响。

三是固定组设计。使用了不接受实验处理的控制组，以便于与接受实验处理的实验组对应比较。实验组与控制组是在实验处理前已组织起来的被试，不是随机选择，也未加任何控制选择偏向。两个组都有后测。

例如，传统讲授法与新的自学辅导法对学生自学能力发展的比较研究，在进行一段时间教学后，对两个班同时进行内容难度与范围基本一致的测

① 参见裴娣娜：《教育研究方法导论》，安徽教育出版社 2016 年版，第 279—297 页。

验。从两个班学生英语成绩的对比中,分析两种教学方法在发展学生自学能力方面的不同特点、意义和效果。

2.准实验设计

准实验设计是指未随机分配被试,只把已有的研究对象作为被试,对无关变量作尽可能地控制,无法完全控制误差来源的实验。准实验设计的特点是:不能按照随机抽样原则抽取被试和随机分配被试于各种实验处理,一般是以原自然教学班为实验单位,因此具有一定的外在效度。准实验强调对自变量进行操作控制,但对无关变量控制较差,只能对一部分无关变量进行控制。准实验设计主要有以下两种。

一是不等控制组实验。有实验组和控制组,在自然环境下,自然教学班、年级或学校进行,不进行取样分组,因此控制组与实验组是不相等的,但实验处理可以随机指派,且都有前后测。可能前后测之间有交互作用,被试不是随机取样分组。

例如,考察思维策略的元认知训练对提高学生解决数学应用题的思维能力影响,首先对小学六年级四个班进行了数学应用题前测,然后根据测验成绩以及学校老师对有关情况的介绍而选出各方面相近的两个班,其中一个班作为实验班,另一个班作为对照班。开学初进行实验,为期一个月,结束后进行后测,根据测量成绩说明变量之间的因果关系。

二是时间序列设计。是指对一个非随机取样的被试组进行周期性的一系列测量,在一段时间内不间断地施以实验处理,然后观测呈现实验变量后的一系列测量分数是否发生非连续性现象,从而推断实验处理是否产生效果。这种设计可以使实验处理的效应得到充分显示。

例如,探讨角色改变、摄像自我评价、现场指导三种方法对提高教师课堂教学能力的效果,在某小学选择语文男教师 18 人,其中,实验组 10 人,对照组 8 人。两组被试在年龄、教龄、学历等大致相等。实验期间都教四年级语文。实验进行三个阶段,共六轮,每一阶段结束都进行一次测验,全部完成后,进行后测,测量工具相同。

3.真实验设计

真实验是指按照实验的科学性要求,随机地选择和分配被试,能系统有序地操纵自变量,完全控制无关变量和误差来源,结论可靠的实验。这种实验设计能较好地控制内外部无效因素,并有效地操纵研究变量。这类实验设计都有一个控制组,被试随机选择和随机分派到组。真实验设计主要有以下三种。

一是等组前后测设计。被试是随机分组的；实验组接受实验处理，控制组则不给予实验处理，两组均进行前后测。

例如，探讨应用题结构分析训练对提高小学生解题能力的作用，被试选择四年级四个班，根据前测成绩，从中抽取 100 名学生作为被试，男女比例、学生特征和自然班一样，采用完全随机化分组，随机指派实验组和对照组。实验进行一个半月，每周每组 2 课时，共 12 课时。实验结束后进行后测，根据前后测成绩分析变量之间的关系。

二是等组后测设计。随机选择被试和分组，仅实验组接受实验处理，两组均只有后测，没有前测。

例如，研究电视教学对学生英语学习成绩的影响。随机取样，形成两个等组，再随机指派实验组进行电视教学，控制组仍按常规进行教学。一段时间后进行后测。

例如，在小学五年级 500 名学生中随机抽取 100 人，然后随机分成 50 人的实验组和控制组，实验组用探究式教学法学习圆的面积，对照组用讲授法学习，课时相等，教师相同。实验结束后三周进行测试。

三是所罗门四组设计。随机选择被试和分组；两组有前测，两组没有前测；一个前测组和一个无前测组接受实验处理；四个组都有后测。这是一种较理想的实验设计。

例如，观看解决问题的电影对学生逻辑推理能力影响探讨，选择小学六年级学生 32 名，随机分成 4 组，每组 8 人，1 组和 3 组为实验组，2 组和 4 组为对照组，观看 30 分钟的电影，1 组和 2 组进行前测，四个组进行后测。最后，对后测结果进行 F 检验。

在仅有后测的控制组发现的与前测相比的变化只能是实验以外的因素影响的结果。这一理想实验设计寻找实验对象偏难，实验时间偏长，等等，都不会有太多研究者选择。

4.多因素设计

多因素设计是指在同一实验研究中，有两个或多个变量（因素）的设计。将实验中每一变量的各个水平都结合起来进行实验。这种设计能更真切地表现教育实际现象和过程中各种因素之间的复杂关系，而且有更好的外在效度。

多因素设计的常见形式包括二因素设计（2×2）、三因素设计（3×3），还有2×3、2×2×2、2×3×2 设计等多种类型。设计一般涉及两个或三个因素，每个因素又有 2 到 6 个水平。因素多，水平数多，将会提升实验的复杂程度而难以进行。无论哪一种类型，都要注意因子水平的组合，并且尽可能随机化。基本模式的 2×2 因素设计见表 6-3。

表 6-3　2×2 因素实验设计基本模式

		因素 A	
		A1	A2
因素 B	B1	A1B1	A2B1
	B2	A1B2	A2B2

这类设计的特点是：两个自变量，每个自变量备有两个水平，四种实验处理。如按组间设计，需四个组；如按组内设计，每个被试都需要进行四次实验。比如，探讨不同规模的两个班级使用两种教学方法后效果之间的差异。这里涉及两个自变量，一是班级规模，有大小两个水平；另一个是教学方法，有讲授法和讨论法两种。这个实验设计的基本模式是，可以通过四种测量结果确定教学方法和班级规模之间的交互作用。也可以在自变量的不同水平之间进行比较。2×2 因素实验设计各水平的搭配见表 6-4。

表 6-4　2×2 因素实验设计各水平的搭配

		教学方法 A	
		讲授法 A1	讨论法 A2
班级规模 B	大 B1	O_1	O_2
	小 B2	O_3	O_4

归纳一下，研究者在设计实验时可以选择的实验设计类型见表 6-5。

表 6-5　实验设计的类型①

实验设计类型	说明
单组实验设计	仅有一组

① 参见[美]梅瑞迪斯·高尔、乔伊斯·高尔、沃尔特·博格：《教育研究方法》，徐文彬、侯定凯、范皑皑等译，北京大学出版社 2016 年版，第 292 页。

续表

实验设计类型	说明
单组后测设计 X　O	效果最弱的设计，无法衡量结果变量在多大程度上是由于干预所导致
单组前后测设计 O　X　O	效果较差。用来做探究实验，尤其适用于研究者能够估算出不对被试进行实验干预的情况下前测与后测的差异情况
有控制组实验设计	两组实验对象
随机控制组前后测设计 R O X O R O - O	非常有效的设计。属于真实验的一种类型。能消除前测与后测、前测与自变量的交互影响，内在效度较高
非随机控制组前后测设计 O X O O - O	比较有效的实验设计。属于准实验的一种类型。因为被试不是随机分配，所以难以判断实验处理还是原来存在的差异所影响
随机控制组后测设计 R X O R - O	比较有效的实验设计。尤其适用于有足够证据证实前测能增加后测结果的差异
非随机控制组后测设计 X O -O	效果非常差的实验设计。前测与后测产生的变化不能准确判定，因为没有前测很难确定后测的变化是由实验处理还是两组原来的差距导致
因素设计	自变量有两个
两因素设计 ROX1Y1O ROX1Y2O ROX2Y1O ROX2Y2O	非常有效的实验设计。可以判定多种实验处理或被试特点对前后测结果差异的因果影响。除了两因素设计，还有三因素、四因素设计等

5.教育实验的自我检测

实验设计提出后，研究者可以围绕以下方面来评判自己的设计。一是充分的实验控制。对实验条件有足够的控制，便于对研究结果做出解释。二是实验结果在实际教育情境中运用。三是简单易行。在特征相同的情况下，采用简单的而不是复杂的实验设计。四是材料能充分反映实验效应。应保证测量的科学性，降低误差的影响。五是对无关变量影响控制。尽量控制无关变量的影响，不能误认为实验效应。

完成自我检测后,主要考虑以下问题。

一是检验所提出的实验假设,看假设的科学性和可检验性。二是检测无关变量的控制程度,主动操纵实验处理,用合适的工具测定因变量。三是实验方法和过程设计合理。教育实验研究过程要符合实验目的的需要。四是揭示因果关系。自变量与因变量之间的因果关系必须能够揭示出来。

五、实验研究的应用

实验研究的运用与实验设计类型有着密切关系。小学教育领域主要采用准实验,因为准实验与真实验都注重因果关系验证。况且准实验对实验的内在效度要求不太高,适合解决实际问题。

以发表在2008年第5期《心理科学》杂志上的一篇论文《小学四年级叙述文阅读理解策略教学的实验研究》①为例,分别从实验类型、实验设计和改进建议三方面对该文的写作进行分析。该文采用的实验方法属于准实验设计中的不等组前后测设计。判断的依据:一是实验对象为吉林省松原市某小学四年级的两个班,是两个自然班,不是随机分配被试。二是实验对象分为实验组和对照组,干预实验均进行了前测和后测。实验设计的分析从实验效度方面说明。从内容效度来看,测量工具一致,排除了测量工具的影响外,实验中其他变量控制较少。具体表现为:开始设置的男女生比例相当,后来没有考虑性别差异对阅读理解成绩的影响。前测对结果可能会产生影响。被试选择没有进行随机抽样可能会影响实验结果。外在效度上,前测、被试选择与实验处理可能会产生交互作用。研究对象为小学四年级学生,没有对三年级学生加试,实验结果可能无法推广到三年级或五年级。建议在实验中可以区分性别,对三年级学生加试,同时按阅读能力进一步细分。

本章小结

实验是一种精心设计的研究活动,在控制条件下,人为变革某些因素,来研究变量之间的因果关系。一项完整的实验具有三对基本要素:实验组与控制组、前测与后测、自变量与因变量。实验研究的基本逻辑是:先对因

① 王晓平、吴庆麟、胡艳萍:《小学四年级叙述文阅读理解策略教学的实验研究》,《心理科学》2008年第5期。

变量进行前测,然后控制一些条件,引入实验处理,再对因变量进行测量,比较两次测量结果并判断变量之间是否存在因果关系。实验的实施过程是教育研究过程的具体化。在此过程中,尤为注意实验设计和无关变量的控制。实验设计常常依据自变量的多少分为单因素实验设计和多因素实验设计。前者较为常用,因素少,操作简单,其中所罗门四组设计最为复杂,最为理想。但是越理想的实验设计包含越多的潜在假定因素,假定可以找到足够且相同的实验对象,假定更多条件一致。而实际上,足够的实验对象是很难找到的,实验条件也会出现不能预料的变化等,都会使研究者放弃。由于教育研究更多是实地实验,无关变量的控制尤为重要。无关变量控制得好,可能会提高实验质量。同时,需要注意影响实验效度的内外部因素。

第七章　内容分析与小学教育

L 区实验小学赵老师为了完成课题“关于数学课堂交流有效性的行动研究”的研究，收集了不少教学录像、政策文本、日记、信函、微信对话等音像资料和文字资料，面对这些复杂的资料应该怎么分析呢？哪些是有价值的？这些资料与课题又有什么关系呢？赵老师为此陷入茫然之中。这些材料都有一个共性，那就是它们都是文本资料。研究文本资料，内容分析是一种常用的方法。

内容分析法一开始是用来分析传播内容所隐含的相关趋势或倾向，从而揭示趋势背后的规律性。内容分析的研究对象非常丰富，包括撰写的文章、日记、传记、信件，发行的报纸、杂志，拍摄的电影、电视剧、访谈纪录片，创作的歌曲，绘画作品等内容。[①] 通过对以上内容分析，揭示材料的主人公的行为模式、价值观念和态度。此外，还可以分析信息发布者的动机，以及信息在当时的影响。[②] 可见，内容分析的作用非常强大。尤其是处在当前信息爆炸的时代，对承载小学教育信息的载体进行分析，能发现小学教育变化的趋势。诸如媒体报道的小学生校园伤害事件、教师体罚学生事件、学生伤人事件等，传递出应加强“依法执教”“遵纪守法”的信息，启示我们学习教育法规知识刻不容缓。

---

① 参见风笑天：《社会研究方法》，中国人民大学出版社 2022 年版，第 199—204 页。

② 参见风笑天：《社会研究方法》，中国人民大学出版社 2022 年版，第 199 页。

一、内容分析的概念

(一)内容分析与教育研究

内容分析产生的时代久远,它是当代社会科学研究中采用的一种主要以文献(或人类行为)作为研究对象的方法。它主要研究过去已经传播的内容,在历史研究、传播学研究中使用广泛,进而推广到各种社会科学的研究中。二战期间,由精神病医生改行从事传播研究的美国政治家哈罗德·拉斯韦尔(Harold Lasswell)组织了一项名为"战时通信研究"的工作。他和他的团队成员进行大规模的收集并分析德国的报纸资料,从德国媒体的宣传材料中了解德国社会的情况,这是内容分析法的最初由来。内容分析法看似与文献分析类似,实际上它与文献法有着明显的区别:文献法只是围绕某个主题梳理文献,而内容分析则是将文献转化为定量的数据,并使用定量统计方法描述文献内容,再根据描述结果进行关于事实某一方面的判断。很明显,内容分析不仅具有定量分析的特点,而且对组成每个文献的因素与结构的分析更为详细、明确,更便于操作。因此,在文献研究中,内容分析有其独特的作用,比文献法更能揭示事物内部结构。

教育活动也是一种信息的传播过程,可以利用内容分析来对书面材料的内容进行分析。拉扎斯菲尔德(Paul Lazarsfeld)和贝尔森(Belsen)认为,内容分析是一种对文献进行客观、系统、定量的描述研究技术。① 内容分析是一种考察社会现实的方法。内容分析在教育研究中使用较为广泛,逐渐成为教育文献分析的重要途径之一,无不显示出它对研究显性内容的重要性。内容分析可以用来对小学教育及教育研究的趋势做预测。例如,要研究《中小学管理》期刊五年来发表文章的关注点的变化趋势,研究者可将该杂志五年来发表的论文题目按专题分类整理,统计每期各类文章发表的数量及其与总篇目的比例,再分析每期之间显现出来的变化状况,就可以推断出研究内容的变化趋势。在教育史的研究中,内容分析能对文献的文字风格做出定量分析,从而帮助鉴别文献的真实性。内容分析在对现实教育问

① 参见[德]P.阿特斯兰德:《经验性社会研究方法》,李路路、林克雷译,中央文献出版社1995年版,第186页。

题的研究中同样能发挥作用，如可以用它来分析小学各科教材的结构差别，对教材内容编排的合理性做出定量、定性的分析；也可以用它来分析小学生的作业内容，对学生的错误种类做出定量的描绘；还可以用它来分析小学教师、学生或其他人的各种作品、语言、动作、姿势，以此为根据，对教师等的个人风格、个性特征做出判断。

（二）内容分析的分析对象具有不同形式

从分析对象来看，内容分析有文本分析、言语行为互动分析和话语分析三种形式。[①]

1.文本分析

文本分析，既可以对文本本身的内涵进行解释和理解，也可以把文本看成媒介传递的价值倾向从而进行分析。在教育研究中，文本分析主要表现在教材内容分析、教育杂志论文内容分析和学位论文内容分析三方面。

教材内容分析因学科不同也略有差别。语文教材分析主要集中为三个主题，即分析教材中的“性别角色”“人物形象”“价值取向”。也有研究者对不同国家或地域的教材进行比较研究。数学教材分析一般是按照知识点的目标，从学科逻辑、活动逻辑到学习逻辑，这样组织内容有助于从学生学习的视角看待其合理性。[②]

教育杂志论文内容分析一般表现在三个方向：一是国内教育研究的主题或研究方法的变迁。例如，有研究者对 2010—2020 年某教育研究期刊进行统计分析，讨论期刊发文的趋势。二是国外教育研究的主题或研究方法的变迁。例如，有研究者对国际某高被引教育杂志分析，归纳出它的研究目标、研究方法的变化，从而说明世界各国教育研究的动向。三是对中外教育研究主题或方法进行比较。例如，有研究者对中国与美国的《教师教育研究》进行比较分析，比较出两本杂志的差别。

学位论文内容分析是对公开发表的学位论文进行分析。而实际上，研究者主要对国内学位论文进行分析，国外学位论文受检索困难、交费阅读等影响较少被作为分析对象。

---

① 参见刘良华：《教育研究方法》，华东师范大学出版社 2015 年版，第 87—89 页。

② 参见孙晓天、张丹：《义务教育课程标准（2022 年版）课例式解读（小学数学）》，教育科学出版社 2022 年版，第 4—5 页。

2.言语行为互动分析

言语行为互动分析主要是对人与人之间的言语互动进行分析，揭示互动背后的意义。在教育研究中，课堂里的师生、生生之间的言语互动都可以作为分析对象。其中，比较有影响力的言语分析是弗兰德斯互动分析系统。这一系统将言语行为分为十类，其中教师言语行为七类（表达情感、鼓励表扬、采纳意见、提问、讲授、指令、批评），学生言语行为两类（应答、主动），沉默或混乱一类（无有效语言）。运用该分析系统主要是帮助教师改进教学行为。

3.话语分析

话语分析主要是在语言学领域使用，后来迁移到社会学和教育学研究领域。美国语言学家哈里斯发表“话语分析”被视为开端。话语分析最初主要用于分析语法。后来，话语分析逐渐在整个社会科学研究领域广泛使用，在教育领域也成为一种广为流传的研究方法。具体可以研究会话策略、语境提示和语境规约、会话释义和推断。因为说话不是孤立的行为，说的同时也是在实施某种行为，包括言内行为、言外行为和言后行为，这些行为与情境的关系都需要说明。话语分析已经形成大量的研究成果，尤其在英语教育领域成果突出。

（三）内容分析反映研究应有的特征

首先，明显的传播内容。就内容分析的对象来看，分析的书面材料都是以书籍、报刊、电视节目、照片、日记等为载体的传播内容。这些传播内容流传在现实社会中，并被人们关注到，同时人们用多种方式去传播这些信息。

其次，客观性。就内容分析的单位而言，对信息内容进行客观的分类，梳理出来分析类目，然后制定成表格后，对照预定的类目表格判断并记录内容出现的客观事实。统计结果可以用来进行定量分析。

再次，系统性。就研究过程而言，进行内容分析前，需要事先确定分析维度，在此基础上选择分析单元，准备抽取资料样本，接着按分析维度评判记录，最后计算评判结果和得出结论。这一过程是有目的有计划进行的。

最后，定量分析。就资料分析而言，它不是对文本内容的主观解释，而是通过对信息内容进行分类，然后统计百分比、相关系数等来描述文本内容的特征。

二、内容分析的实施

使文献或其他研究对象的直接内容量化是内容分析的中心任务。因此，在确定样本时，还要根据研究目标确定分析类目、分析单位，将抽出的样本从形式上转化成分析类目的数量集合，最后按照统计要求对数据进行统计处理，得出结论，这就是内容分析法的一般过程。下面，我们对这一方法的具体步骤及其要点进行概要介绍。

（一）根据研究课题确定分析类目与抽样

每个研究课题规定了研究对象的总体和分析类目。研究B学院附属小学六年级数学作业的错误情况，该年级所有学生一学期的作业本就是该研究的对象总体，抽样应在所有六年级学生的全部数学作业范围内进行。学生作业中的错误类型就是分解学生作业的分析类目。再如，研究者把课题定为现行小学三年级的科学教材新知识点分布状况分析。现行的小学三年级科学教材就是研究总体，研究人员从中抽取现行教材中使用最广的一本或两本作为样本，以其中的新授课内容作为总的分析类目，在新授课内容中，又可细分为概念、原理、计算公式，将它们作为分析单位，记录每一章出现上述内容的数量、频率与所在页次，并做出统计分析。由此可见，内容分析中的分析类目可根据研究要求达到的细致程度，分层确定，由粗到细，直至满足研究课题的需要。

分析类目的确定是否合适、精准、易操作，关系到内容分析能否顺利进行。这就要求研究者必须认清课题与分析类目之间的对应关系。如果研究人员感到缺乏确定分析类目的理论或经验，可以先取少数样本作典型分析，取得经验后再对分析类目最后确定。如上面提到要分析学生作业错误类型，当研究者处于不清楚学生究竟有哪些错误的情况下，可先抽取好、中、差三个学生的作业本进行分析，摸清情况后再确定分类标准。一般来讲，在没有大的把握的情况下，分析类目宜细不宜粗，因为如果在获得数据后发现分类过细时，可合并；但若发现分类过于粗略，不能说明问题，就无法把粗略的分类拆成细微的，而是要重新统计，这样就容易延误研究时间。此外，分析类目不但应预先确定，而且一旦确定就不能随意改动。如果偶尔在研究过程中发现新的被疏漏的类型，可在首次发现时就添上，但不允许添上与原有分类标准不一致的项目，更不要在分析中途合并或删去部分类目，改变分类标准。在一项研究中，项目分类应遵守内容分析基本的分类原则。

分析类目是文献内容的指标项目，与观察法中的观察清单比较类似。[①]表 7-1 可以作为文本分析的类目设计。

表 7-1 小学五年级数学教材内容分布状况研究记录表

分析单位	概念	例题	图表	公式	定理	练习	数学文化
单元一							
单元二							
单元三							
单元四							
单元五							
……							
总计							

分析类目确定不是简单的事情，要根据研究假设进行设计。因抽样标准、分析变量的不一致，由此产生了四种不同的内容分析类型。

1.单来源时间取样分析

在同一总体中，以时间为取样标准，定量分析变量在不同时间中的状态。这种研究模式适用于趋势研究。例如，我们以教育理论杂志《教育研究》为总体，研究近两年来教育研究中定量研究的发展趋势。第一年的杂志作为一个样本，对该年发表的全部论文，以定性与定量为标准分为两大类分别做出统计，并求出各自在总数中所占的比例，将这两个比例加以比较，就可看出其变化趋势。

2.单来源情境取样分析

与第一种模式相比，它的区别在于不是用时间而是以情境为取样标准。例如，为了分析学生在有教师在场和没有教师在场时纪律行为的表现，可以安排一节习题课，上半节课教师在场，下半节课教师离开教室，上下两半节课学生需完成的作业量、性质、难度均相近，教师分两次布置作业要求，然后在学生没有察觉的情况下记录下学生的行为表现，再将记录进行内容分析。

① 参见陶保平编著：《学前教育科研方法》，华东师范大学出版社 2010 年版，第 165—166 页。

3.单来源内容取样分析

该类型与上述两种类型的区别是：在同一资料来源中，采用不同的内容变量作为抽样的标准，时间与情境两个因素不作为研究因素。例如，当我们通过分析同一个语文教师在教学两种不同体裁的文章时的语言、教学方法来研究该教师的教学风格时，就可采用这个模式。研究者分别选择两篇（或两篇以上）不同体裁的课文作为教学内容，实录这两篇课文教学的全过程，再分别做内容分析，最后将分析结果进行比较，发现该教师的教学风格。

4.多来源比较分析

这一分析类型重点在于总体来源不同。两个不同的来源，然后都以同一个因素作为内容变量，分别对取自不同总体的两个样本进行内容分析，再将分析结果进行比较。例如，要对两本同一学科的不同教材、两位任教同一学科的不同教师、两份同一学科的不同试卷、两本同一年级的不同学生的作业本进行分析，都可采用这种模式。可见，这种模式多用于比较研究。

内容分析的四种类型囊括了研究的多种可能性，读者可以尝试用不同模式去研究关心的教育问题。

（二）对样本进行量化处理

这是把样本从形式上转化为数量化形式的过程，也是运用分析法时工作量最大、要求操作细致的一个阶段。量化处理包括进行评判记录和进行信度分析两个步骤。[①]

1.进行评判记录

根据已确定的分析类目和分析单位对文献样本的信息进行登记记录，记下分析类目是否出现和出现的频率，评判结果用数字呈现出来。

分析类目我们在上述内容中已提到，它是在做评判记录前就做出规定的。用来作判定分析的最小单位被称为“分析单位”。分析单位可以是时间量、字数、句子、篇目、章节或者场景等。为了计数方便，分类类目和分析单位可排列成表，并编上序号。表 7-2 是对教育人物编码单的部分内容。

① 参见陶保平编著：《学前教育科研方法》，华东师范大学出版社 2010 年版，第 167—168 页。

表 7-2　教育人物编码(部分内容)

著作标题：	资料编号：
人物姓名：	
人物描述：	
1.人物基本信息： 2.不同阶段的生活经历： 3.人物的产出： 4.人物思想的变化标志性事件：	

在进行评判记录时，为了能做出进一步的数据处理并保证评判的信度，必须注意以下四点。

第一，评判记录的内容是客观事实有、无、多少等明显的、可观察的客观事实状态，避免主观的评价性意见，如好、坏、优、劣等主观不容易量化的看法。

第二，先把样本中的每一个个体按类目一一登记，然后再计算总体情况。

第三，对主观性较强的内容进行评判必须有两名以上的评判员分别记录，以便进行信度检验。

第四，在根据类目出现频数进行判断时，不要忽略基数。例如，要判断一个教育家倾向于形式派还是实质派，如果知道他写了 20 篇阐述实质派观点的教育论文还不足以做出判断，还必须知道他一共写了几篇学术论文，才能够判断出这 20 篇的分量。

2.进行信度分析

信度分析是为了检验资料分析的可靠性，是指对内容分析结果的信度评定，是对两个以上的评判员对相同类目分别评判记录后得到的评判结果的一致性分析。两位评判员所得结果之间的一致性程度与内容分析的信度成正比。这种一致性程度称为相互同意度(K)。用公式表述如下：

$$K=2M/(N1+N2)$$

其中 M 表示评价一致的项目数，N 表示评判负的分析栏目数。

信度分析仅仅是对内容分析结果的信度评定。评判者对同一分析类目判断的一致性越高，内容分析的可信度越高；反之，可信度越低。教学听课记录表可以看成对教师教学过程进行的分析。专家会采用这类表格对听课教师的教学效果进行评判。

3.比较分析数据,得出研究结论

获得了可靠的量化数据以后,最后一步就是对数据进行统计分析,描述各类目的特征及相互关系,比较各类目之间的区别与联系,得出关于研究对象的趋势发展、特征或异同点等方面的结论。这一步的关键在于对数据进行解释,从数据的发展趋势中进行推论,指出文献的未来趋势。

三、 内容分析的价值

内容分析法的关键特征是用事实说话,有“实证的精神”。研究者在使用这一方法时,不能只列举经验事实,还要对提供的内容进行分析和解释。选择的研究对象应有代表性,否则就容易以偏概全,出现方向性问题。同时,注意不能与文献综述、元分析混淆。文献综述只是对某个主题的文献梳理,以便提出进一步研究的问题;元分析是对某个或某些“研究主题”所依据的资料进行再分析,并得出新的结论。文献综述着重于定性分析,内容分析、元分析侧重于定量分析。

内容分析从分析对象上看,主要包括文本分析和言语互动分析,显示为数量上的研究。在小学教育领域,文本分析主要用来分析教材内容、教育论文内容。其中,教材内容分析主要集中在性别角色、人物形象、价值取向、版本对比、国别比较等方面。如作者对人教版、北师版和苏教版小学数学教科书中“可能性”主题进行比较研究发现,在内容方面和认知过程方面存在差异,通过对每个版本进行具体分析后,建议教师在使用不同版本教科书时处理习题的教学方式应有针对性:使用苏教版时应加强同一知识内容的例习题的层次性,使用北师版时考虑例习题的层次性与多数学生认知水平的适切性,使用人教版时需加强对于题目本身的重新设计。① 不同版本的设计理念可以相互借鉴,一起通过教学过程体现出来。关注小学教育教学改革的研究者倾向于研究教材内容,而关注小学教育整体发展的研究者还会通过教育论文分析探讨国内外研究主题或研究方法的变迁并进行比较。

小学教育领域中的言语互动分析往往用来分析课堂上的师生互动、生

---

① 参见徐文彬、吴雨霜、蒋苏杰:《小学数学教科书中“可能性”主题内容的分析与比较——以人教版、北师版和苏教版教科书为例》,《天津师范大学学报》(基础教育版)2023年第2期。

生互动以及其中所隐含的价值判断等问题。比较有影响力的言语互动分析是弗兰德斯互动分析系统，有不少研究用到这个系统，如对专家型教师与新手型教师的课堂教学特征进行分析，不同学科、不同课型上的师生互动分析等，从而帮助改进教学行为。

四、内容分析的应用

小学教育领域内容分析方法的使用也较为广泛。文本分析的数量相对较多。以发表在《课程・教材・教法》杂志上的一篇文章《小学数学教材难度研究——基于人教版三套教材的对比分析》①为例，分析文本分析的使用过程。以教材难度作为切入点，开篇介绍了三套书中 14 个知识主题分布情况，然后分析了三套教材各领域知识点数、各领域页数占比、可比内容广度、可比内容深度、可比习题难度、总体难度等方面，在此基础上指出未来小学数学教材改革的趋势。

言语互动分析在小学教育领域也有一定的使用。以发表在《教育科学》杂志上的一篇文章《Flanders 课堂教学师生言语行为互动分析系统的实证研究》②为例，分析该方法是如何运用的，包括分析框架的建立，提出研究假设或形成扎根理论，对结果进行解释等。该研究选取的 12 个样本是 12 节小学课程的优质课，分别介绍了 12 节课程的分布学科、年级、教师类型、上课时长等。然后进行方差分析与 LSD 分析，对比年级、学科、教师类型之间的差异并得出结果，即教师言语行为中接纳学生的情感、赞扬或鼓励、接受或利用学生的想法等言语行为普遍较少，不过专家型教师的这些言语行为明显多于新手教师，高年级教师明显多于低年级教师，差异显著；学生言语中安静或混乱言语行为普遍较少，不过在男教师的课堂上，学生主动言语偏多，差异显著；其他师生言语行为较均衡，样本间差异不显著。最后对此结果从言语主体角度进行讨论，建议言语过程重视立体生成，言语方式重视互动对话，言语心态重视民主开放，言语目标重视意义建构。

这类文献分析后的成文方式，一般先介绍用到的内容分析样本基本情况，然后进行定量分析或定性分析，最后按照对应的解释方法得出结论或提

① 刘久成、孙京京、邵静仪：《小学数学教材难度研究——基于人教版三套教材的对比分析》，《课程・教材・教法》2022 年第 11 期。

② 高巍：《Flanders 课堂教学师生言语行为互动分析系统的实证研究》，《教育科学》2009 年第4 期。

出建议。但是，梳理有关内容是较为复杂的事情。有时，虽然有事实之间的变量关系讨论，却缺少相关理论的支撑；有时，在提出自己的研究结果并对结果进行讨论时，对已有相关研究缺乏回应；等等。这些都是值得注意的问题。

本章小结

内容分析是一种文献分析方法。对反映个体行为、态度的多种文献进行内容分析时，可以遵循五个步骤，包括选定研究的分析单位、界定目标总体的范围、抽取样本、确定编码体系并编码、对数据进行统计分析并得出结果。首先是抽样问题，可以使用随机抽样方法。抽样框主要是媒介、期号和内容。其次是编码，根据特定的概念框架，对信息做分类记录。研究还发现，对文献阅读时会因阅读顺序的影响而在评价标准上缺乏统一性。因此，可以打乱文献原来的顺序，随机确定顺序。尤为注意的是，它与文献综述、元分析不同，它的重点在于分析某一领域的媒介所隐含的话语特征与趋势，用数字形式进行表达。

第八章　行动研究与小学教育

校本教研是小学教师开展教学研究活动的主要形式。数学教师陈老师选择了“小学数学课堂提问有效性研究”作为课题。他从查阅资料开始，全面了解关于这个研究问题相关的研究成果。在此基础上，他访谈了同事、学生，并写出《关于小学数学课堂提问有效性的思考》的论文，但陈老师总觉得对他的教学改进帮助不大。那么，到底怎样做才能真正改进教学呢？区教研员和陈老师一起研究这个问题，首先制订计划，然后陈老师上课，两人一起研究他的课堂教学，找出问题，寻求解决办法，改进教学，检查教学效果，反思可能存在的问题。其次，完善制订计划，遵照新计划进行教学，陈老师发现提问效果比以前有所改变。后来，学科组的同事也加入进来，与区教研员、陈老师一起探讨对策。陈老师用新的策略上课，结果令他非常兴奋，他想弄清楚这种研究的过程以及研究遵循的要求。

通过上述过程不难发现，陈老师与区教研员、同事合作，在有效教学理念指导下，改进了教学工作。不仅转变了对教学的认识，形成新的教学观，而且感受到行动带来的愉悦体验，为教学提供了新的动力。这就是在行动中研究，为行动而研究。为适应时代带来的变化，小学教育的教育目标、教育理念、课程结构等都进行了调整。课程改革对学习内容进行重新规划，强调学校学习与学生社会环境相联系，倡导“自主、合作、探究”的学习方式，强化学科实践。[①]

行动研究既是一种方法技术，也是一种新的科研理念、研究类型。作为近年来在教育研究中运用的范式，自西方引入后，逐渐成为中小学一线教师

① 参见黄济、劳凯声、檀传宝主编：《小学教育学》，人民教育出版社2014年版，第79—80页。

普遍采用的研究方法。

一、行动研究的历史

(一)行动研究的发展脉络

行动研究在教育领域经历了三个阶段的历史发展。[①]

行动研究最初的产生很大程度上是为了将理论与实践联系起来。最早将行动与研究联系在一起的两位学者是柯立尔和勒温。两位学者是在研究人际关系时,发现研究过程中实践者参与并解决自身问题非常重要。因为研究过程是研究者和实践者一起完成的,便把这类研究称为"行动研究"。

第一阶段,行动研究引入、应用到教育领域。行动研究引入教育领域是在20世纪50年代。哥伦比亚大学师范学院院长柯瑞在《以行动研究改进学校实践》一书中,系统地将行动研究与教育情境相结合,提出"教育上的研究工作,应用研究成果的人参与或负责,这样研究结果才有助于推动教育事业发展。学校利益相关者对发展措施表现出积极态度,对待问题解决也讲求方式方法,这种做法就是行动研究。"[②]

第二阶段,行动研究在教育领域推广。20世纪50年代末,尽管行动研究被引入后得到大量教育工作者的支持,掀起了一个研究高潮,但受实证研究的影响,研究高潮持续时间不长。到了60年代中期,斯滕豪斯领导了"人文课程计划",这一活动进行了5年,使行动研究在英国得到复兴。70年代初,哈佛大学校长埃利奥特组织了为期三年的"福特教学计划",为行动研究在美国的复兴提供了契机。

第三阶段,行动研究在教育领域广泛开展。澳大利亚学者凯米斯在已有行动研究的基础上,以"理论的批判"来改进行动。他把行动看成教师对自己的教育教学实践活动进行的批判性思考。教育工作者对本身的教育行为和教育经验进行反思,然后采取积极的行动策略,使教育教学实践摆脱传统的教育理论和教育条件限制,在此基础上生成新的理论知识。课堂行动研究具有悠久的传统,它过于强调实践,过于强调教师的知识,忽视了对学

---

① 参见陈向明主编:《教育研究方法》,教育科学出版社2018年版,第359—365页。

② 参见江芳、王国英主编:《教育研究方法》,华东师范大学出版社2011年版,第191页。

校其他观点的重视。这个观点隐藏着这样的假设，即课堂教学效果的提高与各类共同体支持和社会变迁作用没有关系。① 或者说大学研究人员发挥了作用，这显然是不符合行动逻辑的。

事实上，对实践的理解有不同的观点。一是个体视角看待实践，二是社会视角看待实践，三是个体—社会关联性的反思辩证观看待实践。在研究中，出现了认识论和方法论的不同视角，形成了实践研究中不同研究传统的“地图”。包容的实践观与知识建构旨趣的关系见图 8-1。②

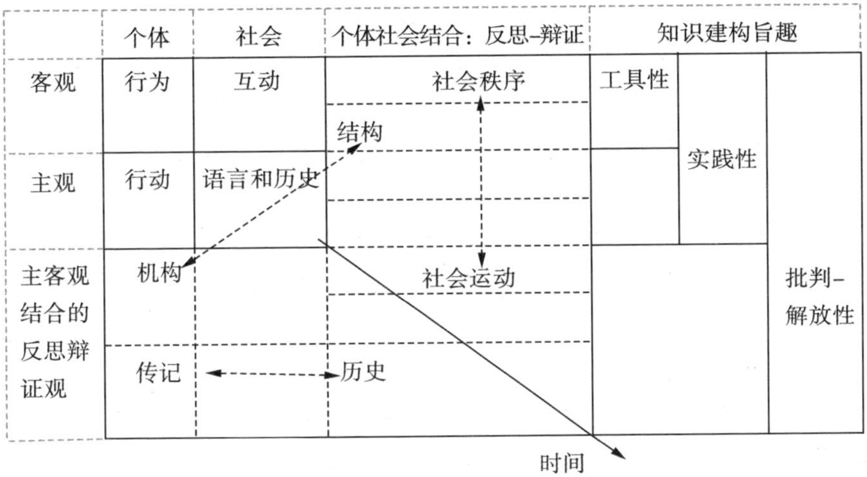

图 8-1 包容的实践观与知识建构旨趣的关系

将上述关系置于多种实践的维度中，那么就形成了一个更具有包容性的实践观。总体看来，“行动”主要是指实际工作者的实践活动，“研究”则主要指受过专门训练的科学研究者的探索活动，两者属于不同性质的活动。在小学教育领域，经常发生研究者指导实践者如何教学、如何管理学生等情况。结果就是，研究结果不能满足教育实际工作的需要，实际工作者对研究有热情，却不知道该怎样进行研究，好的设想无法转化，仍停留在经验总结上，无法从理论高度指导教育实践活动。在小学教育提高质量的背景下，小学教师队伍整体质量、教学质量等都需要加快提升，现实中小学教师要解决

① 参见[美]诺曼·K. 邓津、伊冯娜·S. 林肯：《定性研究：策略与艺术》，风笑天等译，重庆大学出版社 2013 年版，第 607—608 页。

② 参见[美]诺曼·K. 邓津、伊冯娜·S. 林肯：《定性研究：策略与艺术》，风笑天等译，重庆大学出版社 2013 年版，第 612—626 页。

教育教学问题就要进行科学研究，而且这种研究需要自己主动去做，必要时要与研究者合作完成。兴起的行动研究法正切合了这种需要。

（二）行动研究的内涵分析

1.行动研究的含义

行动研究是教师从教育教学工作的实践问题出发，在校外专家和校内人员的合作下进行诊断和分析，将问题发展成研究主题，综合运用多种有效方法，深入开展研究活动。它是为促进工作改进进行的研究。

行动研究根植于教育实践。小学教育实践的具体形态有小学课程与教学、综合实践活动、德育与班级管理、与家长和社区的联系等。其中课程与教学处于核心地位。行动研究的工作改进范围是对实践样态的回应。教师在研究这些教育实践活动时，习得解决具体问题的实践智慧。实践智慧基于个体工作与生活经验而存在，帮助教师确定最佳行动方案并付诸行动。教育始终是实践性的。通过行动，将实践情境和经验结合建构知识的生成场所。①

2.行动研究的特点

行动研究之所以能够为人们广泛接受与运用，从根本上取决于其自身所独有的特点。归纳总结，主要包括以下八个方面。

第一，行动研究者即研究结果的应用者。研究者是教育实践工作者，从实践中遇到的问题入手，把研究与教育教学实践有机地结合起来，通过研究改进工作，实现了提高教育实践工作者的自身素质，优化工作方式，强化专业精神，理论指导实践，实践生成新知识等多种目的。行动研究的目标是通过对理论、实践及其结果的批判性思考，清楚表达与发展实践和理论。② 行动者从特定情境的细节入手，从不同视角发掘并解决问题，在理论、话语上为实践活动提供一个批判性理解视角，促进理论与实践相互转化。行动者在批判实践情境过程中习得的知识、技能、价值观等为自己的行动所用。教师一起工作或师生一起提高教学效果的实践过程，就是很好的例子。

第二，行动研究主要以解决实际问题为导向。行动研究关注的是真实的实践，而且实践是发生在一定的物质社会、历史场景中。行动者对实践的

---

① 参见阮成武主编：《小学教育概论》，华东师范大学出版社 2011 年版，第 203—228 页。

② 参见[美]诺曼·K. 邓津，伊冯娜·S. 林肯：《定性研究：策略与艺术》，风笑天等译，重庆大学出版社 2013 年版，第 636—637 页。

方式非常敏感，他们会思考自己在交往、组织中的行为是如何在真实具体的实践中相互联系的，真实情境中人们是怎么相互联系的，实践中的其他人是如何改变实践以及对实践的理解。行动者在工作中遇到许多实践中的问题，当他有意识地思考研究选题时，就会把实际问题发展为研究主题，并把解决问题的各种可行方法作为变量进行操纵，然后在一边行动一边研究中加以检验。检验结果可能解决实际问题，也可能暂时解决不了，需要多轮研究才能得以解决。

第三，行动研究是成员共同参与的研究活动。行动研究的目标是共同通过构建社会互动的行为而重新建立社会互动。行动研究团队除了第一线的教育实践工作者（教师）外，还有专家、学者等专职研究人员，教育行政领导，学生家长以及社会人士等。研究组成员各司其职，经常交流，取长补短，共同协作，协商鼓励。一般而言，专家学者起咨询指导作用，行政领导起保障作用，教师是真正的研究主体。整个研究过程也是一种在研究中专业业务水平得到提高的独特的教师进修方式。因此，在行动研究流行的同时，以学校为基地的教师在职培训也在国外广泛流行。

第四，行动研究场所就是实际的教育工作情境。在西方，行动研究流行的同时又出现了生态学研究法、田野研究法等提法，这些提法基本上大同小异，都是要解决实际发生于学校内部的迫切问题，包括学校问题、课堂问题等。在自身生活的实践环境中，开展实践中的问题研究，能了解清楚问题，容易抓住要害，解决问题相对得心应手。这种研究有利于克服从书本到书本研究的弊端，研究结果容易在实践中发挥作用。在真实情景中，行动者能够发现自我，思考如何与学生或同事改变实践，提高行动的质量。

第五，研究对象具有特殊性。行动研究的目的在于改进实践本身，因而关注的是如何解决实际问题。实际问题可能与理论界讨论热点问题一致，也可能不一致，例如特定学校、班级、学生表现出的特有问题，是个别问题又是主要研究对象，也属于个案研究的范畴。研究结果追求对特定问题的解决，追求小范围内有效，不刻意追求推广。

第六，研究具有动态性、灵活性和可操作性。行动研究是针对研究者对具体问题展开的，所以没有统一的研究模式，一般而言，应包括发现问题（确定问题）、分析问题（界定并诊断问题的初步原因）、拟订研究计划、收集资料与实施计划、检验措施的有效性、依据效果修正原初计划、整理研究成果为下一轮更高层次研究做好准备。研究的每一步骤都应包括可操作性的活动，都在动态的实践中进行，如写日记、拍录像、课程交谈等。现实中行动研究的步骤不是严格照此进行，预先制订的计划在实践中很快会过时，同时也会带动其他方面的变化。

第七，研究过程不追求严密性和可控制性。行动研究是与学校正常的教育教学活动结合在一起进行的，同实验室的研究完全不同，行动研究容许复杂的实际因素存在，在各种复杂因素中寻找解决问题的途径和方法。因此，研究中研究者根据情况的变化、目标达成的情况，适时修改原来的方案和假设，按照新的研究思路继续进行研究。当本阶段的目标达成后，继续修改原来的方案进行研究。行动研究是一个学习过程，需要不断地去发现一些实质性的变化，这些变化包括人们在做什么？他们是如何和世界及他人互动的？他们的价值观是什么？解释世界的话语是什么？[①] 等等。这些都是动态发展的，很难完全控制，使研究过程出现了很多变数。

第八，行动研究重视及时反馈。因为行动过程中的不确定性，往往不能简单地呈现出阶段性的计划与行动、结果之间的一致性关系，所以应正视监督行动的过程，及时地掌握有关信息，并对每一阶段的行动做出及时反馈，防止行动过度偏离目标。针对教育情境中的具体改革措施，一旦有较为肯定的结果出现，便立即反馈到教育体系中去，发挥影响教育实践活动的作用。要经常整理积极措施，记录措施实施后的结果，分析其影响作用。

（三）行动研究认识行动的方式

为解决实践问题，行动者与研究者一起完成认识事物的活动。依据参与者及其之间的合作关系，行动研究主要有以下三种。

1.独立性行动研究

这种研究又称“批判性行动研究”。实际工作者通过批判性思考及相应的行动策略，使教育活动摆脱传统的教育理论和教育政策限制，专家在这种研究中不具有指导权威的地位，但可以给实际工作者带来批判性的理论启示，促进行动和评价。研究一种新的教学评价方法在学生学业质量监测中的应用，通过科学论证并尝试，客观分析该教学评价方法的作用。

---

① 参见[美]诺曼·K. 邓津、伊冯娜·S. 林肯：《定性研究：策略与艺术》，风笑天等译，重庆大学出版社 2013 年版，第 635 页。

2.实践性行动研究

更多情况下,行动研究的动力来自行动者自己,以自己的智慧来选题、指导行动。专家和实际工作者之间是合作伙伴关系,专家是“咨询者”,帮助实际工作者形成研究假设,计划行动、评价行动过程及结果。为保证教学效果,使学生参与教学过程,学科组老师会根据某位教师需要帮忙听课、磨课,还会请教研组老师进行不定期指导,反复探讨教学过程出现的问题,直到实现学生真正参与到教学中,提高了学习效果。

3.实验性行动研究

这种研究又称“实验性社会管理”式行动研究。在这类研究中,教师与研究者、行政管理人员一起工作,有利于形成浓厚的研究氛围。行政管理人员参与行动,主要体现在管理上的督促。这种研究侧重于行政事务工作的改进。

二、 行动研究的过程

行动研究自产生以来,所有的倡导者都试图寻找一种普遍推广的实施步骤,然而几十年过去了,人们除了公认行动研究是一个扩展的螺旋式发展过程之外,对于其具体步骤的形成过程,有着种种不同的认识和表述。

(一)行动研究的基本步骤

在实施行动研究的具体步骤上,行动研究的创始人勒温确立了一些基本思想:行动研究的起点是对问题的界定与分析,行动研究中应该包括对计划及其实施情况的评价,并在此基础上改进工作;行动研究的过程不是“一条直线”,而是螺旋式发展的过程。它的行动研究模式构建了行动研究操作的基本框架(见表 8-1)。

表 8-1 勒温的行动研究模式

阶段	具体内容和技术要求
计划	界定目标,确定如何实现目标的“总计划”和关于第一步行动的决策
行动	根据计划开展行动
观察	在行动中和行动后,通过多种技术收集能反馈行动效果的资料
评价、修正	确定已达成的目标是超过还是低于预期,为下一步计划提供基础

柯立尔(Collier)在20世纪50年代初期提出了行动研究的五个连续步骤：明确问题；确立解决问题的行动目标与过程；按设计行动并对行动做记录，收集资料以确认目标实现的程度；整理相关资料，概括出行动与目标之间关系的一些一般原则；在实践中进一步检验这些原则。这五个步骤相互制约、相互作用。①

凯米斯(Kemis)和麦克塔格特(McTaggart)继承了勒温(Lewin)的思想并发扬光大，认为行动研究是一个螺旋式上升的过程。② 每一次行动由计划开始，在计划指导下行动，对行动过程进行观察，反思行动结果，然后重新计划、进一步行动、再观察、反思，直至解决问题。个体的价值观在实践中遭遇否定后就设想解决的方案，然后实施方案，检查与问题解决之间的距离，评价实施结果。这样的行动可能需要反复进行几次，但每次都将工作向前推进一步。

我国台湾学者综合了有关行动研究的观点，提出了操作性较强的七个相连续的步骤：发现问题；分析问题；拟订计划；搜集资料；批判与修正；试行与考验；提出报告。这七个方面形成一个闭环，作为一个整体与其他事物发生联系。

其实，整齐划一的行动模式是不可能的，也是不必要的。不过，为了使行动研究法的运用者提供既可以参考又可以变通的模式，我们将行动研究法归纳为四个步骤：计划、行动、观察和反思。③

1.计划

行动研究的第一个环节是制订计划。任务主要包括提出研究问题、收集信息、分析问题、拟订行动计划。在教育教学实践中，教师会遇到许多需要解决的真实问题，比如，班级学生缺乏集体荣誉感，新的教学方法引入不能激起学生学习的积极性，教师的教学态度对学生的学习成绩产生不同程度的影响等。研究者要意识到问题的存在，内心深处要有解决问题的意愿，然后把实践问题变成研究问题，进一步分析问题的性质、范围，根据制约解决问题的重要因素设想方案。比如，教师意识到班级学生成绩有所下降，我们应该从多方面分析这个问题：是教师教学方法不好，还是学生积极性不

① 参见江芳、王国英主编：《教育研究方法》，华东师范大学出版社2011年版，第196页。

② 参见江芳、王国英主编：《教育研究方法》，华东师范大学出版社2011年版，第196页。

③ 参见陶保平编著：《学前教育科研方法》，华东师范大学出版社2010年版，第233—234页。

高？这个问题是其他班级普遍存在的还是本班特有的？这一问题的解决受哪些因素制约？什么样的设想是最佳的方案？等等。对问题做了全面的分析后，接着思考如何解决这一问题，综合多种设想，初步拟订一个总体计划，主要包括计划实施和预期要达到的目标，比如学生学业成绩的提高、教师的教学风格、课堂中的师生互动、行动的时间与步骤等。行动研究的总体计划是各个步骤得以落实的蓝图，但它并不是一成不变的，其具有灵活性和开放性，在研究的步骤和时间的安排上要考虑这一点。

2.行动

行动研究的第二个环节是行动。行动就是实施、执行计划，除特殊情况外，行动不能偏离计划，其根本目的就是要解决实践行动中的问题，增强实践行动的目的性。因此，要求行动者在这一过程中有对目标、策略等更多的思考，尽量严格按照原定的计划行动，但也要视实际情况灵活行动，适时地调节行动，使行动逐渐接近解决问题的目标。结合上述问题，按照事先制订的计划开始实施，教师尝试改变教学方法，鼓励学生参与到学科教学过程中来；同时了解学生的学习积极性的现状，帮助他们提高学习积极性；邀请有条件的家长参与班级活动，可能的话邀请一些有影响力的人物为学生作报告等。然后，观察学生并记录学生的行为变化，与行动之前的表现进行对比分析。

3.观察

行动研究的第三个环节是观察。主要是观察、访谈、问卷、记录、收集背景性的资料，从而对研究的整个过程、研究结果、行动的背景有一个大致的了解。观察是系统的、全面的，主要内容包括了解哪些人参与了行动，使用了哪些材料，行动的结果是怎样的，本次行动具有什么特点，行动带来什么改变。行动的质量是计划得以实现的保证，灵活运用各种技术可提高行动质量。行动研究经常使用的收集资料方法包括访谈法、问卷法、观察法等。上述问题可以运用观察法、问卷法、访谈法进行收集资料，记录学生在教学方法改变、家长参与、榜样示范等因素介入后的表现。一方面运用专家视角评价计划的落实情况、教师行动过程中的偏差行为等，另一方面运用教师自身视角，对行动的实施策略发挥作用、自身在行动中的感受、学生体验等进行评价。

4.反思

行动研究的第四个环节是反思。反思行动结果有无解决问题，实践者对行动结果及其原因进行思考，对计划、行动和观察三个环节进行必要的调整。大致可以从以下方面进行思考：一是问题界定是否明确？行动研究的起点就是要明确问题、分析问题，对问题的性质、类型、范围等加以界定。二是计划是否周详？制订计划要考虑各方面的因素，要为计划的执行和检查矫正提供方便。三是行动是否按计划执行？一般来说，行动应该按照预先制订的计划进行，使整个研究过程具有可控性，减少随意性。四是资料的描述与解释是否慎重？对搜集到的与研究问题有关的各种资料及其内在关系进行分析和解释，找出计划与结果一致之处，从而形成关于下一步行动计划是否需要修改、进行哪些修改的设想，但应注意不要轻率地进行推理。反思是行动研究一个螺旋圈的结束，又是过渡到另一个螺旋圈的连接点。上述问题的反思环节包括评价与总结，其中评价的内容有行动研究的整体设计、行动过程中的每个步骤落实以及行动达成的目标。总结包括对阶段性工作的整理和描述。评价问题应具体到指标上，包括问题、计划、行动、资料收集与整理、研究信效度等。上述问题中，需要反思该行动的综合性计划是否可行，任一策略实施效果好或者不好的原因，资料的分析与解释是否恰当，感性认识与理性认识融合于表达的程度等。

现实中，研究过程不可能有序进行，每个阶段都有重叠，因而研究过程是开放的、流动的，衡量研究有效的标志在于行动者是否具有改变实践、认识实践的真实意愿。有时候，行动者认为研究是单独过程，有时的确是这样，但是研究本身是一个社会和教育的过程。行动者直接参与实践的改变，是一个合作学习的社会化过程。行动研究与其他研究方法最大的区别，是对研究者的看法和对研究与社会实践之间的关系的看法的反抗。①

由于行动研究本身常以具体情境为对象，研究样本受到限制，对问题的分析和方案的设计不可能一下子达到周密的程度，需要不断调整，逐步加深对问题的认识，提高研究水平。行动研究不能取代其他的研究方法，通常可以和其他方法配合使用，从而取得更好的效果。如上海青浦县数学教改研究，在起始阶段采用的是行动研究法，取得了很好的成效。为了使研究成果

---

① 参见[美]诺曼·K. 邓津、伊冯娜·S. 林肯：《定性研究：策略与艺术》，风笑天等译，重庆大学出版社2013年版，第612—626页。

在更大范围内推广，他们引入教育实验法，在不同类型学校和不同程度班级中进行实验，从而推进教育科学研究在不断的探索中向纵深发展。

（二）注意问题

教师的行动研究不应也不能向专业研究者的研究看齐。行动研究是为改进自身工作进行的研究，如果追求像专业研究者那样有严格的发现而得出一般结论，将得不到真正的尊重。教师不仅要将行动研究作为一种研究方式，也要当作自己的教育生活方式，每天的学校生活也可在行动中逐步提高工作水平。

行动研究是针对教育实际情境中出现的问题进行的，研究样本受到控制，不具有代表性，内外部效度都有些弱。考虑到这一点，行动研究不能取代其他研究方法。

（三）行动研究报告的撰写

行动研究因为立足于解决实际工作问题，研究报告往往比较随意，有时可能没有遵循研究的规范，出色的报告应该做好故事与规范之间的权衡。

1.规范格式

行动研究报告的标题的典型表述为“A 对 B 的影响的行动研究”或“A 的行动研究”，字数应控制在 25 个字之内，简洁清晰。一般意义上的行动研究报告按照问题解决模式进行设计，主要包含问题与假设、过程与方法、结果与讨论三部分。其实，科学的行动研究是实验研究，但是行动研究报告的一般形式在某些细节上有自己的特点。

第一，研究的问题与假设。首先介绍问题产生的背景，主要包括问题的提出、简要的文献综述和研究假设三个要素。其一，问题的提出。例如，实践者遇到这样的问题：学生认为科学课学习是记住知识。其二，简要的文献综述包括已有的研究对这个问题是如何解决的，已经解决到了什么程度，还有哪些有待进一步研究的问题，从而引出研究假设或研究计划。梳理文献发现，小学科学课学习因为学校条件不足，常常只是让学生背下实验过程，记住相关知识。还有学者指出，科学课的地位不高与考试选拔有密切关系，导致教学方法陈旧，学生缺乏探究意识。访谈学校领导、相关教师，都反映了科学课的定位不明确。其三，研究假设。借鉴他人的研究思路，形成自己的研究假设。根据科学方法论和经验总结，提出小学科学课的教学需转变观念，积极培养学生的探究意识。传统的科学课教学注重知识传授，实际上科学课教学是探究知识，以此提出假设，探究意识培养有助于提高小学生科学课学习的效果。

第二，研究的过程与方法。这部分内容包括过程、方法和研究工具三个要素。一是介绍该研究的时间、地点、参与者、具体的改革措施。上述改变学生对科学课的认知中，详细介绍教学过程中如何增加提问策略的操作，便于读者按照这个方法重复验证。二是说明收集和解释资料的工具。研究者可以用试卷这一工具测量研究对象在研究前后发生的变化，也可以用访谈或问卷、观察等工具收集研究数据。用因果分析或描述统计分析收集的文字资料和数据资料。通过报告两轮以上的行动研究的具体过程，解释两轮行动研究之间的关系。

第三，研究的结果与讨论。这部分主要包括行动结果的变化、研究对象的变化和预料之外的结果三部分。通过对比研究前后收集数据的差异，说明本阶段的行动研究结果。对结果的讨论主要包括：是否验证研究假设；与同类研究结果是否一致；是否出现有待进一步研究的问题并展望未来。学生的科学学习观前后发生了哪些变化，是策略改变还是学习态度改变？已有研究如何评价这一问题？结论一致吗？为什么？

2.走向叙事的行动研究报告

行动研究报告的写法包含叙事的方式。[①] 叙事是由行动者叙述自己的研究过程中发生的一系列教育事件，比如对照 2022 版《义务教育课程标准》，这个问题是怎么提出来的，想如何去解决问题。改变教材不易操作，改变教学方式是能做到的，那么设计增加提问的解决方案后，在具体解决问题过程中遇到了提问时机把握的障碍、如何正确引导学生提问等问题，如果没有解决或没有很好地解决，又采取了什么新策略，或者又遇到什么新问题。在解决问题过程中，了解学生学习收获是必需的，因而行动者可以将访谈学生的内容或学生日记里的体验写进行动研究报告中，增强报告的情景性和真实性。

行动研究报告可以采用量的形式分析并呈现，收集必要的数据进行统计分析，一般是采用描述统计，然后大量采用教育事件来描述行动研究前后的变化，最后形成有述有辨的研究成果。

① 参见刘良华：《教育研究方法》，华东师范大学出版社 2021 年版，第 87—88 页。

三、行动研究的信效度

行动研究收集资料也存在信度和效度问题。效度大致分为三种：一是推广效度。行动研究成果有对实践的研究，也有公开化的研究报告。它和质性研究一样资料收集具有情景性，不能重复，是依靠引起读者的共鸣和启示从而进行推广的。二是实践效度。行动研究重视问题解决，是通过解放实践者的思想，提升实践者的能力，促进学校教育工作的改进。如果不能做到这一点，行动研究就没有了价值。三是沟通效度。行动研究是在行动者、外来专家、同行之间通过平等协商达成一致的观点，消除行动者的思想盲点，付诸行动。如果行动小组意见不能达成一致，各行其是，研究结果不一定有效。

研究的信度通常指研究的可靠性，有内在信度和外在信度之分。行动研究的内在信度是多个参与者和行动者在看待行动者的表现时，能达成一致意见。反之，观察结果不同，就不能反映行动的真实情况。再者，参与行动的成员如果观点不一致的话，就无法达成行动的目标。一般意义上，行动研究能解决教育实践中的问题，已经说明它的内在信度较高。其外在信度表现为使用相同方法、相同条件应能解决同样的问题。然而，行动研究受到情景条件限制，因而在外在信度上偏低。

四、行动研究的成果展示

科学的行动研究必须提交规范的行动研究报告，这里通过一个运用行动研究的文献，具体说明行动研究设计的若干要点。有研究者针对小学生语文教学存在“习作难”问题，探讨了协作思维导图是如何促进小学生习作的学习策略。[①]

首先介绍研究问题及其背景：目前思维导图在习作课上的应用，主要关注小学生独立使用思维导图辅助写作，缺少对同伴协作思维导图的研究。协作学习研究更多关注通过新技术激发学生兴趣，但对学生的协作构思关注不够。

① 参见魏雪峰、杨帆：《协作思维导图策略促进小学生习作的行动研究》，《现代教育技术》2020 年第 6 期。

研究者通过已有研究分析提出一个假设“协作思维导图能提高写作水平”。为此，选取某小学四年级一个班开展为期 14 周共计三轮的行动研究。首先制订三轮行动方案，分别从行动研究的计划、行动、观察和反思四个方面设计内容。然后介绍三轮行动研究的具体过程，呈现了学生从开始不会画思维导图或协作少，到很好完成习作任务。这部分详细介绍了行动过程和结果。研究结果部分用统计分析或逻辑论证，向读者展示行动研究的结果。在此基础上进行讨论，用访谈资料和统计分析结果建议教师重视习作教学的构思策略。

行动研究成果撰写的格式不是固定的，一般格式包含问题与假设、过程与方法、结果与讨论三部分。该文对思维导图、小学生习作教学之间的相互影响文献梳理后发现，思维导图在习作课上存在一定应用，但是主要关注学生独自使用思维导图，同伴协作思维导图很少使用。接下来研究小学生习作教学与协作策略的关系，发现协作策略被得到重视，于是提出了研究问题“学生协作绘制思维导图可以促进习作水平提高”，研究假设“与独自绘制思维导图相比，协作思维导图学习策略有助于提高小学生习作水平”。在研究的过程、方法和研究工具部分，详细说明是在四年级一个教学班进行的行动研究，包括持续时间、学生基本情况等信息。采用评分量表测量学生在研究前后的学习成绩，详细报告三轮行动研究的过程。在研究结果与讨论部分，进行统计分析，用平均分对比分析，解释了行动前后发生的变化。这样的写作过程才是完整的。

行动研究报告采用叙事的方式，由研究者本人叙述自己研究中所发生的教育过程。在叙述的过程中，思考就是一种反思。受写作风格的影响，有议论文式、说明文式、记叙文式，这样容易使有类似经历的人通过认同而推广这种做法。[①]

郑金洲教授早年发表文章，探讨了行动研究在中小学开展的情况。结果发现，有行动无研究。[②] 自 20 世纪 90 年代初行动研究在教育领域运用以来，行动研究成为中小学教育科研中使用频率最高的一个词语，各类研究课题设计中都会提到运用行动研究收集资料。行动研究的过程让研究者注意到，科研并不是专家的专利，一线教师也可以成为研究者，特别是对自己的

---

① 参见陈向明：《王小刚为什么不上学了》，《教育研究与实验》1996 年第 1 期。

② 参见郑金洲：《学校教育科研中存在的八大问题》，《人民教育》2007 年第 6 期。

教育行动进行研究，有利于促进自身专业发展。但是，由于对行动研究的误解，有些地方将行动等同于研究，行动与研究处于两张皮状态，这样的现象一直存在。

研究应满足目标、过程和方法三个要件，中小学教育科研也不例外。科学研究是一种认识事物的方式，如果缺少目标、过程和方法，就无法认识事物的真实面貌。这是一个非常浅显的道理，但是不少行动研究从设计到成果都忽略了这一常识。行动研究的主体是研究者和教师，但是简单把两者等同于“行动＋研究”是不妥的，两者是共进退、相互融合的，这是中小学教育研究应秉承的基本立场。把研究的实施与行动的开展、对行动的反思紧密结合起来，研究才能摆脱其原有的虚空状态。

本章小结

行动研究具有参与、改进、系统而公开的特点，被看成介于基础研究与应用研究之间的一种研究方式。行动研究自产生起，就将研究与行动结合在一起，通过不断完善行动从而达到研究目的。行动研究问题往往来自行动者对本人的教育实践问题的敏感和持续的关注。行动研究的经典步骤是计划、行动、观察或考察、反思。这个步骤“螺旋循环”式发展，行动达到了研究目的，这一循环就会暂时终止。行动研究的成果撰写往往在“规范”与“故事”之间权衡，既不能满足规范而丢失了研究本身的魅力，也不能满足故事性而失去研究规范。[①] 行动研究报告采用叙事方式也是不容忽视的一种方法，因为无论何种类型的行动研究报告都有叙事的成分在里面。

教育行动研究由关注实践，到重视科学实验方法的应用，再到从理论高度解决问题。这一发展过程是时代要求，也是教育发展的要求。批判是实践的和科学的行动研究的基本前提。过于强调研究的技术规范，或者过于关注课堂教学细节问题，都不是真正有效的行动研究。

---

① 参见陈向明主编：《教育研究方法》，教育科学出版社 2018 年版，第 368—372 页。

第九章　个案研究与小学教育

个案研究是社会科学研究使用的一种重要研究方法，从 20 世纪 20 年代开始在社会领域中广泛应用。伴随新时代小学教育改革的深入发展，中西方的教育内容、教育制度形成了各自的特点，以国别作为案例选择标准进行研究。此外，小学教师、小学生乃至学校都可以看作案例进行研究。媒体报道的海南思源学校小学生一边上学一边养育种菜，充分发挥了小学教育的社会功能与本体功能。作为个案进行研究，能让读者认识到小学教育对实施素质教育的意义。[①] 个案研究在教育领域中的应用也日趋广泛，能深入事物内部进行解释、推理，成为小学教育研究中必不可少的一种研究方法。

一、个案与个案研究

"个案"是单一对象，是指具有某种代表意义及特定范围的具体对象。个案可以是简单的，也可以是复杂的。在小学教育研究领域，这个对象既可以是一所小学、一个班级、一名校长或小学教师或小学生、一门课程、一个辅导机构、一个特殊家庭、一个兴趣小组，也可以是一个伤人事件或一个育人过程等。班主任对所带班级的一个或少数几个优生或差生进行个案研究，揭示其背后的规律性，总结优秀学生培养经验，针对差生转化教育提出针对性措施。个案是一个有界的系统，是工作的全部。个案研究一般是对研究对象的一些典型特征进行全面、深入的考察和分析，通过详细分析个案的基本情况解释某种行为或结果。从研究规范上，它实际上属于一种调查研究

① 参见阮成武主编：《小学教育概论》，华东师范大学出版社 2011 年版，第 54—58 页。

的方法，只是调查样本偏少。正因为调查样本数量少，才有更多的时间对样本进行深入分析，揭示变量之间的因果关系或相关关系，并提出一些积极的建议或对策。[①] 个案研究既是调查的过程也是调查的结果。

（一）教育个案研究的理解

个案研究在社会科学领域历史悠久。早在19世纪末，美国学者就运用这种方法开展研究。20世纪60年代起，个案研究逐步受到重视。西方学者戈尔比（M. Golby）等学者开始将个案研究用于研究教育问题，并认为个案本身是研究的关键。[②] 个案可以是一个学习有障碍的儿童、一所学校、一个班级、一个团队等。个案是一个有意义的实体，是一个个体或更大的社会系统。照此理解，个案研究是对单一的个体、团体、组织或事件进行深入而具体的探讨，以获得尽可能多的相关资料，进一步解决事物面临问题的过程。关注个案的运作，需要对个案进行整体描述。

教育个案研究是以一个特殊的教师或学生、典型的教育事件或教育团体为研究对象，来探究某种特殊情况形成和发展的原因，揭示其发展变化的规律。例如，对儿童的勒索行为进行研究，对有心理问题的儿童进行研究。通过研究，寻找观察与既有理论相冲突的方式和所谓的“理论缺口和缄默”，发展理论或证明理论。在小学教育领域，个案研究更多用于研究小学生的身心发展、学习上的变化等。学习困难学生在校感受到的教师关怀非常重要，用个案研究的方法来探究这类群体在师生情感上的变化，发现学生对教师的情感与教师对学生的情感正相关。

（二）个案研究特点分析

个案研究是通过提供描述、解释与评估，探究和分析原因，形成新的研究假设，并提供进一步论证的基础。根据对个案研究的概念分析，研究个案具备以下特点。[③]

1.研究对象的单一性

个案研究的对象是单一的，但不是完全孤立的，而是与其他个体相联系的，共处于一个整体，只是作为单一的研究对象，在一定程度上反映其他个

① 参见邱小捷主编：《中小学教育研究方法》，高等教育出版社2016年版，第126—127页。

② M. Golby, *Case Study as Educational Research*, Deven: Fair Way Publications, 1993, pp.10-95.

③ 参见邱小捷主编：《中小学教育研究方法》，高等教育出版社2016年版，第126—127页。

体和整体的某些特征和规律。陈鹤琴通过对儿子成长的记录，概括出儿童身心发展的规律。此外，作为个案研究对象还应具有与其他个体不同的典型特征，否则就没有多大研究价值。如对有勒索行为的儿童的个案研究，揭示他与正常儿童的不同之处，多方收集资料，分析其勒索行为产生原因及矫正过程。

2.研究内容的深入性

个案研究的内容既包括个案的现在，也包括个案的过去，还可以追踪个案的未来发展。个体或事物现在的状况与它的产生、存在、发展阶段密切相关，三年级学生 A 习惯性说谎，需要对说谎的源头彻查清楚，可能是源于一年级的某件事情，那么就需要了解清楚这件事情是怎么成就说谎行为的？由于研究对象只有学生 A，所以有较为充裕的研究时间，对他的人际关系、生活进行透彻深入、全面系统的分析与研究。在"儿童勒索行为"研究中，不仅了解该名儿童的过去，而且还要分析他的现在，并跟踪研究他将来发生的变化。因为已经确定了研究问题是个案行为的结果，那么接下来就要开始探究造成结果的原因。

3.研究方法的综合性

为了搜集到儿童勒索行为更多的个案资料，从多角度把握这一儿童的发展变化，必须综合观察、访谈、测量等各种研究手段，对勒索行为有较为全面的了解。个案的情况越复杂就越需要收集更多的资料，那么会用到更多的工具。个案研究本身是综合性的，每个阶段收集资料的方法略有不同。个案研究也有自己的研究方法，即便是个案追踪法也不是完全独立的研究方法，追踪研究中也需要用到观察、问卷等研究工具。

（三）个案研究分类梳理

个案研究方法的选择取决于研究者的目的，一是能更好地监控个案的行为，二是解释其中的因果关系。在个案研究的分类中，以对个案研究具有重要影响的两位研究者尹（Yin）和史黛科（Stake）的分类最具代表性。①

尹按照研究目的将个案研究分为探索性、描述性和解释性个案研究。②探索性个案研究是指确定研究问题之前的一种直觉调查，以期在接下来的

① 参见陈向明主编：《教育研究方法》，教育科学出版社 2020 年版，第 297—298 页。

② Bob Price，"Case Study Research with Children and Their Families"，*Paediatric Nursing*，Vol. 20，No.6，2008.

研究中得到检测自己的问题,进一步明确问题范围。描述性个案研究是指在现象所处的背景中对其进行完整的描述,开头使用一个描述性理论用来支持对现象或故事的描述。解释性个案研究是指解释因果关系,从表层和深层两个水平检测数据。

斯泰克将个案研究分为本质的、工具的和多重的个案研究。本质个案研究是指个案选择的原因受其特殊性决定,不在乎它是否有代表性。如个案是一位超常儿童,在小学里属于特别少的对象。工具个案研究的目的在于收集知识和建构一个可以推广的理论。这样的个案具有代表性,能反映一组现象的特质。多重个案研究是对一组个案深入研究,这一组个案中单个研究较少,通过比较多个个案,突出这组现象的普遍性。①

怀特根据三种目的把社会科学个案划分成身份认定、解释和控制。拉津将个案分成经验的与理论的、普遍的与特殊的两对类型。② 个案分类是进行研究的前提。研究者根据自身对个案的理解,结合具体问题进行了分类。

个案研究的分类是理解个案研究的一种方式,最具代表性的两种类型不一定成为个案研究必须取舍的问题。一般意义上,个案研究的类型并不左右我们的研究,反而是选择的个案情况和研究者自身的能力决定选用个案研究的具体类型。

二、 个案研究的过程

个案研究需要寻找个案的共性和特殊性,通常从个案的性质、独特的历史背景、自然环境、社会背景了解本个案的其他个案。定性个案研究者的主要任务包括:界定个案范围、选择研究问题的侧重点、寻找阐明问题的资料模式、对关键数据进行三角互证、选择合适的解释方式和将个案概括化。③ 个案研究的过程没有统一的说法。学界关于研究步骤的讨论有很多,认为过程应包括计划、设计工具、收集资料、分析资料和得出结论或推广经验。

---

① R.E. Stake, *The Art of Case Study Research*, Thousand Oaks, CA: Sage, 1995, pp.5-35.

② 参见[美]诺曼·K. 邓津、伊冯娜·S. 林肯,《定性研究:策略与艺术》,风笑天等译,重庆大学出版社 2013 年版,第 469 页。

③ 参见[美]诺曼·K. 邓津、伊冯娜·S. 林肯:《定性研究:策略与艺术》,风笑天等译,重庆大学出版社 2013 年版,第 481 页。

(一)个案研究的设计

1.研究问题的界定

研究问题在个案研究开始阶段往往并不十分明确,随着研究的展开,它才逐渐明朗起来。因此,研究者通常先提出一系列较为灵活的问题或假设,在研究过程中,通过深入的思考、探索和修正,使之尽快确定下来,以便指导后续的工作。

2.研究个案的界定

教育个案研究更多用于研究教育对象的特点。通过探讨和论述个案的一个或几个方面,以发现或描述个案情况的本质和总的发展趋势,为改进、调整、校正教学及管理和理论研究提供翔实的事实材料和科学依据,因此研究的个案到底是什么首先必须做出界定。

3.研究结果的呈现方式

结果呈现的方式包括预期得到的结果,其代表性、概括水平如何,向什么人呈现结果,其能力水平、背景如何,以何种方式呈现结果等。个案研究在设计阶段除了需要考虑信息的收集、整合、分析诊断外,还需要考虑实施行为矫正、跟踪研究及随时与后期回访等问题。

一个有科学性的个案研究在设计上要能回答提出的问题。对个案的叙述提供原始数据,使读者能判断结论的效度。原始数据提供需注意叙述方式,不应让读者感受到主观因素的掺杂。那么,在进行个案设计时,研究者需要注意一些问题。①

一是个案设计的出发点是研究问题。研究问题决定在研究事件、参与对象等方面的选择。也就是,某个具体内容被选择,是因为它服务于研究目的。所以,研究者运用个案研究首先要清楚是必要可行的。二是选择和决定研究所依据的个案,有助于研究的顺利进行。用单一个案还是多个个案,个案与研究目标是否适合,都是个案选择的标准。三是个案资料收集方法尽可能多样。资料来源可以是通过参与观察、深度访谈获得材料、档案材料、统计数据、问卷调查结果等,尽可能收集全面。有时候可能会遇到原始材料收集困难的问题,那么这时候二手的或转述材料也是可以的,但是需要在论证时清楚说明。个案研究作为一种研究方式,可以基于定性材料,也可

① 参见风笑天:《社会研究方法》,中国人民大学出版社 2022 年版,第 325—326 页。

以基于定量材料，或者二者兼有。[①] 多种资料来源的利用是个案研究的一个重要特征。四是研究者主观因素的影响。因为个案研究自身原因，研究设计中选择个案，资料分析等都会有比定量研究更多的主观因素影响。这种选择带来的可能局限性，需在做出各种选择之前考虑清楚，想好消除的对策。

（二）个案研究的基本步骤

1.选择个案案主

研究者应根据个案研究的目的和内容，确定在某一方面具有典型特征的个体或事件作为研究对象并进行抽样。迈克尔·巴顿将选择个案的过程称为目的抽样，并总结了 15 种选择策略，乔伊斯·高尔将这些策略分为四类（见表 9-1）。[②]

表 9-1 个案研究中使用的个案选择策略

选择具有关键特征的个案	极端个案/集中性/典型个案/最大变化/分层/同类/目的性随机
反映概念基本原理	关键个案/基于理论的或具有可操作性的结构/证实或驳斥个案/标准/政治上重要的个案
突然出现	机会主义/滚雪球
缺乏基本原理	便捷性

个案的选择有很多标准，选择单一个案时，应考虑个案是否有代表性，能否从该个案获取最大信息量。选择多个个案时，应注意个案能否提供不同的信息，能否得出预计的结果，否则会影响个案研究的结果。

按照斯泰克的分类，本质性个案工作在正式研究前就确定了个案，工具性和多重性个案工作通常需要挑选个案。如果对小学生研学去的 3 个研学地点进行研究，那么，这 3 个地点就可以算作多重性个案。先进行分类：场馆类型（美术馆、科技馆、博物馆）、分布城市（小城市、大城市）、节目类型（展出类和参与类），在此基础上建立 12 种类型，现实中不可能找到合适的样

① 参见[美]罗伯特·K.殷：《案例研究：设计与方法》，周海涛、李文贤、李虔译，重庆大学出版社 2010 年版，第 16—18 页。

② 参见陈向明主编：《教育研究方法》，教育科学出版社 2018 年版，第 303—309 页。

本。只能选择 3 个具有多样性特征的场馆去研究。对于多重性个案的选择,考虑多样性、学习机会是必需的,代表性不是选择的标准。[①]

2.收集研究资料

收集全面的资料是个案研究的有效性保证。个案的资料来源主要有三方面:教育个案本身的资料、学校记录、家庭和社会背景资料。小学教育领域关心的个案与教育相关,也就规定了收集个案有关资料的范围。美国研究者尹认为个案收集资料的方法包括五个方面。

一是文件回顾。个案研究需要调查关于个案的背景性资料,这些资料可以是文档、报道性文字、信件、会议记录等与调查相关的全部文件。文件回顾可以从侧面证实或证伪个案的访谈内容。

二是归档文件。一般是服务性文件、机构记录、调查数据等,注意评估这些材料的真实性。尤其是师生个案的研究,教育行政政策、学校规章制度、师生在校表现等这些材料非常重要,这些是个案生活的背景性材料,其他调研问题设计需要参考背景性资料。

三是访谈法。常用的访谈形式有结构访谈和非结构访谈。结构访谈包括个案的基本信息、每个发展阶段的活动及其策略。相对来讲,非结构访谈较为灵活,可以从不同方面了解个案的真实情况。如研究者可以询问一个学生为什么使用左手写字,结果发现是因为这个学生左手比较灵活,偏爱用左手做事情。

四是观察法。个案研究中常采用参与观察和直接观察收集资料。参与观察能从个案活动的内部来发现问题,获得个案的信任。直接观察可以收集环境资料,如教室布置、教学活动、校园环境、家庭环境等方面的资料。这是对个案生活的空间进行收集资料,并用此分析个案某一方面的行为,如喜欢上学、参与美化教室环境等。

五是实物资料。研究工具、测量仪器以及田野调查时收集到的物证,如照片、录像等实物资料,从而确定该个案研究的背景。研究一位小学校长的工作过程,他办公室的摆件、物品摆放都可以成为分析校长管理观念形成的影响因素。校长办公室书橱里摆放的图书、观赏植物、待客的沙发等都反映了校长的基本修养。

---

① 参见[美]诺曼·K. 邓津、伊冯娜·S. 林肯:《定性研究:策略与艺术》,重庆大学出版社 2013 年版,第 479—480 页。

3.分析研究资料

资料分析从资料收集的那一刻就开始了,从观察个案时获得最初的印象,直到最后将各种印象整合在一起并得出结论。这一过程中,研究者需要对个案进行详尽的观察、深入的思考、不断的反思和质疑。

个案因采用方法的综合性,收集的资料有定性资料和定量资料两类。资料分析是个案研究中最困难的部分。研究者对个案研究资料分析策略进行了探讨,下面将重点介绍三种策略。

一是编码。早期收集的资料较为繁杂、零乱,编码采用一套系统能够简化资料。与此同时,编码能使读者看到理论模式和编码系统之间的逻辑关系。建立编码系统的途径,一是依据事先确定的或先前的编码。这种编码主要依据对先前研究或理论的思考。二是对数据进行初步探索之后再进行编码。初期研究需要编码对资料进行整理,简化,从而使资料归类。编码系统包括具体的信息要素,有清晰的概念。

二是建立解释。通过建立一种解释方式对个案进行分析。解释过程中一些事实被排除,一些有用的线索可能被发现,沿着这条线索继续追查,最终排除其他解释后形成关于个案事实的合理解释。

三是显示结果。通过显示数据可以找出被编码的各部分之间的联系,例如,可以制作统计图表,用图表表现概念之间的关系,告诉研究者所做的工作。同时,对图表进行详细的解释,具体指明数据代表的含义,与个案的某一方面有何关系,揭示了哪些问题,等等。

以上是定性资料的分析过程,定量资料的分析方法主要包括描述统计和推断统计两类。对个案反复出现的行为可以用描述统计,根据内外部因素论证个案某一方面的变化,可以用推断统计进行关系建立的估测,更进一步说明因素之间是如何相互作用的。

4.形成研究成果

个案研究成果可以是学术论文或研究报告。个案研究报告包括三部分:案例事件描述部分,包括时间、地点、人物、事件发生过程、结果等详细的描述;案例理论分析部分,包括案例分析目的、教育理论依据、教育意义等;案例评议部分,包括案例自评或专家点评、改进意见等。三部分之间的逻辑关系应表达清楚,层层递进,从整体上搞清楚个案某一问题的解决过程,还有问题解决后的巩固措施。

(三)教育个案研究的资料收集方法

个案研究根据不同目的、内容和对象可以选择不同的方法进行。[①] 小学教育领域的研究对象常常是小学生,因而常用以下五种资料收集方法。

1.个案追踪法

个案追踪法是指在一段时间里,对确定的研究对象进行有意识的跟踪,收集相关资料,揭示其发展变化的情况和趋势。教师可以采用这种方法研究个别学生的成长过程。小学教师总是跟班负责小学生的学习,这时可以在自己所带班级中选择表现较好的学生连续追踪两年,记录下他们的校园生活,从全面发展的视角评价他们的成长过程。小学教育各阶段都有一些特殊儿童,班主任利用职务便利对他们进行追踪研究,能及时发现并解决问题,帮助他们健康成长。

追踪实施的过程和一般研究过程是一致的。首先确定追踪研究的课题,然后对个案实施追踪研究,继而整理和分析收集到的各种资料,最后在此基础上提出改进个案的建议。需要注意的是,适合追踪研究的个案应该具有一定的典型特征,研究内容要明确,追踪过程中应避免遗漏资料。对收集的资料应进行细心整理,可以一边追踪一边分析资料。个案研究对探究小学生身心发展的特点以及复杂教育现象的变化、相互联系具有重要意义。选用这一方法,研究者要清楚它较为费时,短期不能结束研究。因为历时较长,研究过程中变数较多,不容易控制这些变数对研究对象的影响。针对小学生不良行为的矫治,需要验证某一种教育方法的可行性,这可能需要一学期乃至一学年,矫治过程中始终不能放松,对研究者的要求偏高。

2.个案追因法

个案追因法是在研究中追寻和探究个案之所以产生某一结果的原因。与个案追踪正好相反,实施过程是确定结果和研究的问题后,假设导致这一结果的可能原因,然后通过设置比较对象或查阅有关资料进行对比收集资料,最后检验开始提出的假设。

小学阶段受社会发展的影响,有些小学生已经形成某种不良习惯,教师在研究不良习惯形成的原因时,可以分析多个具有不良习惯的学生的共性特征,也可以将他们与具有良好习惯的学生进行对比,分析他们有何不同,

① 参见江芳、王国英主编:《教育研究方法》,华东师范大学出版社2015年版,第224—228页。

进而找出不良习惯养成的原因。

个案追因法的验证实际上又开启了一个新的研究，如果对这一过程进行严格设计，运用实验法收集资料，将会使原因分析更具准确性。毕竟研究者在研究过程中会受到主观因素、取样代表性的影响，可能会误导自己的判断。导致产生一个结果的原因很多，追因不仅要考虑个案具有某种行为的背景，还要关注追因过程本身有无遗漏某些重要信息，哪些原因是造成个案产生这一结果的关键因素。

3.临床法

“临床”是医学名词，通过面对面交谈了解患者的基本情况。在小学，教师经常用谈话的方式了解学生的学习困难和心理需求。临床法适合在小学教育研究中运用。临床法的方式可以是口头谈话，也可以是书面谈话。口头谈话适合低年级学生，书面谈话适合高年级学生，无论哪种方式，都需要按照调查要求进行，访谈问题设计和问卷编制不得马虎。

临床法的研究问题往往是教师、家长或学生自身提出的自己需要解决的行为或学习问题。教师根据学生的在校表现，向家长了解其在家的表现，加上有关已有的研究文献分析，提出可能的假设，并设计解决方案。然后根据初步实施结果判断假设是否正确。即便是能解决问题，也要用实验法进一步验证，进而找出问题症结产生的关键影响因素。

4.教育会诊法

教育会诊不是新名词，早在苏联时期，著名教育家巴班斯基就对教育会诊的六个环节进行了探讨，会诊目的是对学生表现做出正确鉴定，教师基于此对自身的工作进行反思。在个案研究中，会诊是教师集体通过讨论，就个体的行为进行集体鉴定，形成比较客观公正的结论的资料收集方法。教育会诊主要针对个体思想品质及学习方面的问题，无论是对学生还是教师的深入了解都具有重要作用。

作为一种研究方法，其需要遵循科学研究的一般程序。会诊针对的研究问题更倾向于如何帮助个体发展，那么，会诊专家的挑选非常重要，谈话是最直接的方式，需要按照访谈要求进行，切忌偏离研究方向。验证假设时可以用实验法进一步说明。

5.产品分析法

这里的“产品”是小学生学习活动的结果。产品分析是通过分析学生的作业、书信、绘画、手工作品等，以了解学生某一方面的基本情况。[①]“双减”政策实施后，小学生作业内容、完成形式都受到关注，针对某一学科作业的布置和完成情况，可深入分析作业质量与评价学习效果的关系。

小学生的学习活动形成了很多产品。在当前强调学业质量评价的前提下，学生作业是重要考察内容。作业的内容、方式、完成时间、完成质量、写作业的心理活动等都是考察内容。还有现在流行的心理评估工具——绘画、音乐等，通过绘画作品可以推断个体的心理状态。

产品分析往往和其他资料收集方法一起使用，用来佐证资料的真实性，或者用来论证某一具体问题。研究者对产品的解读可能受到自身知识、能力，以及对产品的熟悉程度等的影响。所以，选什么样的产品，能否反映出个案的问题，这都是要注意的问题。

（四）教育个案研究报告的撰写

个案研究报告尽管没有固定的格式，但其写作也需要遵循一定的要求。

1.个案研究报告的基本结构

个案研究报告是在资料分析的基础上，简化复杂问题发现的过程，使读者能有自己的理解。个案研究报告的形式很多，为了便于读者理解，还需要清楚必须汇报的内容。

关键环节包括研究目的和理论背景陈述、研究主题、研究问题、对个案的具体描述以及如何进行取样和个案选择，研究的背景和个案历史，研究持续时间，数据收集和分析的方法，研究发现，对数据进行解释，构建完整的分析和解读，对影响因素的讨论，与更广泛的理论和实践议题之间的联系。

2.个案研究报告的规范

个案研究报告在陈述时无论从语言上还是研究原则上都需要遵循一定的规范。比如，使用第一人称我，而不是用研究者。撰写报告时，研究者还应注意以下几点：一是个案要有代表性。选取的个案应该能反映真实的问题，也可以是过去没有涉及的。二是个案要有理论意义或实践意义。三是撰写的报告要完整。四是应考虑多方面的观点。五是有充分的事实根据。六是材料与分析应融合在一起。七是应对参与者身份保密。

---

① 参见邱小捷主编：《中小学教育研究方法》，高等教育出版社 2016 年版，第 131—132 页。

（五）个案研究选择的讨论

个案研究在小学教育领域运用极为广泛，与其他研究方法一样，有其自己的优点，也有不足。个案研究的优点，首先表现在它可以对个体进行深入的剖析，把握个体发展状况的全貌。个案的选择一般采用非随机抽样，直接服务于研究目的，有助于教育现象中的特殊性问题探讨。其次，个案研究适合对个体发展指导。因为个案研究能准确把握个体的身份发展水平，找出问题成因与影响因素，能对个体进行及时的临床治疗，在个体心理问题解决方面得到较好的运用。

个案研究能深入剖析研究对象存在的问题，受到研究者的欢迎与推广。同时，因为自身的不足常和其他研究方法一起使用。首先，个案选择的代表性是要考虑的。当个案是一个人，抽样的代表性可以不考虑。当个案是一个群体，往往需要考虑它的代表性问题。如果选取的个案能代表其总体，研究结果能得到进一步推广。个案研究具有情景性，研究结论只适合某一类现象。因此，个案研究结论是否适合其他个案，由读者自行判定。其次，个案研究资料的准确性关乎结论的可靠性。一般来说，个案资料的收集除了可以使用严格意义上的研究方法外，还可以由他人提供，那么资料的可靠性就需要进行三角互证。收集资料的过程中可能涉及个人隐私问题，如果个案选择避而不谈，就使资料缺乏真实性。也有可能资料年代久远，受到时间、人际关系等影响，研究者也很难得到准确的资料。

个案研究的目的不仅仅是促进科学进步，对于公共政策的制定和个人经验的反思也有一种约束。我们常常看到行为改变的策略会产生共鸣，这作为个案研究的结果是可以的。个案报告的目的不是代表诸多事物，在政策制定和问题解决方面，个案研究的作用在于对经验的扩展，被持有不同观点的人分享。

三、个案研究的应用

个案研究因自身特点在小学教育领域应用广泛，可以研究学校管理、课程教学、学生发展、教师素质等多方面的问题。个案研究成果一般分为四大部分：第一部分是问题介绍，包括背景陈述、主要问题、研究目的等。第二部分是研究方法，包括个案的选择、基本特征、资料收集方法等。第三部分是研究结果，有层次、有逻辑地陈述。第四部分是讨论与结论，对研究结果进行分析，探讨与已有研究文献之间的关系，得到有价值的结论。[①]

以发表在2011年《教育学报》第3期的论文《课程改革、教师赋权增能与教师专业学习共同体——上海市四所小学的个案研究》[②]为例，该文首先介绍新一轮课程改革的启动，课程改革的实施主体——教师和教师发展是关键，对教师"赋权增能"有助于教师主动参与到改革中来。进而，提出问题"大力倡导教师赋权增能对教师发展意味着什么？教师专业学习共同体又在其中发挥着怎样的影响呢？"然后，介绍个案（上海市四所小学）的选取过程。其中，G、H两所小学为教师专业学习共同体，S、Q两所小学为教师集体学校。研究时间为三个月，通过访谈校长、中层干部，观察教师发展活动，收集活动记录、教师反思等文件资料。最后，汇报研究发现，新教材给教师带来较大的冲击，如框架调整、内容扩充、难度不统一给教师造成困难。教师自主寻求共同体的支持，引起对教师赋权增能的探究。同时对研究结果进行讨论，帮助教师在问责、赋权与增能三者中寻求一定程度的平衡。

上述文献不是个案研究的基本模式，由于个案研究的具体方法多样，那么，研究问题不同，研究成文格式也会有一定差别。比如对产生心理问题的个案进行研究与上述成果略有不同。一般写作格式是：在引出研究问题后，第二部分介绍个案基本情况，包括家庭、邻居、同学、同事等人际关系。第三部分进行资料分析，解释人际关系与目前现状形成的关系。以发表在2020年《中国临床心理学杂志》第4期的论文《行为契约法改善小学生学业拖延的个案研究》[③]为例，首先分别对学业拖延和行为契约法之间的关系进行阐释，提出要研究的问题，接下来，开始讲述个案的基本信息，包括个案的性别、年龄、家庭成员、父母职业、心理特征、学习情况、家庭关系等，然后通过对家长访谈了解个案在家的学习情况，研究者观察个案在家的学习情况，用量表评估个案学业拖延情况，用智力量表测量个案的智力。通过多方收集资料，对个案的学业拖延行为进行总结，为后续采用行为契约法进行干预打下基础。行为契约法干预时间为4周，由个案母亲监督个案完成契约规定

---

① 参见陈向明主编：《教育研究方法》，教育科学出版社2020年版，第313—317页。

② 参见宋萑：《课程改革、教师赋权增能与教师专业学习共同体——上海市四所小学的个案研究》，《教育学报》2011年第3期。

③ 凌辉、杨钰、刘朝莹、张建人、刘佳怡：《行为契约法改善小学生学业拖延的个案研究》，《中国临床心理学杂志》2020年第4期。

的任务，然后进行主观报告，记录个案在干预后发生的变化。最后，对行为契约法的运用效果进行讨论，发现该方法对学业拖延改善具有一定作用，培养了小学生和家长的契约意识。

该研究综合运用访谈法、观察法、问卷法和实验法收集资料，体现出个案研究资料收集方法的综合性。干预手段是改变小学生不良习惯最常用的方法，干预后个案在每个阶段逐渐变好，但是会有反复。建议可以干预时间长一些，出现反复时再次干预，会起到正强化作用。讨论部分可以加入对已有研究的证据，对比说明干预的效果。

个案研究的运用形式除了上述文献呈现的以外，还有针对个体不良行为或心理问题等进行的研究表述方式。以“小学生成长环境对性格养成的影响研究”为例进行说明这一表述形式。①

第一部分是“主要问题行为描述”，分别与个案案主、个案案主的父母和老师进行沟通，了解案主存在的问题。访谈结果发现，案主在研究者眼里是“不愿意在家里生活，想住在奶奶家，讨厌母亲和弟弟，觉得母亲不理解她，喜欢把错误推给别人，自己做得比谁都好，没有朋友，没有相处较好的同伴，很自卑”。案主在父母眼里是“脾气差，总认为父母不疼她。喜新厌旧，争抢新东西，不管是不是给自己的都抢过去，把旧的扔在一边。有偷东西的行为，打死也不承认，除非找到证据。有钱就花掉，没计划，不帮忙干家务活，在家待不住，还有离家出走的打算”。案主在老师眼里是“说谎，不诚实，爱慕虚荣，与同学关系差，不和同学玩。经常做出一些引老师注意的行为，像离家出走、不完成作业、身体不舒服等。撒谎成了习惯，不愿意接受帮助”。

第二部分是“资料收集”，分别介绍了案主的生活背景、社交生活以及相应的测试结果。关于案主生活状况，从她的家庭关系可以看出，父母亲均为个体经营者，四十出头，案主有个 9 岁的弟弟，其比弟弟大 2 岁，家庭经济状况比较富裕。在教育态度上，案主的父母过去对其过于纵容，疏于管教，现在因为案主不听话、脾气暴躁、刁钻，有时候气急了就打案主。案主喜欢户外活动，尤其喜欢游泳，游泳是唯一的特长。全家本来住在 B 市，后来案主父母到 Z 市做生意。上小学前案主和爷爷奶奶生活，上学时回到父母身边。小学期间，有一次案主与父母言语不和，便偷偷跑回奶奶家，后经奶奶劝告回到父母处。案主经常和同学吵架，成绩很差，在校无朋友，在家和父母、弟

---

① 参见江芳、王国英主编：《教育研究方法》，华东师范大学出版社 2011 年版，第 231—233 页。

弟关系不好。案主脾气暴躁，爱说谎、偷家里的钱，经常用离家出走威胁父母，父母很担心。

案主的社交生活非常简单，但是希望引起别人的注意。一方面，案主喜欢和老师接近，会经常到办公室找老师问东问西。起初老师们还能耐心与她谈话，时间长了对她不以学习为目的的行为感到厌烦，便尽量不与她交流。另一方面，案主的性格决定了她很难相处，所以与班里的同学关系不好，经常吵架，甚至厮打。

为针对案主实际情况进行合理评估，在制定干预策略前对案主的学习情况进行测评，各项测试结果显示，案主智力测验结果为 85 分，属于中等智力水平；上个学期的学业成绩平均分为 62 分，整体偏低。个性测验的结果显示，案主有强烈的自卑感，主观性强，与社会生活不协调。性格内向，很少参加集体活动，习惯自娱自乐，脾气捉摸不定。

第三部分是结合研究目的，从生活层面进行个案分析。结果发现：案主小时候与奶奶生活，奶奶对她非常溺爱，父母因为无法照应而内疚，对案主的不合理要求过分迁就，尽量满足案主物质上的需求，进而导致案主形成了这种任性、蛮横的性格。案主后来与父母生活在一起时，父母经常为生意发生争吵，加上弟弟年龄尚小，案主不能帮忙，父母有时候会痛骂案主，案主对父母和弟弟产生怨恨，认为父母只关心弟弟，父母疼弟弟不疼自己，还是奶奶对自己好，不愿意生活在这样的家庭中。在学校生活得不开心，与班级同学关系不好，因为买小零食请同学吃，结交了一些吃喝玩乐的同伴，自己学习不好，老师和同学都和她交流偏少，感觉自己不受重视，只用自己认可的方式引起他人的注意。

第四部分是根据上述分析，制订个案指导方案。具体包括先熟悉案主的基本资料和学业测试结果，以了解其整体情况以及存在的严重问题。接下来研究者以个别谈话方式，争取案主的信任，与其成为无话不谈的朋友，从与案主的谈话中发现问题。这一过程鼓励案主形成正确的自我认识观念。为验证对案主某些方面的推测，进行家访，了解案主的家庭环境，并努力争取案主与家人之间进行沟通。案主在学校的生活对其性格养成也非常关键，与老师们交换辅导意见，鼓励其他同学愿意帮助案主改掉不良习惯。此外，还邀请社区心理健康中心的人员参与到案主不良行为的矫治中来，多方力量发挥作用，提升对案主辅导的效果。通过教育会诊的方式分析案主在品质与学习方面的问题，定综合性指导方案。

第五部分是汇报“个案指导结果”，一是个人方面的变化，包括案主明白父母是爱她的，只是有时候表达爱的方式不对，案主经过这段时间后，基本可以理解父母的行为，但仍觉得其母亲的责打方式不对。案主感受到班主任和任课教师给予的关怀，但故意不理她的教育方式不对。案主明白要采取正确的态度和方法获取金钱和花费金钱。自己汇报不良习惯养成了很难改，但有心改正，不过需要较长的时间。二是家庭方面的认知，包括对母亲责打行为不予以谅解，认为母亲应该从孩子的立场看问题，不能“搞专制”；同时希望用恰当的方法，求得相互谅解。可能不容易，但会尝试着去做。案主愿意努力改善与弟弟的关系，但希望弟弟也要积极配合，不能乱告状，彼此要相互宽容。

第六部分是“结论”。通过上述矫治过程的分析，发现案主从小养成不良生活习惯，短时间内难以改正，需要多给予关怀，耐心教育，逐步改正。案主智商不高，对学业要求不宜太高，首先在于不良行为的改善。案主在本校还有近一年的学习时间，还有观察并矫治行为的时间，应继续进行追踪研究。

个案研究成果撰写没有固定格式，上述个案研究报告是采用干预手段进行的研究，干预过程需要几个月或几年，所以汇报研究结果的时候，尽量叙述清楚每个阶段采取的干预手段、干预过后的效果，根据效果再制订新的方案，继续实施，直到对矫治效果满意。

本章小结

个案研究在小学教育领域使用较为广泛，往往用来深入研究一所学校、一位校长、一位教师、一个班级、一名学生等单一个案，从而深描个案的变化过程，分析其中的微观理论。个案研究的设计与其他方法一样，其中个案的选择是设计中一个重要环节，结合自己的研究问题，有针对性地进行选择。个案研究也可以用于探索、描述和解释三种目的。由于个案研究的范围较广，不仅可以深入分析特定的社会现象，而且可以用来发展新的理论。

个案研究没有标准格式，研究报告呈现多样化特点。撰写研究报告时，研究者需要在叙述方式和创新表达之间寻求平衡。个案研究报告应采用叙事方式，在描述过程中进行理论论证，而不是以叙述客观事实为主。

第十章　叙事研究与小学教育

20 世纪 70 年代末 80 年代初，受约翰·杜威(John Dewey)经验论和施瓦布(Schwab)实践论的影响，叙事研究作为一种新的研究经验的方法开始兴起。1990 年，加拿大学者康纳利(M. Connelly)和 D. 瑾·克兰迪宁(D. Jean Clandinin)积极倡导叙事研究，并发表了《经验的故事和叙事探究》一文，后来又出版了《叙事探究：质的研究中的经验和故事》《走进叙事探究》等著作，通过叙事的方式，收集有关研究对象的资料，从资料中衍生出“扎根理论”。两位学者将叙事探究看成一种方法论和叙事性理解经验的方式，将杜威关于经验的理论作为叙事探究的哲学基础。① 20 世纪 90 年代中期，叙事研究被引入我国教育领域，在教育领域被称为“教育叙事研究”。

叙事研究是对生活经验中的故事进行系统研究。按照一些学者的观点，故事是对特定事件的原始描述，叙事是事后的描述，按照故事发生的过程进行复述。韦伯斯特词典把叙事定义为“用于表现一系列相关事件的一段论述或者一个例子”。② 叙事研究其实是运用或分析叙事资料的研究。

叙事研究作为理解叙述者的自我认同、生活方式、文化和历史的手段得到广泛运用。一是把叙事用于调查任何研究问题，这是最常见的类型。在心理学和教育学领域，常用来心理问题或学习障碍的诊断性分析。在社会学和人类学的研究中，叙事用来呈现社会特定亚群体的性格或生活方式。二是以叙事作为研究目的的研究，这一类别关注的是叙事的形式特点，如结

---

① 参见[加]D.瑾·克兰迪宁：《进行叙事探究》，徐泉、李易译，重庆大学出版社 2015 年版，第 1—5 页。

② 参见[以]艾米娅·利布里奇、里弗卡·图沃-玛沙奇、塔玛·奇尔博：《叙事研究：阅读、分析与诠释》，王红艳译，重庆大学出版社 2008 年版，第 3—4 页。

构、情节、语言风格等。三是对叙事研究取向的哲学和方法论的探究，米什勒提出三种视角：参考与时序；文本的一致性和结构；叙事功能。[①] 叙事的功能是多样的，用在教育领域也有对应的作用。

一、 基本概念

叙事研究是目前在小学教育研究中用到的一种定性研究方法。20 世纪 80 年代，加拿大课程学者们认为，教师从事实践研究的最好方法是不断地说出一个个“真实的故事”。通过叙述故事，说出自己对教育的认识和理解，这种宣传教育理念的途径是经常使用的。可以说，教育中的叙事研究多是围绕教师发生的故事进行分析，其结论与教育实践问题密切相关。

（一）教育叙事研究的发展脉络

1.教育叙事研究的兴起与运用

教育研究在片面追求科学化的研究范式中遇到困境，开始转向意义追寻的大背景下出现了教育叙事研究。长期以来，人们在科学主义思想支配下，努力用精确化的语言来描述教育事实，目的在于确立事物之间的因果关系，导致教育研究中人的物化和人文关怀的缺失，使教育理论失去了对教育实践的吸引力。20 世纪 90 年代，教育研究范式发生了转变，开始寻求情景化的教育意义。加拿大学者康纳利和克兰迪宁积极倡导叙事研究，主张将研究人的生活的理论思想引入活生生的教育经验中。他们认为，叙事探究是研究者一直与参与者讲述经验故事，在某段时间、某个地点，与周围环境进行社会性互动。叙事探究是一种理解经验的方式。[②]

丁钢教授是第一位将教育叙事研究引入我国教育界的学者，他在其主编的《中国教育研究与评论》特辑中介绍了教育叙事研究的策略与方法。刘良华教授是“教育叙事研究的倡导者”，他发表了一系列关于教育叙事研究如何在国内开展的文章。在理论界推介教育叙事研究的同时，教育实践界也积极主动地运用教育叙事研究，把它作为教师培训和专业发展的重要手

---

① 参见[以]艾米娅・利布里奇、里弗卡・图沃-玛沙奇、塔玛・奇尔博：《叙事研究：阅读、分析与诠释》，王红艳译，重庆大学出版社 2008 年版，第 4—6 页。

② 参见[加]D.瑾・克兰迪宁：《进行叙事探究》，徐泉、李易译，重庆大学出版社 2015 年版，第 11 页。

段。黎家厚教授将教育技术与叙事研究相结合，鼓励教师使用教育博客的方式记录自己的教学生活并不断反思自己的教学。

2.教育叙事研究的思想渊源

教育叙事研究被认为是以多学科理论为基础形成的一种研究方法。它发端于叙事学，对叙事的研究可追溯到柏拉图的《理想国》和亚里士多德的《诗学》。这些论述构成了以人物、情节、环境三要素为中心的古典叙事理论。受杜威的经验观启示，关系性、延续性和社会性是叙事研究的要求。

奥瑞克认为“我们以故事为生，我们也生活在它们之中”，引导我们思考将知识、情境和自我连接起来形成一套复杂关系。[①] 后现代思想家利奥塔批判了“宏大叙事”，认为小叙事为人类生活编织出意义，叙事知识与科学知识各有各的合法性、游戏规则和功能，应该同源并存。福柯也表达了对现代性的反叛，试图恢复“被总体化叙事所压制的自主话语、知识和声音”。[②]

教育叙事研究属于质性研究的一种形式，重在对教育现象的直观，教育行为意义的探寻。质性研究的目的在于从当事人的经验和角度了解其生活的世界，揭示现象背后的意义，增进人们的理解。

教育叙事研究是教师以讲故事的方式或研究者记述教师的故事，然后对研究对象有关的教育教学事件揭示其背后的意义、思想一种的研究方法。[③] 一位小学音乐教师讲述自己上课的艰辛，同时感慨大城市小学对音乐课条件的提供，积极探索条件不足的背景下如何开设音乐课。同是关于艺术类课程的开设，研究者记述了一位小学音乐教师的教学工作，在分析工作笔记的基础上提出开设音乐课程的建议。周琴妹老师发表了题为“由‘强按鸡头不吃米’所想到的……”的真实事例，就是一篇教学叙事。故事由陶行知先生的一件轶事讲起，他带公鸡到大学教室，强按鸡头吃食，但公鸡怎么也不肯吃，放开后它才啄起食来。班里有位家庭疏于照顾的学生，学习不上心。作者让这位学生选择喜欢的作业去做，一个学期结束后，学生的成绩有了很大的提高。作者体悟到工作时应因材施教、因势利导。[④] 从中我们可以看出周老师的儿童观体现出新时代的特征。

---

① 参见[加]D.瑾·克兰迪宁：《进行叙事探究》，徐泉、李易译，重庆大学出版社 2015 年版，第 13—15 页。

② 参见陈向明主编：《教育研究方法》，教育科学出版社 2018 年版，第 264 页。

③ 参见邱小捷主编：《中小学教育研究方法》，高等教育出版社 2016 年版，第 141—142 页。

④ 参见阮成武主编：《小学教育概论》，华东师范大学出版社 2011 年版，第 176—177 页。

（二）教育叙事研究立足生活反思生活

叙事研究与其他研究方法有共性也有不同，与收集资料、工作诠释有密切关系。一是样本数量规模偏小，通过访谈可获取丰富的资料；二是没有预先假设，研究假设往往是随收集资料总结出来的。因为是对资料的诠释，所以需要认真阅读和分析。三是不能把结果的可复制性作为评价指标。[①] 叙事对研究者的理解能力要求偏高，对资料的诠释不是无规则意识的进行，而是建立在个人经验和理论基础上的新知识的生产。

叙事原本是对文学作品的结构和表达进行叙述，教育叙事关注的是教师的生活体验叙述，具有以下特点。

1.研究对象主要是教师的教育生活

教育叙事研究的主要是教师的教育生活，不追求构建抽象理论。这些事件看似平淡，实则具有丰富的意义背景，反映出教师的做人做事观念。教师的教育生活包括日常生活、课堂教学、学生管理、教学实务参与等，这些是已经发生的或正在发生的事件，对揭示教师的教育理念非常重要。

2.研究文本以教育故事为载体

教育叙事研究的文本是发生在教育中的，是当事人的真实生活。在叙事中，真实的教育故事通过生动的描述具有了现场感。当事人的教育生活经验通过叙述再现当时的场景，能唤起读者对鲜活形象的感知，引发思考，那么所叙述的教育故事便在意义层面得到认可。教育叙事研究不是叙述教育生活完整故事，叙事是手段，研究是目的。通过故事的叙述，揭示其内含的意义。

3.研究过程注重思辨论证

教育叙事研究通过故事的叙述者提供材料，对材料用叙述的方式呈现出来。只叙事是不够的，还需要分析叙事所包含的意义及影响。研究乡村小学教师离开乡村的教育事件，记录故事主人公对乡村教育生活的体验，分析他在乡村工作的内心感受、形成的教育观念，同时还要进一步揭示他离开乡村的价值观念，以及他如何定位乡村教师，他对这个身份有何期待。这些问题需要在叙述的基础上进行理论分析。

---

① 参见[以]艾米娅·利布里奇、里弗卡·图沃-玛沙奇、塔玛·奇尔博：《叙事研究：阅读、分析与诠释》，王红艳译，重庆大学出版社2008年版，第8—9页。

4.叙事过程是当事人的生活反思

叙事是叙述过去和现在正在经历的故事。叙述人在叙说故事的过程中，对自身的经历进行整理，同时思考它的发生发展。这一过程，当事人把自己的过往实践作为研究对象，对发生在自己周围的教育现象进行研究，将获取的教育经验与他人共享。叙事研究指向工作的改进，当事人在叙事中寻找问题，总结规律，对职业生活进行重构。

5.研究方式注重参与者与研究者的结合

除行动研究之外，研究者与参与者只是研究与被研究的关系，从而保证研究结果的客观性。通过记录别人的故事进行叙事研究要求研究者与叙述者建立起融洽的关系，这样叙述者愿意向研究者分享自己的信息，乃至成为“无话不谈的朋友”。这样的结合有助于叙事研究的推进。

二、 叙事研究的实施

教育叙事研究首先要有“事”，然后对“事”进行研究，最后撰写研究成果。这一过程可以用一条研究路径表现出来。[①]

（一）叙事研究的基本步骤

1.确定研究问题

与其他研究一样，疑惑是叙事性思考过程的一部分，需要将疑惑变成研究问题。任何教育事件都可以拿来叙述，教师的课堂教学、班级管理、行政实务等有实际意义的、有价值的问题都可能成为研究问题。六年级班主任X老师晨读期间照例来班里巡查，发现班长L同学迟到。通过与L谈话得知，L家庭生活困难，平时需要照顾家里卧床的爷爷，还要补贴家用。X老师之后进行多次家访并给予财物帮助，与L的父母沟通，一起鼓励L坚持学习。就这样，聪明勤奋的L最后顺利考入大学。这个故事就是一个值得研究的问题。

2.选择研究对象

叙事研究对叙述者具有人文关怀，记录叙述者的实践感受，需要研究者与叙述者建立合作关系。研究者要对叙述者理解、认同，表现出足够的热

① 参见邱小捷主编：《中小学教育研究方法》，高等教育出版社2016年版，第145—148页。

情。否则,研究就无法顺利进行。因此,应避免研究对象与研究问题脱节,导致研究目的无法实现。选择好的合作伙伴对于获取资料,进行平等对话具有重要意义。研究者选取一位乡村小学教师进行研究,应熟悉对方的生活环境,从故事中真正理解对方的教育活动。叙事研究对象可以是研究者与参与者合而为一,又被称作"自传性叙事探究"。不过自传性叙事探究可以帮助理解与潜在的参与者和特定研究对象的关系,作为探究的起点。①

3.进入研究现场

研究现场是研究者了解研究对象的真实环境,要征得研究对象的同意。这是克兰迪宁讲到的"游戏实地",与参与者一起生活,把握在关系空间的生活体验。也可以直接倾听他们讲述自己的故事,被拖入他们的其他关系中。小学教师的教育生活环境主要在校园、课堂、学生活动中。进入现场意味着走进教师活动的时空,除了要不妨碍研究对象的正常工作外,还要借助多种方式收集资料。记录一位小学校长的生活,先要描述校园环境,再到具体的办公室环境,从显性文化到隐性文化的逐步推进,在叙述的同时不断地解释与推论,揭示校长作为学校管理者的治校理念。

4.收集资料

教育叙事研究在收集资料时主要借助观察和访谈完成。观察力求客观,应在自然状态下进行,避免预设对研究的干扰。因此,观察时要善于发现、捕捉被研究者特有的信息。访谈力求开放,应设计一组开放性问题,便于受访者回答。访谈时注意访谈技巧的运用。收集资料类型丰富,包括实地笔记、访谈记录、照片、作品等个人纪念品,文件、双方写的文字材料。叙事探究者需要在研究者记录、参与者记录、研究者与参与者共同谱写的记录三个维度上的观念框架下与参与者一起进行关系性研究。②

5.整理资料

整理分析资料是与研究事件进行对话的过程,研究者对事件也会产生新的体悟和解释。整理时要尊重事实,把资料的真实性体现出来。由于教育叙事研究强调的是对事件本身的分析,切不可脱离客观资料进行主观臆测。这一过程是从实地文本到研究文本的转换。开始收集的材料如同破碎

① 参见[加]D.瑾·克兰迪宁:《进行叙事探究》,徐泉、李易译,重庆大学出版社 2015 年版,第 40—41 页。

② 参见[加]D.瑾·克兰迪宁:《进行叙事探究》,徐泉、李易译,重庆大学出版社 2015 年版,第 43—45 页。

的镜子小片，讲述参与者在特定时间和地点发生的事情，从时间性、社会性和地点三方面理解其中的意义。[①] 数据分析重点是探寻共同谱写的关系，展现出探究的层次化的复杂性，讲明白参与者的实践方式，读者可以跟随故事进行“旅行”。按照“持续关注—仔细关注—建立关系”的过程体验研究对象的故事及其意义，并建构可能的理论。有学者认为，审视阅读叙事资料有两个维度：整体与类别；内容与形式，从而组成了四种策略模式，即整体——内容，对应的是个体完整的生活故事，聚焦于所描述的内容；整体——形式，着眼于生活故事的剧情发展和完整结构；类别——内容，先把研究主题定义为类别，然后摘录各种不同表述，分类整理后归入相应的类别；类别——形式，聚焦于某一叙事单元的体例或语言学特征。[②] 这些区分在实际分析时并不那么绝对化，给研究者提供一种分析思路。

6.撰写研究报告

教育叙事研究报告的撰写，既要详尽描述，又要整体分析，让读者感受到身临其境的感觉。[③] 细致的描述和深刻的分析相结合，将变量之间的关系梳理出来并解释，呈现丰富多彩的教师生活故事。不过，叙事研究生发的知识具有特殊性和非完整性，倾向于对某些可能性的思考，因而汇报的内容主要是对参与者经验的分享，围绕多条情节主线，讲述不同场景、不同关系的实践过程和情感表达。需要注意的是，不是仅仅讲述故事，还要揭示故事背后的社会意义和理论意义。

梅瑞迪斯·高尔等学者总结了叙事研究报告的共同特点，包括六个部分。[④] 一是引言部分。引言部分包括研究目的、研究问题以及相关文献综述。研究目的主要是描述，对参与者的故事进行“复述”，呈现一个完整的故事情节。二是研究设计部分。这里包括两个阶段：第一阶段，从参与者那里引出要研究的故事；第二阶段，通过系统解释和组织由参与者讲述的故事。在关于师范生教育实习的叙事研究中，研究者一开始就引出了两位师范生

---

① 参见[加]D.瑾·克兰迪宁：《进行叙事探究》，徐泉、李易译，重庆大学出版社 2015 年版，第 46—51 页。

② 参见[以]艾米娅·利布里奇、里弗卡·图沃-玛沙奇、塔玛·奇尔博：《叙事研究：阅读、分析与诠释》，王红艳译，重庆大学出版社 2008 年版，第 11—12 页。

③ 参见杨小微：《教育研究方法》，人民教育出版社 2005 年版，第 116—119 页。

④ 参见[美]梅瑞迪斯·高尔、乔伊斯·高尔、沃尔特·博格：《教育研究方法》，徐文彬、侯定凯、范皑皑等译，北京大学出版社 2016 年版，第 356—358 页。

教育实习期间与小学指导教师的故事。[①] 第三阶段对这些故事进行分析，探究组建教师实践共同体与实践性知识发展的关系。三是抽样部分。叙事研究采用目的抽样。研究者认为师范生前往中小学实习，就走进了教师专业共同体。这一共同体对师范生教育实践性知识习得是一个重要因素，为探究实践共同体对实践性知识的发展影响就选取了两位师范生小 D 和小 T。四是数据收集部分。叙事研究的资料收集是通过访谈方式进行的。研究者要求参与者描述自己的实习生活轨迹，然后聚焦于师范生与指导教师之间关系的建立这一焦点上。无论是自我陈述，还是研究者复述，记录时都需要客观呈现故事的发生、发展与结果。五是数据分析部分。研究目的不同，数据分析的阐释方式也不同。如果是描述，需要将数据组织成一个连贯的故事。描述事件发生的背景，对事件有影响的人、事，以及故事参与者的内心变化和情感等。如果是解释，需要将故事的所有事件编织到一个反映因果关系的结构中。肯·格根（Ken Gergen）和玛丽·格根（Mary Gergen）在 1984 年提出叙事的三种故事结构：前进式、退缩式和稳定式。每一种故事结构都可以将事件组成故事。在上述师范生实践性知识习得研究中，研究者发现师范生小 T 在与指导教师的互助中不断积累实践性知识，而小 D 在积累实践性知识过程中遭遇了被指导教师控制的困难，然后他选择被动接受，整个实习过程充满了消极情绪。如果是评价，需要分析参与者对个人故事构成要素进行评价，研究者需要解释个人做出如此决定的原因，后果如何。假如上述研究中两位参与者解释他们与实践共同体的关系看法——融入或是游离，相应地，研究者就要从这一感受入手，分析他们为什么会有这样的感受？是实习教师身份，还是共同体的吸纳能力、指导教师的看法等，需要进一步解释。六是讨论部分。这部分主要总结研究的主要发现，分析研究的局限，探讨研究发现对实践及进一步研究的启示。通过研究案例发现，实践共同体对实习学生发展具有重要性。实习生和指导教师的交往方式、相互介入方式都是产生影响的重要因素。

---

① 参见李利：《实践共同体与职前教师实践性知识发展——基于教育实习的叙事研究》，《教师教育研究》2014 年第 1 期。

（二）叙事研究内容丰富

1.教师的教育思想

教育叙事研究往往借助教育事件，研究教师行为背后隐含的思想和教育理念，为解释有关教育现象寻求理论支撑。教师的教育思想总是通过教师的教育教学行为体现出来，比如，教学设计、教学实施、师生关系、教学评价等，教师的行为反映了教师对教育教学的认知与态度，这些思想又渗透在日常教育活动中，从而影响教师的教育哲学。用叙事研究教师专业发展，像教案、备课记录、作业批改、教后反思等都可以成为剖析教师思想形成的实物证据。

2.教师的教育活动

教育活动的类型较为丰富，对教育活动进行研究，不是描述活动的开展过程，而是研究活动反映出来的教师内心的声音，借此探寻教师的行为意义。教师的教育活动非常丰富，教师在活动中成就了自己。小学教师每天在校时间较长，除了正常的人际互动，更多时间是在与学生共同完成教育教学工作。在教育教学活动中，教师的教育理念、教学行为、师生关系、个人生活交织在一起，相互作用。教育活动的复杂性要求叙事的深描，以及对故事的意义进行解释。

3.教师的教育对象

小学教师的教育对象是小学生，叙事研究主要是研究小学生的年龄特征、心理特征、学习兴趣、学习方式等，研究学生喜欢的、正在进行的学习活动。当研究结果呈现出学生在校的真实生活时，人们就获得了与学生对话、沟通的可能，从而加深对学生生活整体状况的理解。学生身心发展与教育活动开展的关系是复杂的，从生理学、心理学视角研究学生的学习、生活，从复杂思维解读学生的成长过程。研究学生在校生活，梳理其相关联的人、事、物，也有助于学生对自己有一个了解。

（三）叙事研究应遵循伦理要求

叙事研究面对的研究对象是师生，除了前面章节提到的伦理要求，还需考虑这一方法的特殊性。教育叙事研究的伦理规范既是对研究者的要求，也是出于保护研究参与者利益的要求，涉及教育事件、教育人物及其相互关系的判断，也与对教育的基本认识有关。

研究关注教育中具体的个人，这里的人是教师和学生。只有对他们尊重，对师生生活关怀，才能呈现出当代教育的真实情境。师生在校园的生活是丰富多彩的，都有着自身成长的独特轨迹。记录下来丰富多彩的校园活动，可以让读者体会生命的意义。选择研究对象时，无论是优秀人物还是普通或者具有不良行为的人物，都要客观对待，不能单凭主观喜好程度，夸大或缩小研究对象的某些行为或做法。

研究者应保证参与者是自愿参与，让参与者有权知道研究可能存在的风险等。同时，承诺对参与者的身份及信息保密。叙事是叙述人与事之间的关系，绝不能把参与者的信息透漏给他人。研究成果应得到参与者认可后才可以发表，尊重参与者对某些观点的修改意见。叙事研究带有很强的故事性，必然涉及故事中的人和物。关于人的基本信息可以采用化名，故事发生的地点也用化名。

教育叙事的文本与文学叙事的文本内容不同，教育叙事文本关注的是研究对象及研究者对这些故事的意义解释。文本的当事人是具体的人，不是文学叙事中人物模型的加工与塑造。但是两者存在相似性，基本特点是都具有故事性。对故事本身的解读，也是考察研究者能力的一个方面。教育叙事研究中，研究者在长期的田野观察和他人交往中，对研究对象的生活故事和意义建构做出解释，基于理论上理解并建构理论。反过来，理论能运用于该故事的指导，形成理论与事实的融合。

（四）叙事研究评价标准多样

叙事研究是从诠释出发，通过多种方式来阅读、理解和分析叙事资料，最后进行诠释性解释。鲁尼恩提出评价叙事研究的七个标准，即呈现出对人物的洞察力；表现了对人物的感觉；理解人物的内心世界；刻画人物所处的历史背景；阐明相关事件；文字生动；有启发。哈默斯利提出了两个非常一般化的标准：解释是否真实、合理；是否对本领域做出了贡献。利布里奇等提出四个标准，即证据的全面性；对不同部分的诠释是完整和有意义的；分析故事有创新；以少量概念进行独到分析且文字生动。注重研究者与叙述者进行对话的重要性。[①] 叙事研究进展过程的评价是相对的，毕竟它是对

① 参见[以]艾米娅·利布里奇、里弗卡·图沃-玛沙奇、塔玛·奇尔博：《叙事研究：阅读、分析与诠释》，王红艳译，重庆大学出版社2008年版，第139—140页。

文本的分析，研究者的诠释水平影响研究结果的汇报。不过，有一个标准清单能帮助我们开展质量更高的叙事研究。

三、叙事研究的应用

如果仅从名称上看“叙事研究”，往往会认为是对故事内容作为文本的整理、阅读、分析和诠释。叙事研究并不只是叙述故事，与叙述者对话中，外显的和含蓄的交流、理解与诠释都在不断发生变化。研究者的诠释水平与资料分析概括出来的理论有密切关系。在研究方法上，质的方法或量的方法不是截然对立的，研究者面对资料是否精确的可能性，自己必须做出决定。学者们建议应该为两类方法提供足够的空间，应针对叙事过程中部分资料的需要进行定夺。① 叙事研究的主流有生活叙事和自传叙事，理解不同背景下叙述者的内心世界。这里面有一个自我认同的问题。无论何种类型的叙事，自我认同都会发生作用，可能是冲突的，也可能是一致的。叙事的外部结构性特点与叙述者较深层次的个性一致时，研究更有启发性。尽管可以用模型去框定叙事材料，但是单一模型把叙事过程简单化了。因此，不应是二元对立的思想。可取的办法是把整体与类别、内容与形式构成两个连续体，任意端口上的举例可以多一些，两端就达到了平衡。现实中，两个维度的界限是模糊的，即便是一个较短的故事片段也是一个整体，当我们阅读这个片段时，要把它放在整体背景中去考虑。

叙事研究在小学教育实务中运用广泛，在教学过程和学生管理两方面都充分发挥了它的作用。从叙事的作用来看，叙事主体通过叙事能够积极推动自我意识的觉醒，梳理自己的社会性发展过程。叙事主体如果是教师，叙事主题是教育工作，可以从课堂教学、师生交流、同事合作、学生管理等方面准备。叙事主体如果是学生，叙事主题是校内生活，可以从同伴交往、课程学习、作业完成、师生关系等方面准备。通过叙事，学生可以转变认知，表达与展示自己。叙事是一个充分表达自己的过程，无论叙事主体是哪一个群体，都体现出对个体观念表达的尊重，鼓励积极对自身主体性探索，探寻自我存在的价值与意义。通过叙事活动，讲故事和听故事的双方学会倾听

① 参见[以]艾米娅·利布里奇、里弗卡·图沃-玛沙奇、塔玛·奇尔博：《叙事研究：阅读、分析与诠释》，王红艳译，重庆大学出版社2008年版，第135—138页。

与接纳别人。交流本身就是情感升华的方式，立足真实生活，形成不同的思考视角，有助于获得自信的心理力量。

以发表在《教育学术月刊》上的论文《乡村教师缘何“留不住”——基于一位农村小学教师的叙事研究》[①]为例，说明叙事研究的应用。本研究采用目的性抽样选取河北省 W 县某乡村小学的一位男性教师，该教师是研究者的朋友，便于收集材料。此叙事研究主要采用访谈法和观察法收集资料。此外，还对研究对象的人际关系进行详细考察，多途径收集资料有助于资料互补。接下来呈现研究对象的离职过程，按照入职—离职这条主线叙述研究对象的故事。在叙述故事的同时，作者进行了相应的分析。然后选择适合的理论依据对这位小学教师离职的原因进行分析，在此基础上提出问题。

该文属于相关关系的叙事，按照事件发生的时间顺序进行叙述，体现出叙事研究的特点。但是，按照刘良华教授的理解[②]，分析资料阶段需要确认“关键事件”与“本土概念”，其中关键事件包括矛盾冲突的重大事件，也包括某些悄无声息的物质痕迹。该文以研究对象的乡村小学生活为故事情境，叙述了研究对象在生活中内心的矛盾与挣扎。本土概念也就是研究对象的“文化密码”，从而“牵引”出研究对象的真实生活。比如“打了鸡血”“心理落差”“没事找事”“坚守的初心”“雇佣与被雇佣的关系”“没有评选职称的通知”等本土概念。然后形成“扎根理论”，扎根理论的写法至少有三种，该文采用“先叙事，后解释”的方式，在整体上保持故事的完整性和情节性，每个故事都有一个相应的教育主题。也有学者建议，对于不能科学解释的现象，则应照维特根斯坦的教导，对其“保持沉默”。[③] 最后，总结出“保健因素和激励因素不能协调是小学男教师离职的重要原因”。

总体来看，教育叙事是近年来小学教育领域广为关注的文体表达形式。郑金洲教授建议不要让叙事停留在叙述上，不进行思想的提炼。[④] 在政策引导和科研接地的背景下，不少小学教师依托叙事反思自己的教育教学行为，总结经验，作为自己专业成长与发展的重要手段。但是，叙事是需要生成新的知识体系，在故事叙述中带来教育理性思考的升华。查看小学教师撰写

---

① 陶夏、段文静：《乡村教师缘何“留不住”——基于一位农村小学教师的叙事研究》，《教育学术月刊》2021 年第 8 期。

② 参见刘良华：《教育叙事研究：是什么与怎么做》，《教育研究》2007 年第 7 期。

③ 参见刘良华：《教育叙事研究：是什么与怎么做》，《教育研究》2007 年第 7 期。

④ 参见郑金洲：《学校教育科研中存在的八大问题》，《人民教育》2007 年第 6 期。

的教育叙事，相较于开始运用教育叙事有了一些变化，内容日益多元，题材日渐多样，连题目也越来越有自己的特色。可见，叙事产生了预期的促进作用。叙事只是一种手段，而不是目的。小学教师能借助叙事来梳理自己的实践过程，记叙自己的教育教学经历，提炼自己的教育智慧。专业研究者借助叙事能更好地认识教育教学实践，从实践中不断汲取营养，实现教育学理论形态的转变，逐步实现“透过现象看本质”的研究目的。由此看来，加强理论的介入与分析是十分重要的。现代的叙事研究，应该是多种研究方法和文体的综合，真正成为教师成长的助手、学生发展的条件。

克兰迪宁和薇拉·凯恩（Willa Caine）描述了叙事探究的十二块试金石，[①]具体包括关系性责任、协商各种关系、进入实地、研究文本形成、展示时间性、社会性和地点等三维解释方式、研究意义明确、关注不同读者、坚持动态观点等。这一观点遵循了定义和思维的概念框架，可以作为叙事研究评判价值的参考标准。那么，读者可以用这十二块试金石检验叙事成果的质量。

本章小结

叙事研究是围绕研究参与者发生故事的系统分析。故事可以是已经发生的和研究过程中发生的，也可以是发生在历史和当前的，还可以是书面的、口头的或表演性的。故事多样化反映了研究参与者在自然状态下的思考。叙事研究的工具主要是访谈提纲，通过交流了解他们的经历、将这些事件组织到一个有意义的理论框架中进行分析。除了访谈资料，也包括照片、实物和相关文字记录等资料。研究参与者的叙事提供了丰富的资料，可以帮助研究参与者更好地了解自己以及自己的教育生活。

叙事研究报告写作时，先把故事叙述清楚，分析故事发生的逻辑过程，并尝试建构相应的理论，形成理论分析视角，然后用理论分析故事中的主人公某一方面的变化，形成基本的判断，再推动理论的前进。

① 参见[加]D.瑾·克兰迪宁：《进行叙事探究》，徐泉、李易译，重庆大学出版社2015年版，第236—237页。

第十一章　历史研究与小学教育

观史知今,任何事物的发展都有自己的历史,要把握现实的一些教育现象就必须了解其发展历史,追根溯源,小学教育中的某些问题亦是如此,历史研究是研究者进行小学教育历史现象认识的一种方法。小学教育研究者结合某个研究问题,通过系统搜索和组织资料,追溯某一类教育实践的发展历程,可以更好地了解具体的历史现象及未来可能的因果关系,启发当今对应方面的具体做法。运用历史研究形成的观点,可以为我们认识小学教育现实提供新的思维方式,帮助我们改进教育实践活动。尤其是未来学的兴起,历史研究可以帮助教育者界定和评价特定教育现象的未来走向,及早做出小学教育阶段的发展规划。

一、历史研究概念

(一)教育历史研究的概念形成

任何社会问题都不是孤立的,都有其产生的历史背景和发生、发展的过程。历史研究是借助对社会历史过程的史料进行整理、分析和解释,从时间维度上认识研究对象的过去、现在和预测未来的一种研究方法。目的在于探求研究对象自身的发展过程,在梳理历史中揭示人类对其认识的历史发展过程。

教育的历史研究,就是用历史研究的方法研究教育科学的发生、发展过程。具体来说,教育历史研究是通过搜集某一类教育现象发生、发展过程的历史事实,进行客观分析,揭示这一教育现象发展规律的研究方法。小学教育发展的历史研究是对小学教育作为教育阶段的发展过程的认识。小学教师的历史沿革是对小学教师这一职业发展的梳理。小学教育评价的历史发展是对教育评价在小学教育领域运用的探讨，由此展望新时代小学教育评价的转向。“教育学理论的发展，迄今已有三百多年的历史。从发生认识学角度来看小学教育，小学教育与当时的教育教学经验总结密切相关。”[①]

采用历史研究探讨教育问题，可以是教育实际和教育理论的发生、发展历史。教育实际是指各个历史阶段的文教政策、教育制度演变、教育家活动等。教育理论是指历代教育家的教育思想、教育流派观点、教育思潮等。研究这些问题，一定要考虑当时社会政治、经济、哲学、宗教、科技、文化等条件的制约和影响，同时又要继承以往历史时期的教育传统。胡适认为，教育史料收集要不拘一格，不能认为杂记与小说皆无意于伪造史料，其言最有史料价值。教育史料体系庞大，各种反映教育的材料都可以使用。[②]

历史研究在小学教育诸多问题的研究中发挥重要作用。通过历史研究揭示小学教育发展规律和特点，帮助我们认识小学教育的实质。事实上，研究任何一个小学教育问题，必须对该课题进行纵向的历史研究和横向的现实研究。教育实践的主体是单主体还是双主体？从古至今都有不同的观点。古代社会的教育主体是教师，受教育者是教育者价值追求和改造的客体。近代社会的教育主体是教师，受教育者是自然人，是环境影响和教育的产物。现代社会的教育主体是学生，教师起主导作用。当代社会的教育主体是学生和教师，师生之间是主体间的关系。通过对不同时代师生关系特点的梳理，使二者都能获得自由、充分的发展。[③] 儿童观的演进对当代小学生教育起着非常重要的作用。其中遗传决定论、环境决定论和辐合论在历史上产生过一定影响，正确的儿童观认为儿童的发展是以遗传为基础，蕴含于儿童主体的活动中，实现发展是儿童的权利。掌握并理解儿童发展观将有助于开展恰当的小学教育。[④]

上述提到的小学教师与学生，还有小学教育评价、小学课外活动等内

---

① 范国睿：《教育哲学与教育科学：历史的观点》，《华东师范大学学报（教育科学版）》2000年第1期。

② 参见周洪宇、刘训华：《多样的世界：教育生活史研究引论》，福建教育出版社2014年版，第7页。

③ 参见郝文武：《建构的教育哲学（讲义）》，陕西师范大学教育科学学院印2003年版，第60—61页。

④ 参见黄济、劳凯声、檀传宝主编：《小学教育学》，人民教育出版社2014年版，第62—69页。

容，都应该从时间维度上进行梳理，预测它们未来的走向。按照历史唯物主义的基本原则，尊重历史的本来面目，搞清楚教育现象产生的历史条件、理论基础，经历了什么阶段，产生过什么影响。素质教育是一个常谈常新的话题，说明了大家对它的关注。研究素质教育需要从源头开始，那么，什么是素质教育？它是怎么产生的？它的基本特点是什么？素质教育与应试教育的关系是什么？不同时代有何区别？等等，要回答这些问题，不仅要清楚时代对发展素质教育的要求，而且要研究素质教育的产生过程。素质教育的产生，是一个历史发展过程，作为相对概念，它还有产生发展的必然性。它不仅是对应试教育理论体系的修修补补，还是回应时代对教育发展的挑战。将历史研究和现实研究相结合，是我们探究任何教育问题都应把握的两条基本线索。梳理教育发展的历史，不仅可以借鉴历史经验，还有助于开拓新的教育研究领域。

（二）教育历史研究的特点

历史研究的对象与其他研究方法不同。历史研究的研究对象是已经发生了的过去，研究者与客体的历史事件不一定是同步的，只能在所处的时代去认识过去，由此带来的历史研究具有如下特点。

一是历史性。历史研究的对象是过去发生的教育事件，研究这类教育事件是通过对该事件的发生过程进行考察，探究教育事件发生、发展、演变的历史规律，以及对其未来发展的趋势做出预测。因为是对研究对象形成的过程进行研究，需要按照历史事件的时间顺序和空间范围再现事物的每个发展阶段。这里的每个发展阶段，尊重历史的发展进程，按事件发生的先后顺序再现客观事物历史发展的全过程。对小学教育功能的历史演变进行梳理，先介绍古代小学教育功能，主要表现在帮助学生塑造和谐的身心、养成完美的品德；近代小学教育功能把功用性目的放在主要位置；现代小学教育功能是培养能够适应社会发展需要的公民。毛泽东重视小学教育的推行与实施，提出改善小学教员生活。邓小平提出从小学抓起，重视中小学教育。[①] 小学教育功能的重心随时代不断发生变化，始终指向儿童的全面发展和小学教育事业的进步。

二是具体性。历史研究的文献检索与搜集资料程序是合二为一的。想

① 参见阮成武主编：《小学教育概论》，华东师范大学出版社 2011 年版，第 54—58 页。

探寻基本规律，必须把握最能说明问题的史料。它不同于现实研究，历史研究是立足于教育历史的不同载体去发现问题的。学制的长短到目前也没有达成一致，五年制与六年制并存，有些地区打算由六年制恢复成五年制，那么，小学阶段年限的不同究竟对小学生身心发展具有怎样的作用？研究学制的变化，可以从历史视角进行梳理。树立大史料观，坚持地上史料与地下史料并重、文字记录与口述史料并举。[①] 收集并鉴别、考证、整理与充分运用史料，反映教育制度的生态。

三是逻辑性。历史规律揭示是对历史事实的抽象分析，通过概念、判断、推理、解释等进行理论概括。历史研究带有逻辑性特点，正是这个特点能帮助我们深刻地认识事物演变的历史规律性。事物发展的逻辑是历史研究揭示的重要部分，研究过程中分析资料需抓住逻辑主线进行深入论述。

二、 历史研究的步骤

(一)历史研究的一般过程

教育历史研究与历史研究一样，开始都有一个研究计划，然后收集资料并进行分析，在此基础上得出结论。具体过程主要分为三步。

第一步，先分析研究课题的性质、研究目标及有关资料条件。通过上面对历史研究的了解，在选用这种方法时必须考虑到它的适用性。例如，新中国成立以来小学语文教材的历史演变，小学生作业的历史变革，道德教育内容的百年变革等。

第二步，对史料进行搜集与鉴别。历史研究的客体是史料，所以史料的完整、丰富、真假等直接关系到研究目标能否实现。史料可以从多种途径获得，研究先要甄别史料来源。历史研究常用的数据一来自搜索引擎和书目索引，二来自一手资料和二手资料。一手资料包括口述史、纪念物、原始档案类材料(包括文字和数据)。二手资料包括报刊文章、新闻报道等资料。这类资料的质量是首先要考虑的。“广义上讲，一切关于人类在世界上出现以来所做的或所想的事业，都包括在历史范围内，大到描述民族的兴亡，小

① 参见周洪宇:《学术新域与范式转换——教育活动史研究引论》，华中科技大学出版社 2011 年版，第 36 页。

到描写一个人物的习惯和感情，都是史料。”[①]小学教育发展史的史料可以充分借鉴新史学的思维取向。

历史研究是根据研究问题去挖掘资料，不是创造资料，需要确保史料是有效的。因此，需要从真实性和准确性两方面对史料考证。史料考证的主要方法是比较，具体来讲，可以采用外部考证和内部考证。

外部考证又称“校勘法”。历史研究中确定第一手数据源真实性的过程被称为外部考证，并非所有的研究都需要校勘。[②] 如果出现下列情境时，需要做必要的校勘。[③] 阅读历史文献时，尽量找出可能分布的版本。那么，到底选用哪种文献？需要在不同版本之间做出选择，此时可以通过考察文献的目录、导言、注释及参考文献等方面，用校勘的方法对文献质量做出一个整体的评估。[④] 在引用文献时，同一著作或论文有多种版本、发现引用文字不畅都需校勘。转引文献时，也需要确认所转引的文献是否准确。历史文献的挑选也是考证文献的过程。

内部考证。历史文献的质量尤为重要。确定一手史料信息准确性的过程称为内部考证。内部考证要求研究者对史料表述的合理性和表述者的可信度做出判断。判断材料作者的可信度的要求包括：所述事件中作者是否在场；作者是否参与了事件；作者是否有资质准确描述此类事件；作者对事件情感投入程度；作者对事件结局是否有既得利益。[⑤] 这些问题的回答出现偏差的话，可能会影响文献的准确性。历史不能重写，文献不准确就无法分析当时的情况，也无法得出结论。

还需要考证历史事件描述中的偏见问题，因为有偏见就很可能形成带有偏见的信息。研究者通过分析史料中观点表达者的生活背景、派别、信仰和社会地位等因素，产生偏见的可能性。如果发现某人在公开场合和私底下陈述不一，所产生的差异本身就是分析陈述者及其所处社会环境的历史证据。

历史研究除了校勘，还有两重证据法和三重证据法。[⑥] 两重证据法主要

---

① [法]詹姆斯·哈威·鲁滨逊：《新史学》，齐思和等译，商务印书馆1964年版，第3—4页。

② 参见赵仲邑：《校勘学史略》，岳麓书社1983年版，第1—2页。

③ 参见刘良华：《教育研究方法(第三版)》，华东师范大学出版社2021年版，第135—138页。

④ 参见姚伯岳：《版本学》，北京大学出版社1993年版，第12页。

⑤ 参见[美]梅瑞迪斯·高尔、乔伊斯·高尔、沃尔特·博格：《教育研究方法》，徐文彬、侯定凯、范皑皑等译，北京大学出版社2016年版，第400—415页。

⑥ 参见刘良华：《教育研究方法(第三版)》，华东师范大学出版社2021年版，第138—139页。

是王国维使用的地下考古资料与地上古书材料互勘的方法。顾颉刚采用的是文献学、考古学和民俗学相结合的方法,即三重证据法。证据法的使用可以让不同来源的资料互证,从而提高文献的准确性。

第三步,解释历史数据。一是进行因果推论。历史研究的基本任务是分析历史事件的前因后果,在解释过去事件的原因时,通常会考察不同的起因,寻找问题的答案。用历史唯物主义观点对小学教育制度史料进行分析探讨,深入考察教育制度演进的内在成因和机理,弄清楚不同时期教育制度具体发展的原因和影响因素,从而揭示教育制度变迁的规律。需要注意的是,研究者应谨慎使用当下观念的代入,因为当下的时代和环境在历史中的理解可能不一样,如果直接对比评价,可能会提出错误的解释。历史研究对历史事件了解越多,越可能发现事件背后的原因。二是寻找证据的普遍性。历史研究往往选择一至两个案例,当然选择什么样的案例取决于资料的可获取性和研究目的的要求。为了解 20 世纪小学教师的教学环境,那就需要考证那个年代教师的书面记录材料包括信函等。同时考虑其他教师能否提供类似的数据。如果某位教师对专门问题发表了自己的看法,研究者需要寻找更多的数据,核实这位教师说话前后的一致性。还有那时教育行政官员发表过的相关的管理资料,这些材料都应作为数据进行检验。

(二)教育历史研究报告的撰写探讨

教育历史研究报告多以专著而非期刊论文形式发表。现在为了学术交流的方便,期刊论文也逐渐增多。通常意义上,历史研究涉及的故事面广泛,需要更多篇幅阐述故事发生发展的来龙去脉。

1.陈述研究问题

小学教育有着丰富的历史,它是伴随人类社会实践活动而产生的。研究开始如何提出研究问题,是受研究方向决定的。例如,教育制度问题,打算研究哪个阶段的教育制度,就在那个教育阶段确定问题。

2.组织研究史料

史料是历史研究的基础。史料的搜集利用搜索引擎或者纸质的书目索引,都可以作为重要的数据来源。因而,史料的组织环节非常重要。

历史研究的资料有二手资料和一手资料。二手资料是援引事件亲历者或参与者的描述。大量的报刊文章、电视新闻报道行政人员撰写的学校课程和日常管理情况的年度报告等都属于二手资料。二手资料能否采信,关键看作者的信誉度、作者的分析框架、一手资料是否容易获得。一手资料是指任何来自过去保存下来的信息源，或历史现象的目击者或参与者创建的记述历史现象的信息源。一手资料包括文本和其他媒介、口述史、纪念物、定量历史材料、档案馆保存材料。两种历史史料尽可能都能收集到，即使只能收集其中一类，也可以进行历史研究。尤其是近代以前的教育史料多分布在不同历史阶段的政策、典籍、文学作品中，所能使用的只有二手资料。

3.整理与运用史料

整理史料从而为进一步分析研究、形成论点做好准备。常用的分析方法有比较、归类。比较可以按照时间维度，也可以按照空间维度进行。一是求同的比较。比较两个不同的事物，从表面不同或不相干的背后寻找相同、相关的元素。小学教师职业与家庭教师看似不同，然而从古代教育者的身份演变中可以看出两者有着密切的关系。可以这样写作：关于事物一的介绍；关于事物二的介绍；两个事物的不同与相同；对现实的启发。二是实力均等的求异比较。这是从表面相同的背后寻找差异，往往只陈述差异的事实而并不显示孰优孰劣的价值倾向。可以这样写作：关于事物一；关于事物二；两个事物的相同与不同；对现实的启发。也可以有另外一种写作：在第一个具体方面，两个事物的差异以及各自的特色；在第二个具体方面，两个事物的差异以及各自的特色；在第三个具体方面，两个事物的不同与各自特色；特色的现实意义。三是实力不均等的求异比较。从表面相同的背后寻找差异，并且直接显示孰优孰劣的价值倾向。不均等的比较研究价值倾向是开放心态，见贤思齐。写作结构是：关于事物一；关于事物二以及两个事物的相同；两个事物的不同以及事物一的优势；事物一与事物二相比较的现实意义。也可能有另外一种写作结构：在第一个具体方面，两个事物的差异以及事物一的特色；在第二个具体方面，两个事物的差异以及事物一的特色；在第三个具体方面，两个事物的不同以及事物一的特色；[①]在上述三方面，事物一的现实意义。

历史研究报告的结论带给读者不同的认识，一方面是对研究发现进行解释，让读者自己对照实践问题去总结研究意义；另一方面是从研究结论中引申出对于现实的经验教训，给读者提供思考的空间。

---

① 参见刘良华：《教育研究方法（第三版）》，华东师范大学出版社 2021 年版，第 134—164 页。

(三)教育历史研究报告的评价

梅瑞迪斯·高尔，乔伊斯·高尔等学者为更好地阅读历史研究报告，提出用批判性视角解读时，读者可以尝试回答下列问题。[①]

a.报告是否参考了一手资料？是否对一手资料进行了外部考证？

b.报告是否通过内部考证确认史料表述的准确性？

c.研究者的解释是否反映了偏见？

d.报告是否有可靠的因果推论？

e.研究者是否对报告呈现的证据做了过度概括？

f.研究者是否恰当地使用了教育概念？

上述六个问题，分别从历史史料的类型、真伪检验、表述要求、客观反映、可靠推论、证据概括和教育概念使用等方面对历史研究成果进行评价，反映出历史研究的重要内容。尽管现在发表论文时并不一定完全介绍这六个方面的内容，但是历史史料的真伪、论证逻辑性、结论合理性和教育概念的使用是必不可少的。

通过以上学习，历史研究如何帮忙解决实际问题？这一问题没有现成方法论可资利用，可以按照不同方向来推进。

三、 历史研究的应用

历史研究在小学教育领域中的运用较为广泛，主要表现在小学教育史、现代的横断历史研究等方面。如新中国成立后农村民办教师身份的变化；教育制度形成史；教师培训制度发展史等。现代横断历史研究主要是选取现阶段一个时期的文献进行元分析，如教师主观幸福感、教师心理健康水平、职业倦怠、教科书编写等方面。

以发表在2005年第5期《继续教育研究》上的论文《我国中小学教师培训制度的历史研究》[②]为例，把培训制度的产生、发展分为起步阶段、新中国成立后至改革开放前阶段和改革开放至今(2005)三个阶段。每个阶段都提及了重要会议和政策文件，如《奏定初级师范学堂章程》《修正小学规程》《各

---

① 参见[美]梅瑞迪斯·高尔、乔伊斯·高尔、沃尔特·博格：《教育研究方法》，徐文彬、侯定凯、范皑皑等译，北京大学出版社2016年版，第400—415页。

② 王全乐：《我国中小学教师培训制度的历史研究》，《继续教育研究》2005年第5期。

省市小学教员假期训练实施办法》《关于整顿和改进小学教育的指示》《关于进一步加强中小学在职教师培训工作的意见》《关于开展小学教师继续教育的意见》《中小学教师继续教育规定》等，文件的陆续颁布，从时间维度上反映了教师培训的历史脉络。每个阶段在介绍培训历史发展之后，作者都进行了深入分析，三部分的分析维度几乎相同，较为完整地展现出教师培训的发展过程，揭示了内含的否定之否定关系。论文到此结束，缺少对未来发展的展望部分，可能作者想引发读者进一步思考。尽管是谈论制度的历史沿革，但是对制度尤其是起着关键性作用的制度出台的前因后果可以多做论述，用史论结合的方式，这样更具有说服力。该文献的史料主要是二手资料，重点放在发展阶段标志性的文件解读，如果加上个体活动的结果一起做出推论，研究结果就会更具有说服力。

在论文《中小学学校体育价值取向及课程标准演变的历史研究——以教科书为例》①中，作者以清末到 2000 年后的体育教科书为研究对象，从社会背景、教育思想、教育方针政策等方面探索六个阶段的教科书演变过程。从标题上可以看出，体育教科书编写与“体质”“健康”有关。通过对历史的叙事，把教科书编写的故事情节讲述出来，让读者对教科书编写思想进行评价，从而传播这种思想。最后从思想转变、学制更替、教科书主题变更、主题词切换、学校体育目标定位、课程标准历史发展六个方面进行总结。该文历史跨度较长，思路清晰。但在历史文献呈现方面篇幅不多，主要是作者对史料的概括。毕竟受论文发表篇幅限制，史料不能全部呈现，建议关键史料可以原文呈现。

上述两篇论文都具有代表性，成文思路清晰，论证严谨，史论结合，给读者展示出研究对象的历史发展脉络。同时，我们也要看到可以进一步完善的地方，“对历史观照的人很多，佳作也频频出现”。

本章小结

历史研究是对过去的教育史实进行系统分析和理论认识，首先确定一个研究问题，然后对搜集到的资料进行考证和解释。考证主要采用比较方法判断史料的真实性，解释主要包括简述、述评和翻译。历史研究必须坚持

① 王红卫、张帅，《中小学学校体育价值取向及课程标准演变的历史研究》，《中国学校体育》2017 年第 9 期。

历史与逻辑的统一，重视定性与定量的互补，做到史论结合。历史研究没有固定模式。研究教育历史要坚持挖掘和借鉴史学本身的科学方法，写作要保证正文的论点和论据统一。

与调查研究、实验研究相比，历史研究的对象是较稳定的文本。从历史研究的视角来看，"现实"是相对的，一切历史可以理解为当代史。无论是考证、叙事还是解释，历史研究主要是叙事。叙事的方式能再现历史的发生过程，对其内在的关系有较为明确的把握。尽管历史研究可以采用量化统计方法，但是几乎所有的历史研究都是历史的叙事。[①]

① 参见刘良华：《教育研究方法(第三版)》，华东师范大学出版社2021年版，第134页。

第十二章　整理与分析研究资料

研究资料的整理与分析是研究过程中重要的一个部分。研究者通过对收集资料分类整理,检查资料真伪与可用性,并在此基础上进行深入分析,从而概括出相应的观点。

一、研究资料的整理

资料整理是小学教育研究的一个重要环节,贯穿于整个研究过程。当研究者收集了大量资料后,要对这些原始资料进行加工和整理。资料的整理分析是根据研究目的,将收集的原始资料进行初审、汇总、分类等,从而保证资料受用性的过程。研究小学教育现象,无论采取哪种方法对资料进行处理,往往都需要进行定性分析和定量分析。

(一)研究资料的理解

小学教育研究资料是研究者在研究过程中运用具体研究工具收集到的各类资料,有文字和数据两类。研究者获得大量原始资料之后,需要对这些资料进一步加工,使研究内容条理化。

(二)研究资料的整理

资料整理是将获得的原始资料按照研究目的进行审视、汇总和分类,从而使资料系统反映事物发展的过程。资料整理可以提高资料的真实性、完整性,提高研究效率。那么,如何对这些资料进行整理呢?获得的文字性资料整理的一般过程是先审查，后分类，再汇编。①

1.审查

审查就是对获得的文字性资料的真实性和符合性进行仔细考察，确保资料的真实性和完整性。审查与资料的获取方式没有直接关系，重点在于判断与研究问题的相关性。

观察得来的资料一般比较真实，有时也有人为的虚假成分。在一些教育调查中，有时由于某种原因，被调查学校或个人会做出种种假象来掩盖事情的真实性。由于对教育现象的感知和解释受到调查者自己的价值标准和以往经验的影响，这也可能成为观察资料不准确的原因。所以，审查需要注意以下几点。

第一，查看观察资料是否严格遵循科学方法的程序而获得。即便是严格遵循科学方法，也要认真检查有没有受到研究者的主观影响。

第二，把通过观察获得的资料和通过其他方法获得的资料进行比较，验证观察结果的真实性。

第三，以小组形式进行的观察，需要将观察者之间获得的资料进行比较。如果出现不一致的结果，需进一步论证。

第四，对较重要的问题应注意确保足够的观察时间。多次反复观察比一次观察的结果要可靠。

用访谈法获得的资料主要包括两种：一种是研究者亲自访问研究对象获得直接的文字记录资料。这类资料的真实程度与受访者的态度有关。受访者越信任访问者，资料的可靠程度越高。此外，与访谈者的谈话技巧和记录水平有关。如果访谈技术不过关，可能误导受访者谈话，容易出现漏掉关键信息的提供。另一种是用问卷收集资料。这类资料审查时需要注意问卷填写是否完整，回答缺失极少的问卷可以保留。回答大面积缺失，应剔除；答案完全相同的问卷也是无效问卷，必须剔除。

对文献资料进行审查可确定资料的可靠性，没有经过审查的材料不能使用。搞清楚提供资料的作者及其背景，因为他们的政治态度和学术观点对文献是有影响的。摘录的文字资料要注意核对原文，发现错漏应及时更正。

---

① 参见邱小捷主编：《中小学教育研究方法》，高等教育出版社 2013 年版，第 161—163 页。

2.分类

资料分类是审核过后的一项重要工作，根据事先确定的分类标准，如特征、内容等，把不同的资料区别开来的过程。分类标准主要有现象分类和本质分类。

现象分类是根据事物外部特征进行的分类。如按形成年代对资料分类，按分布地区对调查资料分类。这种分类的优点是简便易行，便于资料的存取和查找利用。

本质分类是按事物的内在本质而进行的分类。根据事物发展的本质特征进行分类，根据研究对象的社会属性进行分类。

3.汇编

资料汇编是将资料按照不同类别归入相应的标准中，这样便于资料的整理和后期使用。它全面系统地记录了资料的详细情况，具有系统性和实用性。

二、 定性资料的分析

（一）定性分析的含义

1.资料整理的重要性

参与观察的笔记、访谈的录音带、文献的影印或摘录，以至问卷和表格中的开放性问题，刚收集回来时，通常不能立即进行分析，因为在资料未分类整理之前概念还未确立，而且不易发现各种因素间比例的轻重，有可能一部分的资料收集不足，另一些则过多（例如跟某类研究对象关系良好，更多地记录了他们的意见）。在未有明确定义或定义较为抽象的情况下收集回来的资料，往往要经过多次分类整理。分类架构的变动，可以直接影响分析的结果；分析方向的变动，则会要求对一些资料重新分类。由于定性资料的整理与分析关系很密切，有时是同时进行，因此本章将其放在一起讨论。

2.资料整理的过程

资料整理是对资料检查、改错、补遗、分类和再分类的过程。定性研究者在整理资料的过程中须不断反省：问题的性质是什么，需要什么信息去解决问题，找到的资料足够解释现象吗，现象可以分为哪几类，各类之间有何关系，受哪些内外条件影响，现有资料足以让研究者提出控制（或至少影响）

这些内外因素的建议吗，哪方面的资料不足，需要补充才可以进行分析？[①]

研究者开始整理时，可以把所有相关的字句分门别类地排列出来，一边分类排列，一边重新分类。有些字句可分入几类，通过不同的排列法，可能呈现出研究者初步分类的改变或深化，甚至呈现出一些主题或分题、支线。主题可以再细分，支线可以汇成主流，发现资料不足时可以再进一步搜集。“纯学术”定性研究的主线在理论上是完全自然流露的；应用定性研究则在把握到全局后，对有关解决问题的部分重点说明，同时留意有没有越出原来视野或焦点较笼统且需要进一步放大的地方。定性研究的资料不限于现场观察和访谈，书本、杂志、广告、图画、歌曲、电影的内容，皆可成为研究资料。收集到的材料既不能单从字面去理解，也不能依据研究者先入为主的观点去理解，而是要试图从当事者当时用法的意义和情境去辨认。话语资料可以直接引用，让读者决定是否同意研究者的理解。字句作为某种共通或特殊现象的代表，呈现出的意义可能很多，研究者须依据应用目的来选择分析的焦点，把焦点连成分析的主线。只有了解当事人的目的和处境，才便于提出当事人愿意接受的解决方法，而非单纯依据传统道德、社会舆论，以及政府、机构或家长认为应采取的方法。

（二）定性分析的过程

1.研究资料的收集

这项工作一般在实地进行，应注意资料的完整、准确和客观。访谈收集的资料是定性资料，应灵活运用访谈技巧收集反映事件全貌的资料，同时借助文本资料辅助证伪。

研究者在访谈结束后，可以快速完成接触摘要单，明确本次接触的收获，在此基础上做下一步的打算。表 12-1 以访谈青年教师对专业发展的认知为例进行了说明。

---

① 参见[美]钟伦纳：《研究社会的方法：科学在社会生活中的应用》，重庆大学出版社 2019 年版，第 199 页。

表 12-1 接触摘要单①

接触类型：会面：__________ 地点：__________

电话访谈：__________ 接触日期：__________

今天日期：__________ 填表人：__________

1.把此次接触让你印象最深的主要议题或主题写出来

· 教学经历、喜欢教学对于青年教师发展的作用突出。

· 教育实习改变了青年教师对教学的部分看法。

2.对应下列研究问题，简述此次接触你收集(或没收集)的资料。

研究问题	资料
教师对小学教学的认识	兴趣、专业
对青年教师教学发展产生影响的因素	教学经验、知识、科研
青年教师教学发展的过程	不确定性
教学发展的内部机制和外部机制	不明了

3.记下此次接触中震动你的东西

· 教育实习或者家教与教学能力相关。

· 愉快的教学体验增强对教学的接受程度。

· 反思与教学相互促进。

4.下次拜访此处，你应考虑的新(或旧)问题

· 教学经历到底是如何影响教师发展的？

· 影响教师专业发展的因素还有哪些？

注意：抓住受访者的本土语言，进一步追问。

结束

2.研究资料的整理

在整理定性资料时，研究者应该用批判的视角审查受访者提供的资料。仔细阅读收集的资料，对每一段文字进行分类和编码。整个分析的主要阶段包括检验、归类和制表以及重组证据来达到研究的最初目标。所有的研究分析，都有一个带有一定主观性的解释过程。为此，需要提供证据链，建立证据链是数据分析的第一个明确的步骤，确保避免选择性认知，增加研究的严谨性。里奇(Ritchie)和斯宾塞(Spencer)把整个分析过程描述为不同寻常而又相互关联的阶段。

熟悉材料。听录音，看录像，阅读记录资料，检查我们的笔记和研究日记。熟悉材料时不仅要保证材料的数量，还要注意材料的质量。

① 参见[美]迈尔斯·休伯曼：《质性资料的分析：方法与实践》，张芬芬译，重庆大学出版社 2015 年版，第 75 页。

确定一个主题框架。研究人员利用研究问题，初步开发一个框架，据此寻找相关资料。这个框架可以通过研究者的笔记和发展理念以及在信息搜集和阅读报告的过程中形成的概念来了解。

索引。研究者通过使用主题框架来探索定性资料，寻找相似文本、重复发生的模式和概念，标记与主题相关的文本中的关键部分和引语。可以根据独立文档检查新的主题和相关的关键点，然后和其他的文档进行比较。

分类。从资料里提取出相关索引文本和引用，并分别整理到各专题内。拉比（Rabiee，2004）建议阅读每个引述，分析受访者是否回答了被问及的问题。

定性资料分析最常用的是编码，包括开放性编码、主轴编码和选择性编码三个阶段。开放性编码是对资料初步整理后建立起来的粗略分析框架，主轴编码是在前者基础上按照一定维度组织受访对象的行动过程。格拉泽提出了十八个编码族群，用来提高研究者对资料中可能性的敏感度，从而将分析提升到理论层次。沙莰曼提出了一种“维度分析”。在他看来，研究结果要讲出一个故事，研究者需要一个视角从资料中选择内容，安排好它们的顺序，进而呈现故事的发生、发展。施特劳斯的编码范式模式主张把不同的类属按照讲故事的顺序联结起来，如图 12-1 所示。[①]

A因果条件 → B现象 → C情境条件 →

D干预条件 → E行动/互动策略 → F结果

图 12-1　编码范式模式

在资料分析推进过程中，格拉泽建议用备忘录的形式写下对资料分析时产生的“火花”。备忘录能详细地记录研究者对资料的思考，同时提出一些继续访谈的问题。建立备忘录可以显示一些基本概念，把不同的片段纳入一个整体让人了解。[②] 例如，备忘录 A 与 B 讨论小学语文三年级一篇课文的教学情况，研究者把来自不同授课教师的听课内容进行整理后，把整体想法和个别事件以及编码系统连接起来。

---

① 参见王俊：《跨学科教学团队中的大学教师发展：基于扎根理论的探索》，南京大学博士学位论文，2017 年。

② 参见[美]迈尔斯・休伯曼：《质性资料的分析：方法与实践》，张芬芬译，重庆大学出版社 2015 年版，第 103—105 页。

备忘录A小学语文教学事件(5月10日)

在《花钟》这篇课文讲授过程中,先要处理生字词,有感情地朗读课文,学会归纳分析。第一自然段介绍了各种花开放的时间,生活中学会观察,然后思考花儿为什么会出现这种情况?让学生列举平时自己观察的结果,说出理由。这个自然段教会学生初步培养观察周围事物的意识。

备忘录B小学语文教学事件(5月10日)

我觉得这段写得很好,学生可以认识到各种花,可能熟悉,也可能不熟悉,增长了科普知识。教学上用花的图片组成时间点并连成一个钟表形状,学生对时间的印象深刻,同时也能注意到开花的时间与生物钟之间的联系。

将上述两段备忘录所提到的概念做编码,采用归纳方式多积累备忘录,分类并建立综合性类目。分析时说清楚类目之间的关系,完整地理解研究对象的故事发生过程与结果。备忘录需要有一个标题,并加上时间。备忘录也可以写惊奇的事情,找出具体主题,写出一个尚不清晰的想法等。[①] 无论如何,上述资料整理的过程告诉我们,整理过程是对资料的梳理。一般情况下,梳理可以采用研究者习惯的方式,同时符合定性分析的要求。

定性资料编码较为麻烦,林小英教授推荐使用"微分析"技术。"微分析"不受资料长短的影响,能帮助研究者设身处地从被研究对象的角度去分析资料含有的信息。研究者将资料拆分开,提出一些概念,深入思考资料包含的各种可能意义。[②] 收集一位小学教师对自己的评价材料,可以先进行浓缩整理。"我一直都比较喜欢上课,喜欢小孩子。我的感受是教学还要考虑学生基础。我的PPT做得还可以,能结合讲的内容,我希望他们能跟着内容思考。"对这段材料进行微分析,要建立属性与维度之间的关系,比如,维度为喜欢上课与不喜欢上课,属性为教育情怀;维度为认真教学与敷衍教学,属性为教学态度。

解释。在这个阶段其中的一个任务不仅是理解个人的引述,还要有足够的想象力和分析力来看待引述之间的关系以及整个数据之间的联系。在这个基础上,建立起一个新理论或"浮现"一个新理论,或者去证明或检验一个现有的理论。沃科特(Wolcott,1992)将理论的生成路径分为先后理论或后有理论两种取向。理论有隐性理论和显性理论两类,隐性理论受价值观、

---

① 参见[美]迈尔斯·休伯曼:《质性资料的分析:方法与实践》,张芬芬译,重庆大学出版社2015年版,第107—108页。

② 参见林小英:《分析归纳法和连续比较法:质性研究的路径探析》,《北京大学教育评论》2015年第1期。

偏见等影响习惯把某一情况归入不理想状态；显性理论是一组概念，属于中型层次。从描述到解释是资料抽象化的进程，一般是先说出情境发生的故事，接着构建一个图，再建立一个理论或模式。① 具体的操作包括以下步骤。

首先，通过探究与描述进行资料的呈现。原始资料不能完全呈现在读者面前，如果是用于决策，更应该进行深度加工。一般是按照文本分析的思路进行：建立图表格式，录入资料，引出结论，写分析性文字，继续修改等。图表以矩阵表、网状图偏多，录入资料前事先编码，按照行与列、节点与连接线的主旨进行录入。根据图表资料的特征，形塑它们的意义，引出结论。引出的技术有注意模式和建立合理的证据链两种。针对图表写出分析性文字，比图表文字少 20%左右，通过多轮互动，把图表确定为符合本研究的类型。

其次，通过解释与预测进行资料的呈现。当清楚了解究竟“是什么”后，关注的核心问题就成了“为什么”“怎么样”。卡普兰区分了为提供某种功能的目的性解释与对事件赋予意义的历史性解释。② 现实中，对事件赋予意义时常常把因果关系加上，相信事件的发生是系统的、早已安排好的。结果误解了资料，最后又用一些有偏差的诠释“消化掉”，显现出我们想看见的东西。一般的解释与因果解释之间没有明显的界线，因果关系是由时间问题带出来的。从休姆(Hume)的规则看，时间上 A 在 B 之前；当 A 出现时，B 总是出现；A 与 B 之间可能有连接的机制。借用三条规则可以确定因果关系。因果关系具有当下性、复杂性、时序性、回溯性，最后借用变量分析表现出来。对资料的解释可以用结果矩阵表和原因矩阵表表示，因果关系用因果网络图表示。其中因果网络图将资料分析推向综合性、浓缩性分析层次，顺利结合过程分析与变量分析。建立表格时需要注意：行与列处理的变量为五六个最恰当，保留弹性，措辞精简，厘清填入资料的层级，依次排序个案材料，找出初步结论，并进行检验。无论是脉络图还是因果图，都要把相关概念及其之间的关系显示出来，关系有方向性，配上文字说明，显示因素之间的意义。预测是提高研究效度的办法。进行预测时，对事件或结果数月或数年的可能发展进行推论，可以结合一些概念，进行反问并尝试回答，尤其是具有相反意义的材料，通过寻找反面证据来说明资料分析的准确性。

---

① 参见[美]迈尔斯・休伯曼：《质性资料的分析：方法与实践》，张芬芬译，重庆大学出版社 2015 年版，第 128—130 页。

② 参见[美]迈尔斯・休伯曼：《质性资料的分析：方法与实践》，张芬芬译，重庆大学出版社 2015 年版，第 196 页。

定性研究更多时候进行的是多个案分析，诺布利特(Noblit)和黑尔(Hale)主张应该有一种解释社会理论的存在，提出一种后设民族志策略，即相互解说、否证寻找矛盾、建立诠释。在探索与描述方面，拉金(Larkin)认为先厘清变量取向分析和个案取向分析两个研究取向。[①] 变量取向分析策略不注重个案本身的动态发展，通常寻找多个案的主题；个案取向分析策略是先用一个理论框架分析一个个案，然后分析一系列个案，验证模式的适切性。这两种策略也可以同时使用。多个案资料的呈现可以用概念排序、个案排序、时间排序和随时间发展的散点图。在排序与解释方面，注意找出基本的故事模式，运用有效的原则进行多个案解释。可以运用结果矩阵表、预测-结果矩阵表、变量×变量的矩阵表、因果模型图进行解释材料。[②] 麦克斯韦(Maxwell)主张因果关系的推论是质性研究的一个重要目标，多个案分析较为复杂，引出多种结论。对不同的结论进行归类整理，发展出一种共用的模式。

3.研究资料的报告

写报告是分析中很重要的阶段，如何报告，取决于服务对象是谁。写报告的时候，这些问题需要回答：应怎样组织报告中的主体部分？它应该围绕初始的研究问题还是从资料分析中出现的问题，或是两者的结合？在写作中打算要包含多少实际数据？可能将一些数据以附录形式加到主报告中吗？如果可能，为什么？报告中所包含的数据能够用来说明研究中出现的主题和理论吗？或报告中是否包含了给受访者“发声”的数据？读者是否相信数据选择没有以偏概全，避免了自相矛盾的例证？是否以某种方式，或通过虚构的名称，或通过使用某种类型的代码，标明你所使用的所有引语。

定性资料以文字为主，它的来源多样、形式无规范、阶段无共性，将描述和理解作为基本目标。研究者努力建立一种“扎根”资料的抽象层次较低的理论。分析过程对现象的解释较为丰富，展现社会生活中的复杂过程和可能结果。定性资料分析可以采用外来的理论视角，对经验事实进行解释。

质性研究成果报告的基本格式包括问题背景、概念架构、研究问题、研究方法、资料分析、研究结论和讨论等。波克丹(Bockdan)和比克伦(Biklen)认为论文包括绪论(背景与研究方法)、核心(讨论一个议题，提出一个主题，

---

① 参见[美]迈尔斯·休伯曼：《质性资料的分析：方法与实践》，张芬芬译，重庆大学出版社2015年版，第237页。

② 参见[美]迈尔斯·休伯曼：《质性资料的分析：方法与实践》，张芬芬译，重庆大学出版社2015年版，第128—325页。

阐明一些问题)与研究结论。[①] 成果撰写采取客观立场,通过研究性文本让读者对研究有一个清晰的了解。

迈尔斯·休伯曼(Miles Huberman)在质性资料分析的最后部分,提供了一副质性资料分析的过程图。这个分析图非常清晰地呈现出资料分析的过程。我们可以看出,资料分析是一个闭环系统,由研究问题开始,选择研究对象,确定研究方法,收集资料,分析资料,得出结论。分析资料是质性研究的难点,需要进行很多烦琐的工作。当然,学者们给出了很多的建议和思路,按照他们的建议进行编码,用图表进行呈现资料和分析结论,在此基础上概括出一系列模式。然而,重要的是,研究者需要时刻思考资料展示的问题,对资料的反复探究充满信心,保持怀疑、客观心态和自我觉察,不断分享自己的方法论学习心得。质性资料分析过程见图 12-2。

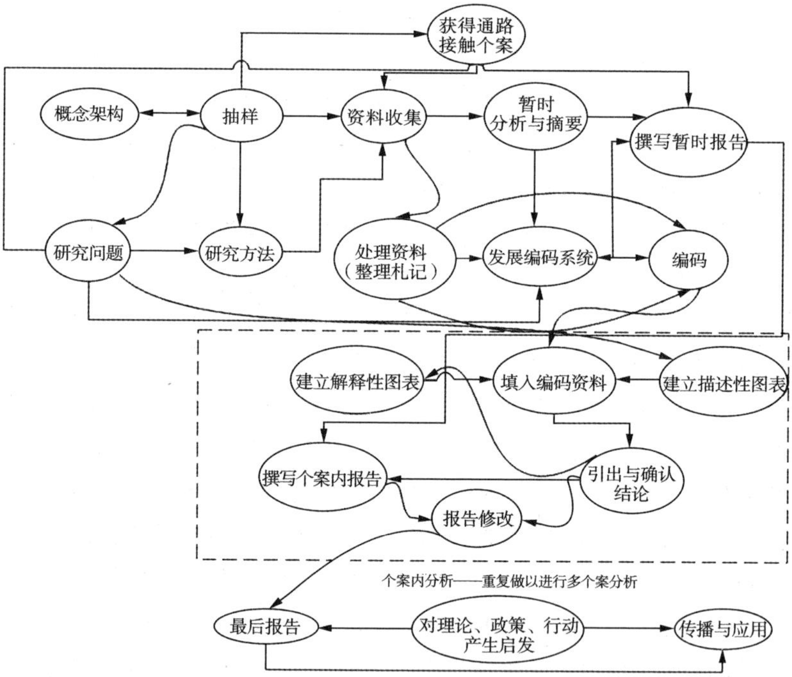

图 12-2　质性资料分析过程[②]

① 参见[美]迈尔斯·休伯曼:《质性资料的分析:方法与实践》,张芬芬译,重庆大学出版社 2015 年版,第 431—432 页。

② 参见[美]迈尔斯·休伯曼:《质性资料的分析:方法与实践》,张芬芬译,重庆大学出版社 2015 年版,第 438 页。

三、定量资料的分析

统计调查收集到的各种原始数据资料是大量的、零乱的，数据信息被掩盖在分散的、不系统的原始资料之中。调查来的数据资料只能反映问题的表面现象，不能全面深刻地解释事物的本质，更不能反映现象发展变化的数量规律和数量关系。统计研究的是社会经济现象总体的数量特征，统计调查收集的资料仅仅反映了个体的数量，必须对统计调查得来的数据资料进行基本的加工处理，即数据资料的整理。数据资料的整理类似于日常生活中把从菜场买回来的蔬菜进行基本的分拣，剔除腐烂的、变质的蔬菜之后再对其进行分拣，根据个人的喜好和口味，分别做成不同的菜。

统计数据资料整理，也称为“统计整理”，是统计研究工作的重要阶段。它是根据统计研究的目的和任务的要求，采用科学的方法对调查所收集到的大量原始资料进行加工汇总，提炼出数据中的有用信息，使调查资料系统化、条理化、科学化和档案化，最终反映总体数量特征和数量关系。统计整理的基本任务是：对调查来的数据资料去伪存真、去粗取精、科学分类和浓缩简化。从认识论的角度看，统计整理是人们对客观现象从感性认识上升到理性认识的过渡阶段，是进一步开展统计分析的前提，是统计研究工作的中间阶段，在统计研究工作中起着承前启后的作用。统计资料整理工作的质量将直接影响整个统计工作的效果和质量。

(一)定量分析的含义

定量分析是将研究资料和信息数量化，采用统计方法对资料加以处理，获得结果，并对结果进行分析，在此基础上得出结论。这些资料是通过问卷、测验等研究工具收集的以数字的形式表现出来的资料，对这些数据进行处理，可揭示变量之间的关系。这种关系大多是描述性的，在此基础上，用这些数据推断样本所在总体的数据特征。

(二)定量分析的过程[①]

数据资料的整理是一项复杂而又细致的工作，整理的内容主要包括以

① 参见刘桂荣主编：《统计学原理(第2版)》，华东理工大学出版社2019年版，第53—54页。

下五个方面。

第一，对收集到的原始数据资料进行预处理。也就是对收集到的数据资料进行审核和检查。通过审核和检查，以保证作为数据资料整理基础的原始资料的准确性、完整性和及时性。审核的方法主要有两种：一是逻辑审核。从逻辑关系上审查调查项目之间或数据之间有无矛盾，是否合乎理论逻辑。如在人口普查中，如果某人在普查表的“年龄”项中填写的是“6 岁”，而在“婚姻状况”一项上填写的却是“已婚”，很显然，这两个项目之间不符合理论上的逻辑关系，更不符合常理。可以肯定，它们之中至少有一项填错了。二是计算审核。检查收集到的数据资料的计算方法和口径是否正确，有联系的数据之间能否互相验证，合计数与各项数据之间是否平衡等。例如，在人口普查中，如果某调查点上的家庭数大于该调查点上的人口总数，各调查点上的合计数大于或小于总数，这显然有错误。数据资料的预处理是从源头上对数据进行质量把控，把统计研究的差错消灭在萌芽状态，必须对收集到的所有原始资料进行严格的审核与检查。

第二，对原始资料进行分类或分组。统计调查收集到的原始资料是零星分散的、大量的，毫无规律可言。为了对资料进行分析，必须根据统计研究的目的和任务的需要，按确定的标准，将原始资料进行分类或分组。对原始数据资料的分组，要遵循“组内同质性，组间差异性”的原则，也就是使性质相同的总体单位分在同一组，把性质不同的总体单位区别开来；同时还要保持“穷尽和互斥”“不重不漏”，即收集到的所有数据都能分在而且只能分在某一组中。对原始资料进行分类或分组，只能是定性的归类，主要是采用某些品质标志对资料总体进行分组。

第三，对分组资料进行综合汇总，计算各种指标，以反映总体的综合数量特征。通过分组可以计算出数据资料分布在各组中的个数（频数）和各组次数占全部数据总数的百分比（频率），反映数据的分布特征。还可以计算各组数据中的最大值、最小值、平均值、极差等。

第四，将汇总整理的结果以图形或表格的形式进行展示，以备后续统计分析之用。统计数据是枯燥的、呆滞的，大量的统计数据容易使人眼花缭乱，产生疲劳。现代计算机科学技术的发展，大量统计分析软件技术的发明，使得统计数据可以用直观形象的图形或表格进行展示，便于存储，以备统计分析之用。最常用的办公自动化软件 Excel 提供了大量的统计图型和表格模板，还可以对表格和图形进行形象直观的编辑制作。图和表实现了数据可视化，使数据信息的展示更加直观。

第五，做好统计资料的系统积累工作，以备统计资料的开发之用，发挥统计的信息功能。现代社会，数据是绝大多数信息的表现形式，统计整理的结果能够反映研究现象的数量规律特征，可以作为统计信息发挥作用。

（三）定量分析的方法

孙老师为了提高学生语文成绩采用了一种新的教学方法，为了检验教学方法的有效性，他在教学方法实施前后分别对学生的语文进行了测试，部分数据如下：新的教学方法运用之前10名学生的语文成绩依次为：51分、59分、74分、63分、81分、67分、72分、83分、66分、85分；新的教学方法运用之后10名学生的语文成绩依次为63分、71分、80分、77分、89分、76分、82分、88分、78分、90分。孙老师应该如何对这些数据进行初步整理？新的教学方法是否提高了学生的语文成绩？

在定量分析中，数字是分析单位，分析是将大量的数据简化为关键信息的概要。因此，要先清楚数据的不同类型。

称名数据。称名数据是分类的，具有相互排除和无序的特征。性别是一个称名数据，个体可能是男性或者女性，但不会两者兼有，而且不意味着男性比女性具有更高的值。对这些数据进行研究，通常会报告每个类别的个体或对象的数字出现的频率。其他还有年收入水平、职业、民族和婚姻状况等，只能进行基本的数字运算。

顺序数据。顺序数据是有顺序的，可以依据大小顺序排列，但任意两个相邻数值之间的差距可能会不同。这些值通常被称为“等级”或“排名”。在调查问卷的设计中使用的李克特量表，通过在多级选项中选择一个答案来衡量受访者同意的程度，就是一个很好的例子。

等距数据。等距数据不仅可以依据大小顺序排列，而且任意两个相邻值之间的差距是相同的。这些数据可以直接进行数据的对照和比较。另外，等距数据中任意两个数允许进行简单的加减数学运算，但是不能进行乘除运算。日历年和温度是很好的例子。

比率数据。比率数据具有与等距数据相同的特征，数据可以依据大小顺序排列，而且任意两个相邻值之间的差距是相同的。比率数据还有一个真实的零点。例如，货币是比率数据。定量数据的类型见表12-2。

表 12-2 定量数据的类型

数据类型	性质	例子	数据的呈现方式
称名数据	根据名称进行分类，无序	男/女；学校类型	表格（频率、百分比）；图表（饼状图、条形图）
顺序数据	通过一些明显、有序、排列的关系进行分类	李克特量表中的优、良、中、差	表格（频率、百分比）；图表（复式条形图）
等距数据	它们就像有序数据但类别是一个已知因素	日历年；温度；智商	表格（频率、百分比）；柱状图
比率数据	除了在量表上存在一个绝对参考点——真零点，它们如同等距数据	速度；高度；重量；工资	表格（频率、百分比）；图表（条形图）

数据可以是离散的也可以是连续的。如果数值数据是以组块、整个单位或确切的数字出现的，它们就被认为是离散的。尽管连续数据是可以测量的，但将需要被近似表示为最接近的分数。

在理解数据上用表格和图表呈现是必要的。表或图将包含根据在研究中所用到的不同标准或特定的变量所做的样本特征的总结。对表格和图表进行展示，登斯库姆（Denscome）的建议值得学习：一是向读者提供足够的信息，而不是将读者“淹没”在超负荷的信息中；二是帮助读者通过视觉线索和适当的展示来解读表格或图表；三是使用适当类型的表格或图表实现当前研究的目的。①

1.描述统计

描述统计是对样本在一个或若干量表上的数值分布的数字化概括。如果我们问班主任该班学生的学习情况，该班主任可能回答“不错”或“很差”，这就是一个描述性的概括。一般用频率分布表、集中量数和差异量数对数据描述分析。

频率分布表。以总结的形式捕获参与者如何根据选定的变量进行表现，用百分比表示，用 Excel 可以制作不同类型图表表示。

集中量数是确定一个样本在某个测量上的数值的集中趋势，最常见的对集中趋势的测量方式是平均数、中位数、众数。

① 参见[英]Ian Menter:《教育科研实用指南》，刘长庆、邱超译，华东师范大学出版社 2015 年版，第 216 页。

平均数是计算时先把样本的每一个成员的分数加起来，然后除以样本个数即可。比如，如果5个学生的数学成绩分别为62、71、74、81、82，那么，其平均分就是(62+71+74+81+82)÷5=74。平均数通常用“Mean”表示。

中位数。把一组数据按照递减或递增的顺序排列，处在中间位置的值即中位数，通常用“Median”表示。

众数。样本在某个特定测量上的数值分布中出现频率最多的那个数即众数，通常用“Mode”表示。

然而，数值的变异性在确定和研究实际问题上也很受关注。它反映了样本频率分布离散程度，被称为“差异量数”。一般用平均差、标准差、方差进行测量。

平均差是每个样本分数与实际平均分之差的绝对值的平均数，不分正负。比如，在SPSS软件[①]中分析不同地区教育投资的平均值、中位数和众数。打开SPSS文件“教育投资”，选择命令Analyze-Descriptive Statistics-Frequencies，出现对话框，在对话框变量列表中选择“教育投资”添加到Variable(s)文本框中，将Display frequency tables复选框选中。单击Statistics按钮，弹出Fraquencies:Statistics对话框，在Central Tendency选项区中勾选Mean、Median和Mode选项，表示对其均值、中位数和众数进行求解。

方差是对一组分数较之平均数的变异性的另一种测量，由平方和除以样本大小减1。它是离均差的平方的平均数。在SPSS软件中，用“Variance”表示。

标准差是一个样本的测量分数的方差的平方根，是最常见的用于测量样本分数变异性的测量方法，用符号“SD”表示。在SPSS软件中，用“Std. Deviaion”表示。

全距也被称为“极差”，是数据的最大值与最小值之间的绝对值，用“Range”表示。

以分析学生每天练习时间情况为例，选择Analyze-Descriptive Statistics-Frequencies命令，将“每天练习时间”添加到Variable(s)文本框中，将Display frequency tables复选框选中。单击Statistics按钮，弹出

① 参见张屹、周平红编著：《教育研究中定量数据的统计与分析》，北京大学出版社2019年版，第85—89页。

Frequencies：Statistics 对话框，在 Central Tendency 选项区中选择 Mean，在 Dispersion 选项区中选择 Std.deviation、Variance、Range 和 S.E.mean 选项。单击主对话框中的按钮，便可以得到输出结果。

描述统计除了对单个测量上的样本分数的若干特征进行分析外，还能揭示两个或多个测量上的分数分布之间的关系。对统计量进行多元描述，可以用相关分析和分组比较实现。相关分析是描述两个及其以上测量上的分数分布之间的关系的方法，分组比较是先把某个测量的分数划分成若干类别，并以这些类别为基础形成若干组，然后比较这些组在另一个测量上的分数。

2.推断统计

推断统计是由样本资料去推测相应总体情况的理论与方法，因为是对总体的分数进行推断，又被称为“统计显著性检验”。

比如，我们研究受教育年限与焦虑的关系，只知道样本的均值，其中一个样本的平均受教育年限是 6.23 年，另一个样本的平均受教育年限是 7.02 年。依据这些平均值，可以做出两个推论。一个推论是均值的波动是总体中样本的波动；另一个推论是均值的差异来自不同的总体。到底哪一个推论正确？遇到类似的问题，就要用推断统计。

推断统计中常用的基本概念有零假设、P 值、统计显著性检验等。

零假设是两个样本所代表的总体之间没有差异，是一个预测。通常我们假定零假设是真的，统计检验结果推翻这个假定，得出相反的结论，就说明两个样本来自不同的总体。

P 值是总体均值相同时，样本均值发生偶然差异的次数的百分比。这个值越低，偶然差异就越不可能发生，零假设就更可能是假的。在教育研究中，P 值为 0.05 时就可以拒绝零假设了。一般在研究结果汇报时，研究者会用小于 0.05 的形式报告 P 值。当 P 值达到了拒绝零假设所希望的水平，就被认为两个样本均值的差异是统计显著性的。统计显著性就是一个对这一结果的判定。用于确定一个观察到的差异是否统计显著性的程序被称为“统计显著性检验”，又称为“零假设检验”。常用的统计显著性检验见表 12-3。

表 12-3　常用的统计显著性检验

统计显著性检验	值	被检验的零假设
独立样本均值的 t 检验	t	两个样本均值之间的差异是具有相同均值的总体的偶然波动
相关样本均值的 t 检验	t	以某种方式相关联的两个样本均值之间的差异是具有相同均值的总体的偶然波动
方差分析	F	三个或多个样本均值之间的差异是具有相同均值的总体的偶然波动
协方差分析	F	用于检验与方差分析一样的零假设
卡方检验	χ^2	两个样本在某一称名量表上的频次差异是该量表上有相同频次的总体的偶然波动
相关系数的 t 检验	t	两个样本相关系数之间的差异是有相同相关系数的总体的随机波动

教育研究数据的检验包括参数检验和非参数检验，参数检验是总体在正态分布的情况下对总体的参数如平均值、方差等进行推断。

t 检验的前提是数据服从正态分布，只要每组中变量呈正态分布，两组方差不会明显不同，就可以通过观察数据的分布或进行正态性检验估计数据的正态假设。在 SPSS 中进行正态分布检验，有 4 种较为直观的图示法（见表 12-4）。

表 12-4　正态分布的图示法举例

类型	解释
P-P 图	以样本累积频率为横坐标，相应累积概率为纵坐标，用散点表现出来样本值
Q-Q 图	以样本分位数为横坐标，相应分位点为纵坐标，用散点表现出来样本值
直方图	是否以钟形分布，同时选择输出正态曲线。在 Charts 中选择 Histograms
箱式图	观测离群值和中位数

在 SPSS 中进行单样本 t 检验的基本操作为执行 Analyze-Compare Means-One Sample T Test 命令，得出输出结果。对两个独立样本 t 检验的操作为执行 Analyze-Compare Means-Independent Samples T Test 命令，得出输出结果。对两个配对样本 t 检验的操作为执行 Analyze-Compare Means-Paired Samples T Test 命令，得出输出结果。

非参数检验是相对于参数检验而言的，类型和参数检验相似。其中，卡方检验是对定序变量的总体进行检验。以分析学生的学习成绩等级是否满足某一比例为例，选择菜单 Analyze-Nonparametric Tests-Legacy Dialogs-Chisquare，出现卡方检验窗口，将检验的变量“等级”纳入 Test Variable List 检验对话框，在 Expected Range 中选择 Use specified range 以确定待检验样本的取值范围，本例中设置 Lower 为 1，Upper 为 3，确立学生成绩等级的范围值。在 Expected Values 对话框中设置期望分布的频数，点击添加相应的值来代表设置分组的期望频数，优秀、良好、及格期望分布为 1、2、2，点击 OK 提交分析命令，得出分析数据信息。①

教育研究数据的分析包括方差分析、相关分析、因子分析、聚类分析、回归分析等。方差分析是分析单个或多个因素对观测变量的影响，包括单因素、多因素和协方差分析三种类型。以分析不同地区对学生终身从教态度影响的单因素方差分析操作为例，步骤是选择菜单 Analyze-Compare Means-One way ANOVA，进入单因素方差分析窗口。把“学生终身从教态度”移入观测变量框 Dependent List，将地区移入控制变量框 Factor。点击 Contrasts，进入单因素方差分析窗口，可以根据实际情况对 Significance Level 进行修改，本例使用默认值。点击 OK 按钮，分析结果自动呈现。②

如果分析不同性别、不同地区学生在读免费师范生的态度差异，用多因素方差分析。操作步骤如下：选择菜单 Analyze-General Lineal Model-Univariate，进入多因素方差分析窗口。把“学生终身从教态度”移入观测变量框 Dependent Variable，将性别、家庭所在地移入控制变量框 Fixed Factor(s)。点击 Options，进入多因素方差分析窗口，可以根据实际情况对 Significance Level 进行修改，本例使用默认值。点击 OK 按钮，分析结果自动呈现。③

客观事物之间存在着相互关联的关系，这种密切程度如何确定呢？这时候就可以采用相关分析进行研究。相关分析包括线性相关分析和偏相关分析，线性相关分析常用的方法是绘制散点图和计算相关系数。相关系数

---

① 参见张屹、周平红编著：《教育研究中定量数据的统计与分析》，北京大学出版社 2019 年版，第 111—112 页。

② 参见张屹、周平红编著：《教育研究中定量数据的统计与分析》，北京大学出版社 2019 年版，第 127—128 页。

③ 参见张屹、周平红编著：《教育研究中定量数据的统计与分析》，北京大学出版社 2019 年版，第 133—134 页。

计算的操作过程是：选择菜单 Analyze-Correlate-Bivriate，进入 Bivariate Correlatiions 对话框，把将要测算的相关系数的变量选入 Variables 框。在 Correlation Coefficients 框中选择计算哪种相关系数，在 Test of Significance 框中选择输出相关系数检验的概率 P 值，选中 Flag significance correlation 选项，表示分析结果中可输出型号标记，表明变量间的相关性是否显著。在 Options 中 Statistics 选项中可选中 Cross-product deviations and covariances，表示输出各变量的离差平方和、样本方差、两变量的差积离差和协方差。①

因子分析是将原始的众多指标缩成少数各个综合指标，这些综合指标称为因子变量。这种方法是在尽可能不损失信息或减少损失信息的情况下，将多个变量减少为少数几个潜在因子。操作步骤是选择菜单 Analyze-Data Reduction-Factor，在 Variables 框中选入需要进行因子分析的变量，至少选入两个。单击打开因子分析 Descriptives 按钮，选择 Initial solution 和 KMO and Bartlett's test of sphericity 选项，单击 Continue 按钮返回检验界面。单击打开 Extrection 按钮指定提取因子的方法，选中对话框中 Display 下的两个选项，单击 Continue 按钮返回检验界面。单击打开 Rotation 按钮选择因子旋转方法，勾选最大方差法 Varimax 和显示旋转后的因子载荷矩阵 Rotated solution，单击 Continue 按钮返回检验界面。单击打开 Scores 按钮后对因子得分进行设置，勾选 Save as variable 和 Display factor coefficient matrix，单击 Continue 按钮返回检验界面。单击打开 Options 按钮指定因子载荷矩阵的输出方法，并选择缺失数据的处理方法，在 Missing Values 选项框中选择缺失值的处理方法，在 Coefficient Display Format 选项框中选择因子载荷矩阵的输出方式，单击 Continue 按钮返回检验界面。最后，在主界面单击 OK，得出输出数据信息。②

回归分析是一种应用广泛的数量分析方法，用来分析事物之间的统计关系，考察变量之间的数量变化规律，并用一定的数学表达式来表述这种关系。回归分析包括线性回归分析和非线性回归分析。一元线性回归分析的主要操作步骤是选择菜单 Analyze-Regression-Linear，进入 Linear

① 参见张屹、周平红编著：《教育研究中定量数据的统计与分析》，北京大学出版社 2019 年版，第 149—150 页。

② 参见张屹、周平红编著：《教育研究中定量数据的统计与分析》，北京大学出版社 2019 年版，第 162—164 页。

Regression 对话框。将被解释变量和解释变量分别拖入 Dependent 和 Independent 中。选择 Plots 按钮，打开对话框 Linear Regression：Plots，选择对话框下的 * ZRESID 拖入 Y 中，选择 * ZPRED 拖入 X 中，选择 Histogram 和 Normal probabilily plot，然后点击 Continue。单击 Linear Regression 主对话框中的 OK 即得到输出结果，建立回归方程，并对回归方程进行各种检验。①

小学教育研究领域运用定量分析的文献较多。调查性别、年级等变量与因变量之间的关系时，一般运用描述统计计算出平均值，然后比较平均值的大小，说明性别、年级与因变量之间的相关程度。教育实验中自变量与因变量之间的因果关系主要用推断统计进行方差分析，根据 P 值所在的区间判断关系强度。

本章小结

研究资料整理的第一步是建立各种资料档案，包括背景档案和分析档案。接下来，将定量资料录入统计软件中分别进行相应的统计分析，对定性资料开始编码，形成概念，撰写备忘录。资料分析包括定量分析和定性分析。定量分析是运用统计方法对收集到的数据资料进行描述统计和推断统计。常用的统计方法有 t 检验、方差分析、卡方检验、回归分析等，一般使用统计软件完成相应的分析。定性分析是对获得的文字资料进行深入分析。常用的分析方法有类属分析、情景分析和话语分析等，一般通过编码，建立故事线完成。两种资料分析方法经常并列使用，具体如何使用，还要根据研究方法来定。

两种资料分析方式存在着差别。一是分析程序的标准化程度不同，定量分析在不同的项目之间是一样的，定性分析很难有标准化的分析程序。二是资料分析的开始点不同，定量分析自收集的数据录入软件系统就开始了，定性分析贯穿于整个研究过程，不是一次性完成的。三是与教育理论间的关系不相同。定量分析是通过数据结果检验理论，定性分析是通过分析收集资料并归纳出新的概念和理论。总之，两种资料分析都具有系统性和逻辑严密性。

① 参见张屹、周平红编著：《教育研究中定量数据的统计与分析》，北京大学出版社 2019 年版，第 205—206 页。

第十三章　撰写与剖析研究成果

一项教育科学研究取得丰硕的科研成果之后，研究者还需要对整个研究过程及其结果进行梳理总结，选择恰当的形式表述出来。这是教育研究工作的最后一个环节。教小学四年级语文的徐老师用问卷收集了关于学生阅读情况的资料并进行了分析。他想把调查结果描述出来，如果可能，他也想发表在报纸或杂志上。那么，他应该怎么描述呢，有什么写作要求呢，按照什么格式写呢，研究成果的质量如何，怎么评价？

一、研究成果的类型与结构

教育研究成果，是通过科学研究活动取得的具有一定社会价值和学术价值的知识体系。撰写研究成果的目的是让更多的读者了解，在更大范围内推广这一知识体系。

（一）研究成果的类型

1.教育研究报告

教育研究报告是关于教育事实的报告，主要有以下两个特点：一是教育研究报告以对事实直接研究所得的第一手资料为基础，事实材料是构成报告的主要内容；二是教育研究报告中还必须包含对研究方法与研究过程的说明，即要说明研究者的设计思路、研究对象、具体方法、研究材料、操作步骤等。

（1）教育调查报告

通过对小学教育领域中某种现象进行调查，在此基础上对该现象的研究过程和研究成果进行概括和总结。对小学校本课程设置进行调查,形成关于小学校本课程开设的调查报告。读者阅读之后,可了解调查对象的真实情况。

(2)教育实验报告

在教育实验结束之后,对整个实验过程进行全面总结,从而提出一个客观的、概括的、能反映全过程及其结果的书面材料。验证新教材的适切性,可以选择新教材面向的教育对象,通过一段时间的教学,用统计分析处理新教材与学习成绩之间的关系。结果发现,学生的学习成绩整体提高。也可重复进行实验,验证某些结论,如新方法的推广,要说明如何重复实验,结论是否与原实验一致。

(3)经验总结报告

教育经验总结是指在教育实践中,通过积极探索,将积累起来的经验,经过筛选加工、分析研究,找出规律性的东西,得出指导意义的结论,并上升到一定的理论高度。小学教师经常撰写这类报告,但在理论层面上需要提升高度。

2.理论研究成果

理论研究成果以深刻的理论分析和严密的逻辑论证来说明研究问题,是一个创造性认识过程,又被统称为"学术论文"。学术论文具有创新性、科学性和实践性,写作者要有自己的独特看法,有创新的见解,展示出形成某种新的论点和理论体系的过程。

(1)专业论文

专业论文是指小学教师或从事小学教育的研究者进行小学教育理论研究和描述、论证该领域新理论如何产生的文章。它展示的是一个新论点及理论体系的形成过程,具有创新性、科学性和实践性等特点。

(2)学位论文

学位论文是用于申请学位而撰写的规范性学术论文。学生经过几年系统的专业学习,在独立思考的基础上,借鉴吸收他人研究成果,以现实材料为基础,通过分析综合,深入剖析,从而提出新观点。学位论文的质量主要通过高校关注小学教育领域的本科生、研究生等进行专业某方面研究的结果来反映。

(二)教育研究成果的结构

1.教育调查报告

教育调查报告一般由题目、引言、方法、结果、讨论与结论、建议、附录七部分组成。

(1)题目

研究报告的名称要求用最恰当、最简明的词语反映报告的核心内容。常用的表述形式有三种:一是参考论文的写法,如"农村教育公平的现状分析与对策建议";二是参考公文的写法,如"农村教育公平情况的调查报告";三是用正副标题的写法,如"乡村小学图书资源短缺——农村教育公平问题的调查"。

(2)引言

这部分需要开宗明义地交代清楚调查目的、意义、任务和方法。具体来讲,需要简要说明调查的问题、原因和背景,主要内容、意义和价值,简述调查时间、调查对象的抽样方式和调查工具等。

(3)方法

这部分具体描述了数据的收集过程。选定研究对象,明确研究对象的背景信息,确定收集资料的方法,编制工具,运用工具收集资料,分析资料。

(4)结果

这部分是研究发现。通过描述、图表将调查资料进行梳理,归类,用纲目、篇、章、节的形式有条理地揭示出来,做到观点明确、材料可靠、叙述完整。

(5)讨论与结论

对研究发现进行讨论,是结合现有的理论、研究和实践对研究发现进行重组。结论是在对调查内容进行定性分析、定量分析的基础上,归纳、概括出变量之间的联系,并在此基础上提出关于调查对象的新见解。

(6)建议

教育调查的主要目的之一是为实际工作部门提供决策建议,因此建议要遵循客观原则,立足问题本身,切实可行。

(7)附录

调查工具或部分原始资料附在报告后面,是正文的补充。目的在于为读者提供可供分析的原始资料,供其他研究人员参考。

2.教育实验报告

教育实验报告包括题目、引言、方法、结果、讨论和附录六部分。

(1)题目

实验报告的标题常常指明研究变量,使人一目了然,比如“中学生思维训练的实验研究”。标题应简练、明确,能让读者清楚教育实验的对象、方法和问题。

(2)引言

引言是研究报告的正文开头,主要介绍研究什么问题,有关研究背景信息、研究目的,描述研究现状及趋势,指出该项研究要解决的问题、研究假设和理论框架。

(3)方法

实验研究需要用到的方法涵盖被试的选择、取样的过程、确定实验设计类型、实验步骤、资料的收集和分析方式。要做到结构清晰,用词准确。

(4)结果

结果是研究报告的主要部分,对数据采用逻辑的语言描述或正确的统计图表进行说明,用统计检验说明变量之间的关系,验证研究假设,将客观事实呈现给读者。

撰写过程中需注意:一是以陈述事实为主,不应夹杂前人的工作成果,也不要对其进行主观分析,保证结果的客观。二是定量分析和定性分析相结合。采用一定的统计分析技术,从数量的变化中用语言描述变量之间的关系。

(5)讨论

讨论是对实验结果、可能的因果关系或相关关系进行评价。讨论和分析与实验结果有关的问题,包括以下四个方面:一是对实验结果进行理论上的分析和论证。可以概括地叙述研究结果,对本实验进行综合分析,与前人的研究结果进行比较,阐述结果的理论意义和实践价值,将研究结果纳入某一理论框架或构建新的理论。二是总结结果。将分散的结果综合起来,对研究结果的可靠性和推广做进一步的分析。三是指出研究的局限性,提出可供深入研究的问题以及未解决的问题,为未来的研究指明方向、提供线索。四是联系引言,对研究存在的潜在意义进行分析,建立新旧研究之间的观点联系。[①]

需要注意的是，讨论与结论不同，主要区别是讨论呈现的是主观的认识与分析，结论呈现的是研究中的客观事实。讨论是基于结论基础上进行的多层面、多维度的分析。

(6)附录

实验研究中用到的收集资料的工具、原始资料附在报告后面作为附录。

3.学术论文

规范的学术论文在格式上遵循绪论—本论—结论的逻辑顺序，一般包括以下六部分。

(1)题目

题目是对论文内容的高度概括，形式各异，向读者准确说明研究问题，反映研究方向，文字简练，新颖。题目表述应简洁，尽量不超过25个汉字。

(2)摘要

摘要是对研究主要内容的简介，简洁概括，一般300字左右，应包括研究对象、研究方法和研究结果或研究结论。

(3)问题的提出

写在正文之前，简要说明写作的目的、意图和研究方法。重点阐明研究动机和研究背景，指明研究问题的重要性。简介研究方法和有关研究手段，概述研究成果的理论意义和现实意义。精要描述，避免篇幅过长。[②]

(4)正文

这部分是本体，篇幅占到全文的三分之二，包括论点、论据、论证，关键在于论证。清楚地表达主题，根据主题收集材料，做到观点与材料一致，层次安排合理，进行严密的推理论证，显示研究结论的正确性。这部分论证要注意主次，层次分明，条理清楚。

(5)讨论与结论

讨论是从理论上对研究结果的意义进行分析和解释，从研究假设的验证、研究结果的效度和价值、研究存在的不足、继续探讨的问题等方面进行阐明。

结论是围绕正文所做的结语，进一步高度概括研究成果。作者将自己

---

① 参见陶保平编著:《学前教育科研方法》，华东师范大学出版社2010年版，第286—287页。

② 参见卢明德编著:《中小学教育科研方法与论文写作》，天津人民出版社2001年版，第320—321页。

的观点呈现出来，引出新的思考。写作要求是内容简洁、逻辑严密、措辞严谨、论证得当。

(6)引文注释与参考文献

论文最后部分列出直接提到或利用的资料的来源。注释与参考文献的格式一样，包括作者姓名、文献篇名、卷数、期数、页码或书刊刊名、出版单位和出版时间等。同时，注意标注出文献类型。

学位论文是规范性的学术论文，符合学位授予的要求，反映的是本科生、研究生学习期间在某方面进行的系统性和专业性的研究。学位论文在学术论文一般结构的基础上加上了附录部分。

(三)教育研究成果表述的要求

1.教育研究成果质量的判断

研究成果的质量关系到研究全部过程的完整、科学的测度，与研究本身质量和研究者撰写技巧都有关系。研究成果本身符合这样一些特点：研究问题重要；先进性；科学性；较高的理论意义和实践价值。

2.撰写教育研究成果的基本要求[①]

(1)在科学性的基础上有所创新

学术论文的中心是创新，要能反映作者在研究中获得的新见解。与教科书不同，所谓"创新"，不是从头到尾都要新，而要在原有研究基础上发掘出一些新的研究成果，或者添加一些新的材料。

(2)在论证基础上观点和材料一致

对研究中获得的大量材料进行提炼，精选出最有价值、最典型的事实材料作为研究的论据，是写好研究成果的必备工作。要做到观点和材料统一，主要问题在于选材。选择材料时一是要紧扣研究的主要问题；二是选取具有广泛代表性和说服力的材料；三是真实准确、符合客观实际；四是尽可能选取新颖生动、反映时代感的材料。在此基础上，对材料进行集中分析、归纳和综合，从而对观点进行论证。

(3)在独立思考基础上借鉴已有成果

教育研究与其他科学研究一样，是在前人研究基础上推进的。在教育研究成果撰写中，必须正确处理借鉴吸收别人研究成果与自己独立思考的

① 参见裴娣娜：《教育研究方法导论》，安徽教育出版社2016年版，第370—372页。

关系。对引用的观点和文献,要先搞清楚作者的原意,文献内容的价值,从中挖掘实质性问题,从而加强论证的针对性。其次,要善于从众多的文献中选择最具有说服力的材料。

(4)在结构完整基础上格式规范

研究成果的语言文字要准确、鲜明、生动,在书写格式上做到规范。准确是指忠实地反映客观事实,鲜明是要点、要义或要据应清楚明白,生动则要求语言讲求文采。总之,应以最少的文字表达更多的内容。

(四)撰写步骤

第一,确定报告或论文的题目。根据选定的研究问题,用一句话陈述出研究问题、研究方法和研究发现,表达简洁、准确。

第二,拟定写作提纲。写作提纲是研究成果撰写的理论框架,这一框架的形成依据研究者对问题的深入分析和对资料的梳理。

第三,研究报告或论文的写作。按照研究成果写作的基本要求以及研究成果的基本组成部分进行写作,完成初稿。

第四,对初稿修改。对初稿从格式到内容到语言,按照写作要求进行修改。可以请同行、专家等对初稿提出修改意见,思考建议如何落地。初稿修改时间可长可短,视研究者的修改能力而定。

第五,定稿,发表或公开。定稿后,按照公开发表的要求对定稿进行编辑,在适当的时候发表。

二、研究成果的题目拟定

研究成果题目用一句话或短语描述出来,一般不超过 25 个字,至少包含研究问题、研究对象、研究方法等信息。

题目应尽可能传递出研究问题的信息,如“小学生时间管理能力调查研究”,题目包含变量小学生和时间管理能力。再如“数学文化教学对小学生数学观影响的实验研究”,题目包含变量数学文化和数学观。还有“协作思维导图策略促进小学生习作的行动研究”,题目包含变量协作思维导图策略和习作。这些题目不仅包含了研究对象——小学生这一信息,还包括研究方法——调查研究、实验研究和行动研究。

研究成果题目的文字表达要符合简洁、准确、要素齐全等特点。一般不超出25个字，如果字数太多，可以加副标题。但是应尽量避免使用副标题，当表示同等重要的论点时才可以使用副标题。如“小学是如何塑造教学创新团队的？——以传统文化研究中心为例”，表示教学创新团队与传统文化研究中心是指同一事物。

题目拟定应注意避免的问题：一是以研究主题命名。研究主题只是一个宽泛的研究领域，作为题目会让读者不知所云。这样的例子不少，如“小学教育管理浅析”“小学教学模式探索”，若改为“小学道德教育管理问题及对策”“小学语文‘深阅读’课堂活动的设计及实施”，则表述更清晰、明确。二是研究变量不清晰。变量不清晰，说明问题不明确。只有变量在题目中呈现出来，读者对研究问题才能一目了然。如“基于学习数据支持的小学生个性化学习实践研究”题目中，“学习数据、个性化学习”是两个变量，借助学习数据，教师可以设计小学生个性化学习实施方案。

三、摘要与引言的写法

（一）摘要的写法

研究成果的摘要受研究成果类型、是否发表、期刊要求影响，篇幅长短不同。下面通过一篇论文摘要进行说明。

例1.文献研究《轨迹·焦点·走向：小学教师职业幸福感研究十年》（谢彦红，2023）的摘要：

教师职业幸福感是在教师的生存状态与发展基础上形成的研究热点。以2003—2023年中国知网发表的198篇小学教师职业幸福感研究论文为研究对象，剖析十年来小学教师职业幸福感研究轨迹。结果表明，小学教师职业幸福感研究可划分为初步发展期和关注增长期两个阶段；尚未形成小学教师职业幸福感研究的核心作者群，合作研究不足；主要呈现小学教师职业幸福感的取向之争、内容之辩和路径之探三大研究焦点。研究认为，小学教师职业幸福感研究深化的三重路向：一是加强理论研究与实践研究融合；二是体系完善中深化研究内容；三是小学教师职业幸福感研究走向科学。

例2.实证研究《打开“黑箱”：师徒关系影响小学教师教学创新行为的内在机理研究》（谢彦红，2022）的摘要：

为揭示师徒关系对小学教师教学创新行为的作用机制，文章构建了一个有调节的中介模型，重点考察了关系能量的中介作用以及创新自我效能感的调节作用。运用问卷对师徒关系、关系能量、创新自我效能感及小学教师教学创新行为进行了调查，结果显示：师徒关系对小学教师教学创新行为具有显著的正向预测作用；关系能量在师徒关系与小学教师教学创新行为的关系中起中介作用；师徒关系对小学教师教学创新行为的直接预测作用及关系能量在两者关系中的中介作用均会受到创新自我效能感的调节。研究结果不仅有利于从关系能量理论及社会交换理论的视角理解师徒关系与小学教师教学创新行为的内在机理，而且对"传帮带""老带新"的实施对培育教师创新行为具有启示意义。

分析并总结摘要写作的要点：一是内容包括研究问题、研究方法和研究结果或结论；二是不要写成内容简介，注意句子之间的逻辑性。

（二）引言的写法

引言，又叫作前言、导论、绪论、问题的提出等。引言是写在正文前的一段话。

例 1.文献研究《轨迹·焦点·走向：小学教师职业幸福感研究十年》（谢彦红，2023）的引言：

教师职业幸福感是小学教师职业生存与专业发展的一种状态，直接关系到小学教师能否胜任高质量的教育教学工作。近十年，教师职业幸福感的内容及其在教师生存与专业发展中的地位发生了很大变化，尤其是随着基础教育高质量发展的推进，教师职业幸福感对教师生存的重要性得到广泛认可。经过十年的探索，我国对小学教师职业幸福感的研究无论是深度还是广度上都有所突破，但仍存在研究的理论基础薄弱、研究内容时代性弱化等问题。因此，梳理小学教师职业幸福感研究脉络，关注小学教师职业幸福感研究的热点并反思现存问题，对于推动我国小学教师幸福感研究和提高基础教育对小学教师培养的认识，都具有重要的理论价值与实践意义。

例 2.实证研究《打开"黑箱"：师徒关系影响小学教师教学创新行为的内在机理研究》（谢彦红，2022）的引言：

创新素养培育是世界各国教育的时代主题，一直受到社会及教育界的重视。为加强新时代小学教师创新素养培育体系建设，进一步深化新发展阶段基础教育创新教育改革，小学比以往更加注重小学教师教学创新精神和创新能力的培养，采取多种措施加强激发小学教师教学创新行为。小学教师教学创新行为在一定程度上决定了教师发展潜力和教师教学质量，因此开展对小学教师教学创新行为的研究，探究小学教师教学创新行为的影响因素，具有重要的理论和现实意义。

早期学者们主要围绕一些个体变量研究教师教学创新行为，如教师的性别、专业、学科和非智力因素等。随后又转向对外部情境影响的探讨，从三方面展开了研究：一是从学校创新环境建设视角出发探讨了创新氛围、创新教育、学校第二课堂文化等因素的影响；二是从人际互动方面探讨了指导教师、同伴小组、合作团队等因素影响；三是从研究活动特征探讨了创新意愿、教学项目挑战性、活动参与度等因素影响。最近又综合运用中介效应模型，聚焦个体因素和环境因素共同作用于小学教师教学创新行为的机理。例如，有学者发现，师徒关系与同伴关系均显著影响教师创新行为；师徒关系显著影响小学教师的角色认同，而同伴关系对角色认同影响不显著；角色认同在师徒关系与小学教师教学创新行为之间起到部分中介作用。也实证检验了师徒关系对不当督导与创新绩效之间的关系起着调节作用。

系统的文献回顾可以看出，无论是师徒关系、创新行为还是人际关系亲疏、创新自我效能感，其各自或两两对小学教师教学创新行为的影响机制已被许多研究者所关注，并得出一些有价值的结论。但是，同时考虑三个变量对小学教师教学创新行为的影响，其相互之间的关系如何？还有待于进一步实证探讨。为此，文中构建了一个整合框架，基于社会交换理论，试图揭开师徒关系对小学教师教学创新行为作用机制的“黑箱”。

通过对上述例子的分析，可以概括出引言包含的信息。

第一，交代研究背景。研究背景是说明研究问题存在的环境，如例 1 中“近十年，小学教师职业幸福感的内容及其在教师生存与专业发展中的作用发生了很大变化，尤其是随着基础教育高质量发展的推进，小学教师职业幸福感培养的重要性得到广泛认可。”这就告诉读者教师职业幸福感在教师生存与发展上被认识的变化。例 2 尽管研究创新行为，但是先从创新素养入手，因为创新素养是创新行为的结果。

第二，交代研究目的和研究问题。研究背景表述清楚了，就要用概括性语句交代研究目的和研究问题。如例 2 中“同时考虑三个变量对小学教师教学创新行为的影响，其相互之间的关系如何？还有待于进一步实证探讨。为此，构建了一个整合框架，基于社会交换理论，试图揭开师徒关系对小学教师教学创新行为作用机制的‘黑箱’”，说明研究目的是想证明三个变量对小学教师教学创新行为的影响，研究问题是探讨师徒关系对大学生创新行为作用机制。

第三，交代研究方法。引言中研究方法的呈现可以直截了当，也可以用一句话表示。如例1中“梳理小学教师职业幸福感研究脉络，关注小学教师职业幸福感研究的热点并反思现存问题”，就说明了运用文献研究的方法。而研究方法详细的介绍会放在正文中的“研究设计”部分。

第四，交代研究意义。研究意义在研究背景、问题、方法的描述中往往会体现出来，也可以直接描述出来。如例1中“对于推动我国小学教师职业幸福感研究和对小学教师职业幸福感培养的认识，都具有重要的理论价值与实践意义。”这就表明了研究的重要性。当然，如果“同时考虑三个变量对小学教师教学创新行为的影响，其相互之间的关系如何？还有待于进一步实证探讨”这样的表述中渗透出意义，要比直接表述更有创新性。

四、研究成果各部分的关系

研究成果的结构包括题目、引言、文献综述、研究方法、研究结果、讨论、结论、参考文献等部分。

（一）研究方法部分的写作

研究方法部分需要交代收集资料的方法、工具，分析数据资料的方法、研究信效度等。不论是学术论文，还是研究报告，研究方法部分都单独成章。对于定量研究成果来讲，研究方法部分需交代研究对象、抽样方法、测量工具、资料收集过程、资料分析方法。如使用调查研究、实验研究等实证方法，除了交代一般的研究设计，还需要就上述五方面进行详细说明，让读者搞清楚资料整理的过程。对于定性研究成果来讲，研究方法部分需交代研究情境、研究对象选择理由、研究者与研究对象之间的关系、资料收集的方法、资料分析的方法。如使用行动研究、个案研究等质性研究方法，一般先交代研究对象生活的情境，然后对上述各部分进行详细说明。思辨性学术论文，可以缺失研究方法部分。

（二）结果与讨论的关系

研究结果是运用研究方法获得资料后的分析结果。研究类型不同，结果的呈现形式不同。对于定量研究，结果一般是由数据和数学符号的图表呈现。对于定性研究，结果主要是文字描述，即便是有表格，也是用文字描述的表格。

结果整理出来后，需要对此进行讨论。讨论是对研究发现的意义进行探讨，这部分写作主要包括以下方面：一是回应引言部分，将本研究发现与前人研究成果进行联系比较。可能印证了前人的研究，也可能补充前人的理论或者发现新的观点。二是对结果的信效度问题进行评价，说明研究过程的可行性。三是对结果与假设之间的逻辑关系进行评述，说明假设的验证过程。

结果与讨论的关系可以用一个实例进行说明。在有关小学生语文作业的一项研究中，发现小学生做作业的时间较长，不同课程的作业完成时间不同。这是客观事实，放在结果中。那么，以上发现是什么原因造成的，调查问卷中没有了解小学生放学回家后的生活，作者却认为作业完成得慢是因为玩手机，这些推测就要放在讨论部分，因为这个解释带有主观性。

（三）讨论与结论的关系

结论是在对资料进行充分的解释、讨论、充分考虑各种可能性后，对整个研究进行的全面总结。具体来说包括以下内容：一是对研究发现进行概括，在文字表达上采用平铺直叙方式。二是对讨论的主要观点概括，指出自己的研究贡献。三是针对讨论部分的内容，指出研究的不足以及今后努力的方向。

相对讨论部分，结论更具有概括性。对于定性研究，结论部分是缺失的，而是用一系列有待解决的问题来代替。

（四）参考文献部分的写作

参考文献是写作过程中被引用的文献，有一定的使用规范和表示标准。根据张红霞教授的理解，参考文献可以在文中，也可以在文末。文中引用时，分为引用原话、引用原意、转引等，无论哪一种情况，都要说清楚。

参考文献在文章末尾时，会用一些符号表示文献的类型，常见符号见表13-1。

表 13-1 参考文献类型与符号

文献类型	符号标识	文献类型	符号标识	文献类型	符号标识
图书	M	学位论文	D	报纸	N
期刊论文	J	论文集	C	研究报告	R
标准	S	专利	P	论文集析出文献	A

五、研究成果的评价

教育研究成果的评价是教育研究过程的最后一个重要环节。主要工作是对研究全过程做出价值判断，便于相互之间交流知识与思想。受诸多因素影响，评价的内容、方式和基本要求需要搞清楚。

(一)教育研究成果评价原则的分析

评价原则是评价过程中遵循的基本要求，是评价者开展工作的准绳。根据研究成果的特点，对评价要求总结如下。①

1.全面公正原则

成果评价过程中，评价者既要从成果本身的实际情况出发，自觉摒弃主观随意性，克服门户之见；又要对成果的整体性价值进行评判，如创造性、学术价值、社会价值等，避免以偏概全。

2.延时评价原则

很多时候，研究成果不会在短时间内得到验证，而是需要通过大量的、较长时间的社会实践才能得以检验。此时，研究成果的社会效益和经济效益才能体现出来。

3.效益效率原则

教育研究成果的产生，需要投入经费、设备和劳动时间。评价一项教育研究成果的综合效益，既要考察其学术价值和社会价值，又要计算获得该项成果在物力、经费和时间方面的消耗，还要审核课题立项以后计划的进展情况。

① 参见江芳、王国英主编:《教育研究方法》，华东师范大学出版社 2011 年版，第 305—306 页。

（二）教育研究成果评价的方式

教育研究成果评价的方式多种多样，大致可概括为三种类型：研究者自我评定；同行专家论证；行政部门评审。研究者自我评定有利于研究者提高科研水平，完善研究意识。研究者通过对照评价标准来衡量自己的研究成果，总结经验教训。同行专家论证对成果评定具有判别意义，有利于同行之间的学习交流。行政部门评审一般是由某一级行政部门成立有权威、成员相对稳定的教育研究成果评定委员会来实施具体评定工作。

（三）教育研究成果评价指标的内容

教育研究活动是一项复杂的系统活动，评价内容与活动内容相关。教育研究类型的不同，形成了不同研究类型的报告。

1.定量研究报告评价

梅瑞迪斯·高尔等学者认为，定量研究可以采取不同的研究设计手段，从以下内容评价。[①]

（1）根据研究者的理论取向，研究报告呈现的研究问题、方法和发现恰当吗？

（2）在叙述研究对象（如教学方法、项目、课程）时，研究者是否表露出不应有的偏见？

（3）文献综述部分是否囊括了你熟悉的与研究主题有关的文献资料？

（4）变量是否有清晰的界定？

（5）变量的测量是否与变量的界定一致？

（6）是否直接陈述了研究假设、研究问题或研究目的？这些陈述清晰吗？

（7）研究者们是否充分论证了研究假设、研究问题或研究目的的重要性？

（8）样本是否具有代表性，或者是否在你所在的人群中具有普遍性？

（9）每一种测量手段是否合适？对于研究目标而言是否有效、可靠？

（10）如果采集了定量数据，对这类数据的分析是否提高了整体研究设

---

① 参见［美］梅瑞迪斯·高尔、乔伊斯·高尔、沃尔特·博格：《教育研究方法》，徐文彬、侯定凯、范皑皑等译，北京大学出版社2016年版，第488—497页。

计的严谨性？

(11)研究程序是否恰当，并有清晰的表述，可以重复同样的研究过程吗？

(12)研究是否使用了合适的统计技术，使用得当吗？

(13)研究报告是否考虑了统计结果的实际显著性？

(14)数据分析的结果是否支持作者结论中的研究发现？是否将自己的发现与已有的理论或其他已有研究建立起联系？

(15)研究者是否对研究发现给出了合理解释？

(16)研究者是否从研究发现中合理地提出了对实践工作的启示？

(17)研究者是否基于自己的研究结果提出了进一步研究的建议？

2.定性研究报告评价

定性研究涉及不同的研究设计手段，评价内容包括以下方面。

(1)根据研究者的理论取向，研究报告呈现的研究问题、方法和发现恰当吗？

(2)在叙述研究对象(如教学方法、项目、课程)时，研究者是否表露出不应有的偏见？

(3)文献综述部分是否囊括了你熟悉的与研究主题有关的文献资料？

(4)研究报告是否提供了特别有意思的案例样本，读者可以据此对所研究的现象有更深入的认识？

(5)数据采集方法是否适合研究者所探究的现象？

(6)数据采集的强度(全面、系统)如何？

(7)数据采集过程是否确保现场参与者能反思主位视角？

(8)研究者是否对数据来源和数据采集方法进行了三角互证，以检验研究发现的可靠性？

(9)研究过程是否恰当，是否明确陈述？

(10)是否对不同研究对象回答问题的方式和行为做了深描？

(11)总结研究发现时，是否从收集到的数据中引申出具体的问题或假设？

(12)如何收集定量数据，是否对这些数据做出了恰当的描述和分析？

(13)是否建立起了强有力的证据链？

(14)是否使用了参与者检核的方法？

(15)是否反思了自己的价值观和视角？

(16)是否通过多渠道获得证据以支持研究结论?

(17)是否对发现做出了合理的解释?研究发现的推广性是否得到恰当的阐释?是否从研究发现中恰当地提出了对实践工作的启示?

教育部于2004年6月22日通过《高等学校哲学社会科学研究学术规范(试行)》[①],该文件包括总则、基本规范、学术引文规范、学术成果规范、学术评价规范、学术批评规范和附则在内的七个方面,对学术成果规范进行了详细的解读。

学者王坚红认为《研究报告质量评价标准》[②]分为一般质量标准和部分质量标准,每个标准分为好、中、差三个等级。其中,一般质量标准有14条,在此归纳为12条,分别是:①观点阐述清楚,概括性强;②理论概念、名词术语的界定与解释合理;③结论客观,理由充分,不含偏见;④数据、图表正确无误,有效使用;⑤统计方法适宜,运算正确;⑥尊重与公正对待研究合作者,注意保密;⑦看问题有创见,分析合乎逻辑;⑧叙述无矛盾,前后呼应;⑨语言流畅通顺,用词准确,通俗易懂;⑩内容条理分明,阐述简练;⑪标点符号正确,表意精准;⑫附注格式统一,信息齐全。

本章小结

研究成果一般分为研究报告和学术论文两类。每一类研究成果都有基本的写作格式,写作时并不要求严格遵照。每部分都有自己的写作要求,并提出了在事实基础上创新、观点与材料一致、在思考基础上借鉴、书写规范等基本要求。这些要求是写作时需要注意的。研究成果的评价是研究过程的最后一个环节,以对研究结果的科学性和质量做出判断。

定性研究报告与定量研究报告的目的和性质是相同的,不过也存在差别。一是基本结构不同。定量研究报告的基本结构和格式较为固定,包括引言、研究设计、结果与分析、结论与讨论;定性研究报告形式灵活。二是表达方式不同。定量研究报告以数据统计的图表、客观准确的语言进行表述;定性研究报告多以第一人称表述,研究者将自己的情感理解一并传递给读者。三是写作程序不同。定量研究是先收集数据然后进行分析;定性研究

① 中华人民共和国教育部:《高等学校哲学社会科学研究学术规范(试行)》,2008年4月25日,http://www.moe.gov.cn/srcsite/A13/moe_2557/s3103/200408/t20040816_80540.html。

② 王坚红编:《学前儿童发展与教育科学研究方法》,人民教育出版社1991年版,第265—268页。

边收集资料边写作，两者同时进行。四是撰写规则不同。定量研究撰写规则一目了然；定性研究缺乏固定模式以至于无章可循。实际上，定性研究成果撰写时也需要引出问题并进行文献综述，这部分和定量研究一样，现在个别定性研究报告也有讨论，尽量保证研究的信效度，所以也能按照定量研究的这部分进行写作。

第十四章 小学教育领域研究展望

联合国可持续发展峰会(2015)提出了教育目标是关系人类命运共同体未来发展的十七项重要目标之一,也是实现所有可持续发展目标的重要途径。中法知名小学校长论坛(2016)形成的最大共识,就是小学教育改革必须坚持其总体目标,即面对未来世界,为学生的一生奠定良好的发展基础,特别要正确处理好知识和技能的掌握与核心素养培养的关系。叶澜教授提出的基础教育的使命概括为底线(有道德和良知)、底色(健康的身心、自信有活力)、底蕴(知识转化为学习、思维和创造能力),这是小学教育发展坚持的目标。[①] 小学教育的改革与发展呼唤研究的转型与重视。

教育科学研究在小学教育发展中扮演着重要的角色。我们不难发现,科学研究的一个直接反馈是该领域目前的发展趋势。一方面,研究可以向我们展示政策和实践是否按照教育规律去影响教与学的活动;另一方面,研究发现可以指导未来的发展去向。通过研究,获得大量的数据,为开展实践活动提供可靠的信息。如教材的适用性如何,研究就能为我们提供这方面的信息。

小学教育领域的研究者优先研究这些问题:一是可能对小学阶段教育成果产生深远影响的问题;二是某个理论完善的问题。所以,通过调查当前的发展趋势,能够识别需要更多探究的新兴课题,比如新时代教师队伍建设、学生核心素养培育、数字化赋能小学教育等,从而对未来小学教育研究中的重点领域进行合理的推测。

① 参见陶西平:《面向未来,基础教育改革的目标和途径》,《中小学管理》2016年第8期。

一、跨学科与小学教育研究的未来

库恩(kuhn)在《科学革命的结构》中提到,科学革命是观察世界的概念网络的更新,也就是看待世界的方式不同。教育变革也是一样,知识的内涵发生了重大变化,要求学生具备创造性解决问题的素养。怀特海(Whitehead)在《教育的目的》中也提到,教育的主题是五彩缤纷的生活。[①]学生正确理解生活价值,应该在学科之间自由转场,建立跨学科思维。跨学科是学科之间的交叉与融合。克莱恩(Klein)指出,讨论跨学科性时,存在着一种无法避免的悖论。我们的词汇——具体而言,我们的整个逻辑分类——预定了我们只能以学科性的语言来思考。[②]讨论跨学科必须以我们对跨学科的理解为起点。

跨学科术语由伍德沃斯(Woodworth,1926)提出后,在科学领域得到广泛应用,对超越单一学科或实践范围的基础理解找到解决办法。[③]艾伦·莫雷克(Allen Morek)认为,跨学科强调"跨",这个"跨"涉及学科的方法、行动整合,从而达成对问题较为全面的认识。[④]就教育领域来看,早在一个世纪前埃德加·莫兰(Edgar Morin)就运用了多学科研究教育问题。[⑤]

(一)跨学科性与研究实践

小学教育研究者们被要求从事知识生产活动,这种活动不仅跨越本学科的范畴,而且涉及小学教育与其他教育阶段,乃至与教育之外的领域有联系。当代及未来研究问题具有复杂性,要求来自不同学科的研究者们组建团队,发挥各自的学科专长。从发表的文献来看,社会学、管理学、人类学、

---

① 参见[英]怀特海:《教育的目的》,徐汝舟译,生活·读书·新知三联书店2002年版,第10—20页。

② 参见[美]凯瑞·A.霍利:《理解高等教育中的跨学科挑战与机遇》,郭强译,同济大学出版社2012年版,第4—18页。

③ Committee on Facilitating Interdisciplinary Research, National Academy of Sciences, National Academy of Engineering, Institute of Medicine, *Facilitaing Interdisciplinary Research*, NW: National Academies Press, 2005, pp.39.

④ 参见[美]艾伦·莫雷克:《如何进行跨学科研究》,傅成良译,北京大学出版社2016年版,第8—9页。

⑤ 参见[法]埃德加·莫兰:《复杂性理论与教育问题》,陈一壮译,北京大学出版社2004年版,第1—25页。

经济学等学科与教育交叉的研究比比皆是，跨学科发展是时代发展所需，个体发展所需，因此小学教育研究需紧跟社会发展。研究活动通过跨学科研究成果反映出跨学科思维产生的作用。因为小学阶段实施分科教学，学科之间的壁垒相当稳固，这样即使调整培养目标，注重学科实践，也会因师资短缺而无法实施新教学理念。① 自 2012 年国家提出“小学全科教师”这一概念后，研究者、实务者提及小学教育必将与全科联系在一起，好像不培养全科教师就是偏离国家方向。那么，到底什么是全科？全科等于跨学科吗？答案显然是否定的。

跨学科工作是由不同的社会思潮所引发而催生的学术性活动。跨学科活动与倡导宽泛与综合教育计划的教育活动融合在一起。这种侧重不只教会个体用单一学科视角思考问题，而是从不同的学科领域去理解知识。按照皮亚杰的理解，“去中心化认知”是个体发展的关键因素，那么运用综合的视角思考社会现实是正常的路径之一。② 小学教育在培养未来教师过程中有主教与兼教学科的学习要求，主教学科给教育者的导向是重要的，兼教学科是次要的。那么，随着时间推移，就会发现教育实践中兼教学科地位弱化，自然学生修读时间减少，学科核心素养的建构就出现了不平衡。一方面，理论体系不完善；另一方面，教师缺乏专业引领，直接影响了基础教育的改革与发展。打个比方，如果说小学教育研究成果硕果累累是“想得到的美丽”，那么研究目的就是“看得见的风景”，而研究内容是“走得到的景点”。研究活动有了清晰路径，多学科思维落实才有可操作的凭据。

跨学科交流将会带来多维的观点，增进我们对生存世界的了解，相应地促进了政治、经济、文化与科技之间的发展。研究者如果严格限定在自己的学科内生活，将无法参与到不同知识领域间的交叉区域活动，也不能带来新的发现与突破。跨学科工作增加了个体对知识的解释能力，使得研究从现实需要出发。新思维决定新的研究活动。比如，从义务教育阶段课程标准颁布的时间来看，2001 年、2011 年、2022 年三个版本的义务教育课程标准中，前两个的核心是内容标准，后一个的核心是素养标准，这就要求教师重新思考何为课程内容以及如何组织。大单元教学的概念顺势而生，“大单

① 参见黄路阳、姚娜：《小学跨学科融合教育教师职前培养：意义、问题与对策》，《当代教师教育》2021 年第 4 期。

② 参见[美]凯瑞 · A.霍利：《理解高等教育中的跨学科挑战与机遇》，郭强译，同济大学出版社 2012 年版，第 26—34 页。

元"就意味着对课程内容的理解从学科逻辑、活动逻辑走向了学习逻辑。[①]这一育人方式的改变要求研究教学、学习、教与学的有机融合,像专家一样行动。学科之间自然打破界限,跨学科交流成为新时代教育发展的选择。

（二）跨学科性与小学教育未来

社会问题越来越复杂,影响到小学教育的多种可能性发展。研究者生产与小学教育有关的知识成果,从根本上讲,常常是跨学科性的。跨学科研究通常为追求小学教育发展的目标所驱动。知识生产模式Ⅲ的四螺旋结构反映出知识生产的多主体、多边界与多形态。知识形态的变化对学生的素养提出新的要求,作为打基础的小学教育,育人任务也变得愈发艰巨。展望未来,只有围绕小学教育发展需要解决的问题进行研究,丰富小学教育的理论知识和实践知识,才有助于推动小学教育这一教育形态的发展。

1.界定跨学科性带来的挑战

研究者总是归属于某一学科领导下,其研究工作在很大程度上受到同行的评估。研究活动是在学科领域开展的,那么,就产生了这样一个问题:知识生产与应用的问题。研究者出于什么目的研究,这种工作的社会价值何在？于是,默认的论点就是研究工作取得相应的成果,这种成果要不对研究总体具有普适性,要不对有关理论起着完善的作用。但是这种推理是值得怀疑的。研究本身并不一定得到创新知识。同理,跨学科工作亦是如此。当跨学科人员围绕界定不清的研究问题组织活动时,研究活动效果不理想。不过,跨学科实践活动形成一个独特构造的网络,这个网络适合生产实践所期望的结果。卡鲁索(Caruso)与罗顿(Rhoten)认为:"跨学科实践的成果是基于对解决问题或者提供一个答案的探究与好奇心,这有可能会产生出我们对学科研究所期待的有形成果。"[②]无论如何,知识生产的复杂化使研究的本质进一步复杂化。研究的社会效益体现的方式有多种。

要想在某个领域取得跨学科研究的成功,合作者们必须在研究主题、方法与结果等方面达成共识。即便是在学科内部,研究人员之间也存在分歧。在跨学科研究中,需要对多种学科以及之间的张力进行整合,如果不能达成

---

① 参见徐鹏:《义务教育课程标准(2022版)课例式解读(小学数学)》,教育科学出版社2022年版,第3—5页。

② [美]凯瑞·A.霍利:《理解高等教育中的跨学科挑战与机遇》,郭强译,同济大学出版社2012年版,第39页。

共识或者不能确定可以研究的主题，合作可能会失败。开展跨学科研究的前提是研究者达成一致意见。对小学教育，研究者要认识其发展的脉络。《学会生存》指出："教育在时间和空间上的拓展变得广泛而复杂，以致无法包括在任何'体系'内。"[①]教育体系成为与时俱进的新的体系，因此，研究者们的研究活动与小学教育的未来发展需一致。除了教育规律、教育原则等，时代发展需要的素养就是一个很好的研究问题。

2.小学教育固有的学术标准

卡鲁索与罗顿认为"专业化成为一种机制的要求"[②]。研究者总是以特定的方法在本专业领域解决问题、发展自己的专长，这就造成了对待同一问题不同学科领域的研究具有不同看法。比如，对于"小学生受教育"这一问题，教育学家可能从教育目标、内容、方法、结果与评价等方面思考，社会学家可能从社会文化诸因素与教育的关系探究，经济学家可能从教育收益去思考，心理学家可能从小学生身心发展特点去研究。这种思考问题的方式影响到问题切入、研究设计以及对数据的分析。研究行为固有的创造知识的模式限制了对跨学科活动的参与。

研究者对学科知识的掌握控制着他们的学术活动领域。在克莱恩看来，"学科知识的借用者必须获得对该知识是如何应用在原始情境问题的最基本的理解"[③]。显然，研究者面临"理解"非本学科知识的挑战，设想通过获取新知识以达到解决问题所需要的程度是有一定难度的。个体对所在学科的知识掌握经过了多年的学习与培训，所以一般情况下对其他领域的认知只是初级水平。那么，如果一个研究主题具备跨学科特点，研究者就难以独自开展研究。

统观全世界的核心素养，都划分为专家思维和复杂交往两部分。基础教育阶段教会学生从记住知识转向培养创新为特征的专家思维。珀金斯(Perkins)认为："基础教育应塑造业余的专家，业余的专家能自信、正确、灵活地理解和运用基础知识。"[④]而不应该是只记住学科知识。这样，只会加快

---

① 联合国教科文组织：《学会生存——教育世界的今天和明天》，上海译文出版社1979年版，第218—219页。

② [美]凯瑞·A.霍利：《理解高等教育中的跨学科挑战与机遇》，郭强译，同济大学出版社2012年版，第7—8页。

③ [美]凯瑞·A.霍利：《理解高等教育中的跨学科挑战与机遇》，郭强译，同济大学出版社2012年版，第38页。

④ 刘徽：《素养导向的单元整体设计》，教育科学出版社2022年版，第16页。

他们“学过了还给老师”的退化速度。雷德兹(Reddes)进行了关于直观图形在数学课和宗教课使用的实验研究,研究对象是小学三四年级学生,结果发现,学生对图形解释的正确率差别很大,数学课上正确率偏高。这说明,学生的跨学科知识很难在学科之间迁移。[①]

3.建立跨学科与小学教育之间的联系

知识通常是被限定在特定学科,学科提供给个体掌握知识的环境。而跨学科研究,需要研究者对其他学科研究活动的理解,而作者可能会在思维过程、分析方法或知识方面存在巨大差异。如上述讲到的小学生受教育,同一问题在不同学科看来都可以考察,支持特定观点。跨学科研究的学者认为,没有任何一种方法可以对小学生受教育有一个完整描述。照此看来,小学教育研究者用本学科术语理解小学生教育的视角是有局限性的。局限性不等于研究存在纰漏,只是从学科视角说明单一或者不够多元。

建立跨学科与小学教育之间的联系尤为重要,也是现代社会对小学教育发展的要求。建立联系的方式很多,不论是利用各种方法论工具补充自己对问题的研究,还是不同院系或者不同学校合作开展研究,都是讲究策略的。这些策略包括:确定跨学科研究的项目范围、与不同学科之间建立个人联系、获得财政与制度支持、发展跨学科语言、取得跨学科共识等。跨学科活动是指一系列在跨学科领域内进行的所有方面的包括计划、实施、分析、总结和反思等活动。这些活动与小学教育研究不无关系,对于这种整合实践,更像是在表现出一种新的知识生产模式。

奥利维拉(Oliveira)在探讨比较教育是什么知识中说道:“教育研究对于其他社会学科而言,最多不过是社会学的一章,或一个心理过程,或一种经济投入,或一种政治工具,或一个历史侧面等,仅此而已……”[②]这样的评价也适合小学教育,说明小学教育有必要采取跨学科的方法,在整体语境中讨论自身的问题。小学教育阶段是个体发展的必经之路,在更广泛的背景下探讨小学教育问题是应对人类社会的选择。

二、 未来小学教育研究的其他关注领域

为应对社会、政治、经济、文化对教育需求的变化,除了跨学科实践外,

---

① 参见刘徽:《素养导向的单元整体设计》,教育科学出版社 2022 年版,第 12—16 页。

② 何思颖:《终身教育跨学科研究之路有多远?》,《职教论坛》2023 年第 3 期。

小学教育领域的研究将会以多种方式进行。尤其是小学教育研究将会增加研究类型关注、学生群体、教学干预等方面，这些都反映了时代变化对教育的影响。

（一）研究类型的关注

小学教育自身的复杂性决定了研究类型的多样性，在未来希望有更多的系统研究和重复研究。系统研究的结果与个别研究相比，应该更可信。个别研究的结果会出现不同程度的误差，系统研究的结果因综合多个个别研究的结果从而使误差达到均衡。

小学教育发展与教学实践密切相关。每年小学教育领域都会产生大量的研究文献，读者很难阅读所有感兴趣的研究报告。这就需要用一篇文章来学习诸多研究的共同发现，为此预期未来的小学教育研究人员将多次进行元分析。元分析包括统计上多个研究的效果结合到单一的度量中，以估计所有研究的平均效果。梳理研究脉络发现，元分析成为综合小学教育研究结果、评估教学实践总体有效性的一种方法。

重复是科学过程的关键部分，因为所有的研究都会有错误，所以重复验证研究的结果很重要。与其他领域一样，在小学教育领域进行的重复研究相对较少。重复研究的数量偏少，可能由于研究者担心重复。重复研究在国外得到重视，在我国使用相对偏少。尽管研究者可以使用所有的研究设计来重复研究，现在的干预研究是重复研究，还有概念上的重复，研究过程重复了已有研究的一些方面，但研究的一些元素有所不同。重复研究在小学教育领域的运用应得到重视。

（二）学生群体及其发展

学生群体一直是小学教育研究关注的研究对象。随着社会的进步，个体身心发展也呈现出时代特点，只有紧跟时代步伐，才能更好地了解现有学生群体。比如，家庭关系、学校生活、儿童安全、自我认知、性健康教育等一直困扰着小学生的健康成长。而且，处在不同地域、不同年级的小学生遭遇问题的困境也各不相同。

对这一群体的研究，未来可以采用描述研究，追踪这类个体的发展趋势。同时，采用相关研究，探究哪些因素影响特殊学生的发展，是环境因素、自我认知，还是人际关系、信息技术等。现代社会的生活压力不断增多，小学生的学业焦虑水平也在攀升，仅仅靠描述研究是不够的，只有分清楚不同阶段的关键影响因素，才能提出解决方案。

具有学习心理问题的小学生也在逐年增加，有时似乎没有得到充分的识别，对此将继续进行相关研究，以验证筛查存在问题学生的有效方法。研究者需要开发验证通用的测量工具，以确定小学生存在的学习障碍。未来可以借助质性研究与量化研究相结合的混合研究探讨如何解决学习心理障碍的问题。

学生的整体发展与小学教育发展密切相关。无论是特殊学生还是普通学生，无论是他们的生活还是他们的学习，都是对个体发展的关注。因此，学生群体一直是小学教育研究关注的重点。已有研究主要关注小学生在语文、数学、英语等学科方面的学习效果，与体质、自我认知、师生关系、学习心理等相关联的综合性主题占比偏高，由此可以看出综合性研究比较受欢迎。但是研究对象划分不够清晰，对某一类群体的关注还有待加强。

（三）教学干预运用

科本和马尼恩（Coben & Manion）认为："在一个特殊的情境中特殊的问题需要特殊知识时，或者当把一个新的方法嫁接到一个既存的系统中时，实践研究都是适用的。"[①]目的在于为进行优秀实践总结建议和意见。小学教育活动是一种反馈环，是一个持续的研究过程。无论实践者还是研究者，都关心完成实践中产生的理想变化，并据此判断工作价值。

教学干预类文献逐年增多，反映出小学教育研究的一个趋势。特殊教育中用到的多层次支持系统方法（MTSS）不失为一种用来进行教学干预的策略。[②] 多层次支持系统综合了行为反应干预技术和积极行为支持。它的三层次干预也是一种问题解决过程，首先确定哪些学生需要支持，然后制订干预计划，发现学生学习的落后状况和教育需求，并对教学进行必要的调整，对学生的进步做出基于数据的监控。[③] 它不仅关注学生的学业发展，而

---

① ［美］朱迪思·贝尔：《社会科学研究的基本原则》，马经标译，北京大学出版社 2013 年版，第 6 页。

② J. Ziomek-Daigle, E. Goodman-Scott, J. Cavin, et al., "Integrating a Multi-tiered System of Supports with Comprehensive School Counseling Programs", *The Professional Counselor*, Vol. 6, No. 2, 2016.

③ D. Wexler, "School-based Multi-tiered Systems of Support (MTSS): An Introduction to MTSS for Neuropsychologists", *Applied Neuropsychology: Child*, Vol.7, No.4, 2018.

且关注教学中的成人，帮助教师进行教学设计，与同事建立合作关系，进而为学生提供更优质的教学服务。强调为学生提供与其学习需求相匹配的教学和干预，主张用多样化的方式持续监测学生学习的进展情况。[①] 这一干预模式有学术需求的前景，在其他领域也有所使用。此外，关注提高学术的行为结果的积极行为干预模式（PBIS）也得到广泛实施。两者结合可更好地关注学业和行为上有困难的学生。个体面临各种发展障碍是再正常不过的事情，两种干预方法的使用将有助于学生健康发展。

研究发现，关于多层次支持系统和积极行为干预的文献不是很多，且集中在特殊教育领域。研究者认为，它们作为全校参与的教学决策和学生支持的方法同样适用于小学教育领域。小学阶段是学校教育的起始阶段，小学生对学校生活的适应非常重要，而学校适应受多种因素影响，及时干预能筛查出适应困难的学生并给予帮助，以便有效地开展教书育人工作。类似这样的问题很多，有计划有组织地进行探究可及早发现障碍，提升工作效率。

已有研究表明，即便是在特殊教育领域，实际上学校并不能真正实施多层次支持系统和积极行为干预，于是研究转向多层次支持系统和积极干预行为的实施规模和时间，这就需要开展一些描述研究、相关研究和调查研究。菲利普·D.拉姆瑞尔指出，质性研究可以探索学校和教育工作者如何在不影响有效性的情况下调整多层次支持系统以适应学校人员的需求。[②] 目前，多层次支持系统主要在特殊教育领域使用，那么可以扩大多层次支持系统的应用范围。有学者提出，多层次支持系统通常用来解决结果问题，此外，它是否包括情感、社会需要等方面的因素，未来研究采用实验法能否验证支持是促进教师专业发展的有效途径，支持过程的探究一样重要，其中隐藏的因素可能会发生质的变化。

教学干预的效果往往好于外来理论的直接指导，但也存在着对教学干预反应不明显的学生个体或群体。特别是初步的干预效果较明显，要巩固这个结果则要同时做更多的研究。一般情况下，可以同时进行描述研究和质性研究，通过参与观察和个别访谈了解学生的知识、技能与态度，以及在

---

① 参见钱骐骄：《基于多层次支持系统的积极行为干预与支持的实践及启示——以美国威奇托公共教育学区为例》，《连云港师范高等专科学校学报》2018 年第 4 期。

② 参见[美]菲利普·D.拉姆瑞尔：《特殊教育研究：设计、方法和应用》，贺荟中译，上海人民出版社 2022 年版，第 162—163 页。

干预下提升自己的策略。同时,对参与干预的教师进行研究,考察教师为实施干预所提供的支持,如投入程度、主动性等,论证哪些因素影响教师的积极性。通过对参与干预活动的师生进行全面调查,将有助于说明干预手段对教学效果的积极影响。

实际上,教学干预是实验研究的一种。实验对象可以是单个案,也可以是多个案,不同的选择将影响实验结果的效度。如何检验同类实验中不同研究对象的有效性?可以说没有一种方法能确保个别化研究的有效性,但是,开展多次重复实验不失为一种策略。

本章小结

对小学教育研究的未来预测是关乎小学教育持续研究的思考。通过分析,笔者认为,以上领域需要进行更多的研究。除了领域应不断扩大和深入之外,高质量完成研究更为重要。无论未来小学教育何去何从,小学教育政策和实践的未来都将会与本学科研究相互影响。

面向未来小学教育领域研究的范围逐渐扩大,新的领域视角逐渐加入进来,加上原来的分析视角,可谓是百花齐放。研究者应从多方面探讨小学教育领域不断产生的问题,把握事件与过程的全部。特别是涉及教育教学活动的优化,了解师生参与活动的目的、行动和结果,能较好地预测活动的走向以及对活动的质量进行科学评估。跨学科研究不排除学科研究,这是人类知识建制的历史延续。现实是,小学教育现实问题进行跨学科研究的成果并不多,借鉴相关学科的见解和方法等整合知识也较为缺乏。尽管如此,小学教育已迈出跨学科研究的步伐,未来应继续开展跨学科研究,运用复杂思维,从整体上看待小学教育领域层出不穷的问题。

参考文献

一、专著

1.曾晓洁:《小学教育研究方法》,高等教育出版社 2015 年版。

2.陈桂生:《到中小学去研究教育》,华东师范大学出版社 2000 年版。

3.陈向明:《教师如何作质的研究》,教育科学出版社 2001 年版。

4.陈向明:《教育研究方法》,教育科学出版社 2018 年版。

5.陈向明:《质的研究方法与社会科学研究》,教育科学出版社 2000 年版。

6.董奇:《心理与教育研究方法》,北京师范大学出版社 2019 年版。

7.风笑天:《社会调查方法》,中国人民大学出版社 2019 年版。

8.风笑天:《社会学研究方法》,中国人民大学出版社 2022 年版。

9.顾永安:《教育研究方法》,南京大学出版社 2015 年版。

10.和学新:《教育研究方法》,北京师范大学出版社 2015 年版。

11.侯杰泰、邱炳武、常建芳:《心理与教育论文写作》,中国人民大学出版社 2013 年版。

12.华国栋:《教育研究方法》,南京大学出版社 2015 年版。

13.黄济:《教育哲学通论》,山西教育出版社 2008 年版。

14.江芳、王国英:《教育研究方法》,华东师范大学出版社 2014 年版。

15.蒋成、王禹:《教学研究论文写作指导》,浙江教育出版社 2001 年版。

16.李秉德:《教育科学研究方法》,人民教育出版社 1986 年版。

17.李昌连:《小学教育研究方法》,南京大学出版社 2014 年版。

18.刘良华:《教育研究方法》,华东师范大学出版社 2016 年版。

19.刘良华:《教育研究方法专题与案例》,华东师范大学出版社 2007 年版。

20.刘良华:《校本行动研究》,四川教育出版社 2002 年版。

21.卢家楣:《教育科学研究方法》,上海教育出版社 2012 年版。

22.马云鹏:《教育科学研究方法》,东北师范大学出版社 2001 年版。

23.宁虹:《教育研究导论》,北京师范大学出版社 2010 年版。

24.裴娣娜:《教育研究方法导论》,安徽教育出版社 2018 年版。

25.彭增军:《媒介内容分析法》,中国人民大学出版社 2012 年版。

26.彭正梅:《解放的教育:德国批判教育学研究》,华东师范大学出版社 2008 年版。

27.邱小捷:《中小学教育研究方法》,高等教育出版社 2013 年版。

28.司洪昌:《嵌入村庄的学校:仁村教育的历史人类学探究》,教育科学出版社 2009 年版。

29.陶保平:《学前教育研究方法》,华东师范大学出版社 2001 年版。

30.田学红:《教育科学研究方法指导》,浙江大学出版社 2007 年版。

31.王坚红:《学前儿童发展与教育科学研究方法》,人民教育出版社 1991 年版。

32.熊华军:《高校青年教师教学能力发展研究》,科学出版社 2018 年版。

33.熊明安、喻本伐:《中国当代教育实验史》,山东教育出版社 2005 年版。

34.熊明安、周洪宇:《中国近现代教育实验史》,山东教育出版社 2001 年版。

35.徐红:《教育科学研究方法》,华中科技大学出版社 2013 年版。

36.徐红:《现代教育研究方法》,科学出版社 2019 年版。

37.严开宏:《小学教育研究方法》,华东师范大学出版社 2011 年版。

38.杨汉麟:《外国教育实验史》,人民教育出版社 2005 年版。

39.杨小微:《教育研究的原理方法》,华东师范大学出版社 2010 年版。

40.叶澜:《教育研究方法初探》,上海教育出版社 2018 年版。

41.袁桂林:《小学教育科学研究方法基础》,东北师范大学出版社 2000 年版。

42.袁振国:《教育研究方法》,高等教育出版社 2001 年版。

43.袁正校:《逻辑学基础教程》,高等教育出版社 2007 年版。

44.张红霞:《教育科学研究方法》,教育科学出版社 2013 年版。

45.张厚粲、徐建平:《现代心理与教育统计学》,北京师范大学出版社 2004 年版。

46.张伟刚:《科学研究导论》,科学出版社 2015 年版。

47.张屹、周平红:《教育技术学研究方法》,北京大学出版社 2013 年版。

48.张屹、周平红:《教育研究中定量数据的统计与分析——基于 SPSS 的应用案例解析》,北京大学出版社 2015 年版。

49.郑金洲、陶保平、孔企平:《学校教育研究方法》,教育科学出版社 2013 年版。

50.郑金洲:《行动研究指导》,教育科学出版社 2004 年版。

51.周翔:《传播学内容分析研究与应用》,重庆大学出版社 2014 年版。

52.朱德全:《教育研究方法》,安徽教育出版社 2011 年版。

53.[德]P.阿特斯兰德:《经验性社会研究方法》,李路路、林克雷译,中央文献出版社 1995 年版。

54.[德]恩斯特·卡西尔:《人文科学的逻辑:五项研究》,上海译文出版社 2013 年版。

55.[德]马克斯·韦伯:《社会科学方法论》,阎克文、姚燕译,中国人民大学出版社 1992 年版。

56.[法]E.迪尔凯姆:《社会学方法的准则》,狄玉明译,商务印书馆 1995 年版。

57.[美]艾尔·巴比:《社会研究方法基础》,邱泽奇译,华夏出版社 2010 年版。

58.[美]伯克·约翰逊、拉里·克里斯滕森:《教育研究:定量、定性和混合方法》,马健生译,重庆大学出版社 2015 年版。

59.[美]菲利普·D.拉姆瑞尔:《特殊教育研究:设计、方法和应用》,贺荟中译,上海人民出版社 2022 年版。

60.[美]梅瑞迪斯·高尔、乔伊斯·高尔、沃尔特·博格:《教育研究方法(第六版)》,徐文彬、侯定凯、范皑皑等译,北京大学出版社 2016 年版。

61.[美]诺曼·邓金:《解释性交往行动主义:个人经历的叙事、倾听与理解》,周勇译,重庆大学出版社 2004 年版。

62.[美]约翰·W.克雷斯威尔:《研究设计与写作指导:定性、定量与混合研究的路径》，崔延强译，重庆大学出版社 2007 年版。

二、期刊文章

1.曹俊、聂胜楠、严万森：《小学高年级学生欺负行为和心理韧性现状及关系》，《中国学校卫生》2020 年第 10 期。

2.陈仲利、宋宏亮：《英语教学研究方法论探讨——定性研究与定量研究在英语教学中的个案分析》，《北京化工大学学报》（社会科学版）2006 年第 4 期。

3.高凌飚、赵宁宁、梁春方：《课堂教学交往的观察研究》，《教育科学研究》2003 年第 6 期。

4.郝亚迪：《学习机会公平视角下的课堂提问研究——基于上海市 S 区 Z 小学的课堂观察》，《当代教育科学》2016 年第 16 期。

5.胡倩、胡艳：《新中国成立后我国农村民办教师身份产生、形成与认同的历史研究——在符号互动理论的视角下》，《教师教育研究》2021 年第 1 期。

6.罗先慧：《小学语文教育教学研究 2022 年度报告——基于人大复印报刊资料的转载数据》，《语文建设》2023 年第 4 期。

7.吕珍、赵永勤、张育菡：《新任教师反思能力的培养策略——基于个人生活史视角》，《教师教育学报》2022 年第 1 期。

8.马君谦：《小学新入职教师离职的自我民族志研究》，《当代青年研究》2021 年第 3 期。

9.史耀疆、王楠、常芳：《课外读物对农村儿童人力资本的影响：一个随机干预实验研究》，《世界经济》2022 年第 5 期。

10.谢培松、刘志敏：《养育：初等教育学的逻辑起点》，《湖南师范大学教育科学学报》2017 年第 2 期。

11.易立铁：《翻转课堂教学模式应用于小学高年级教学的实验研究》，《中小学教师培训》2016 年第 9 期。

12.殷忠民、刘立德、阮成武：《初等教育学学科建设与小学教师教育专业化》，《课程·教材·教法》2003 年第 3 期。

13. A. Troy Richardson，“Indigenous Methodologies and Educational Research for Meaningful Change: Parsing Postpositivist Philosophy of

Science and Mixed Methods in Collaborative Research Settings", *Journal of American Indian Education*, Vol.54, No.1, 2022.

14. C. Carol, "Policy Document Analysis: A Practical Educational Leadership Tool and a Qualitative Research Method", *Educational Administration: Theory and Practice*, Vol.124, No.4, 2019.

15. D. Eleni, Z. Maria, T. Efthimios, et al., "Using the Problem Based Learning Method and Educational Technologies to Teach Open Data: A Design-based Research Approach", *Education and Information Technologies*, Vol.27, No.6, 2022.

16. E. Burman "Child as Method: Implications for Decolonising Educational Research", *International Studies in Sociology of Education*, Vol.28, No.1, 2019.

17. J. Schulz, "Visual Research Methods in Educational Research", *International Journal of Research & Method in Education*, Vol. 40, No.3, 2017.

18. J. C. Hogaard, "Enhancing Mixed Methods Pragmatism with Systems Theory: Perspectives from Educational Research", *Systems Research and Behavioral Science*, Vol.39, No.1, 2020.

19. K. Margaret, H. Stephen, B. Gert, et al., "Examining Teacher Education Research Methodology: Practices, Priorities and Politics", *Asia-Pacific Journal of Teacher Education*, Vol.49, No.3, 2021.

20. M. Keith, W. D. V. Greetje, "Methods, Understandings, and Expressions of Causality in Educational Research", *Educational Research and Evaluation*, Vol.26, No.7-8, 2020.

21. M. Uvanney, R. Lorna, L. Kenisha, et al., "Race and Educational Leadership: The Influence of Research Methods and Critical Theorising in Understanding Representation, Roles and Ethnic Disparities", *Educational Management Administration & Leadership*, Vol.49, No.4, 2021.

22. P. Knut, "Method Workshop The Survey Experiment. Basic Principle, Implementation and Potentials for the Empirical Educational Research", *Zeitschrift Fur Soziologie Der Erziehung Und Sozialisation*, Vol.37, No.4, 2017.

23.R. Edward Curammeng,"Portraiture as Collage: Ethnic Studies as a Methodological Framework for Education Research",*International Journal of Qualitative Studies in Education*,Vol.36,No.2,2023.

24.S. C .Chepkirui ,"Research Methods for Educational Dialogue", *Classroom Discourse*, Vol.13,No.3,2022.

25.S. Daniel Newman,"Qualitative and Mixed Methods Research in Educational and Psychological Consultation: Introduction to the Special Issue",*Journal of Educational and Psychological Consultation*,Vol. 32, No.1,2022.

26.S. Hughes, G .Noblit "Meta-ethnography of Autoethnographies: A Worked Example of the Method Using Educational Studies", *Ethnography and Education*,Vol.12,No.2,2016.

27.S.R.Whiteman , "Explicating Metatheory for Mixed Methods Research in Educational Leadership", *International Journal of Educational Management*,Vol. 29,No.7,2015.